화해와 반성을 위한
동아시아 역사인식

이 책은 한국교육개발원의 후원으로 출간되었습니다

화해와 반성을 위한
동아시아 역사인식

일본교과서바로잡기운동본부·역사문제연구소 엮음

역사비평사

책을 내면서

비록 적은 분량이긴 하지만, 이 책 안에는 동아시아(정확하게는 동북아시아) 각국의 역사교과서들을 분석하고 비교하면서 미래지향적인 동아시아 공동의 역사인식을 탐색한 여섯 편의 글이 실려 있습니다.

역사교과서에는 그 나라의 '집단적 기억'이 담겨 있다고 합니다. 각국마다 교과서 발행제도에 차이가 있습니다만, 국정·검인정·자유발행제의 어느 쪽이든지 그 교과서는 그 나라의 정치권력과 시민사회가 어떻게 과거를 해석하고 그를 통해 자신의 정체성(identity)을 정립하고 있는지를 보여줍니다. 불행하게도 동아시아의 여러 나라들은 이웃 나라들을 배려하고 존중하면서 공동의 역사인식을 모색하고자 하는 노력보다는 오직 국민국가의 틀 안에서 자기 나라의 역사를 미화하고 합리화하려는 고립된 정체성의 추구에만 몰두해왔습니다. 그 전면에 부각되는 것은 내셔널리즘뿐이었으며, 그 가치에 저해되는 요소들은 역사교과서에서 삭제되거나 축소 왜곡되어왔습니다.

2001년 4월에 일본 문부과학성의 검정을 통과했던 후소샤의 『새로운 역사교과서』나 올해 4월에 같은 기관의 검정을 통과한 『최신 일본사』가 대표적인 경우입니다. 이 교과서들에는 일본이 이웃 나라들을 침략한 행위가 정당화되어 있으며 그 과정에서 야기했던 수많은 만행들이 은폐되어 있습니다. 왜 일본의 역사교과서 왜곡 문제는 주기적으로 되풀이될까요? 그 배경에는 종전 이후 반세기가 흘렀음에도 불구하고 여전히 과거 일본제국의 역사를 그리워하고 또다시 전쟁을 할 수 있는 국가로 되돌아가고 싶은 일본 내부의 우경화 흐름이 있습니다. 실제로 전쟁을 하지 않더라도 막강한 경제력에 군사력까지 겸비한다면 어느 누구라도 일본을 존중하지 않을 수 없으리라는 일본 중심주의가 있습니다. 그 흐름을 주도하고 있는 세력에게는 일본의 아시아 침략과 '태평양전쟁'의 역사를 비판적으로 기술하고 있는 기존의 역사교과서들이 탐탁하지 않겠지요. 그들은 기존의 역사교과서 서술을 '도쿄재판사관' '자학사관'이라고 비판하고 있습니다. 물론 일본 사회 내부에서 우경화 흐름에 반대하는 시민운동의 힘도 작지 않습니다. 『새로운 역사교과서』의 채택률이 0.1%에도 미치지 못한 것은 일본 시민운동과 그 운동을 지원해준 동아시아 시민운동 전체의 승리라고 할 수 있습니다. 일본 사회는 지금 과거의 기억을 둘러싼 투쟁 속에서 오직 힘의 논리만이 관철되는 제국주의·패권주의의 국가로 갈 것인지, 그 대신 평화와 인권 같은 인류의 보편적 가치가 존중되는 평화주의·민주주의 국가로 갈 것인지 그 갈림길에 서 있는 것입니다.

이 지점에서 한 가지 놓쳐서는 안 되는 문제가 있습니다. 과거의 기억을 둘러싼 투쟁은 일본에서만 일어나고 있지 않다는 점입니다. 동북아시아는 미국과 소련의 패권주의가 충돌하면서 첨예한 '냉전'의 각축장이 되어온 곳입니다. 냉전체제 속에서 한반도는 대한민국과 조선민주주의인민공화국으로 분열하였으며, 중국은 중화인민공화국과 중화민국으로 대립해왔습니다. 그 대립 속에서 각국은 서로 상대방을 부정하고 자신의 체제에만 정당성을 부여하는 분단국가주의를 지속해왔으며, 각국의 역사교과서는 그 분열과 대립을 완화하기보다는 고착화하는 데 기여하는 지배 이데올로기 재생산의 역할을 해왔습니다. 이들 국가의 내셔널리즘은 일본의 내셔널리즘과 역사적 기원을 달리하지만, 자민족(自民族) 중심주의와 국가주의의 모습을 하고 있는 점에서는 공통됩니다.

21세기의 동아시아를 평화와 인권, 민주주의의 보편적 가치가 실현되는 축복의 땅으로 일구기 위해서는 일본뿐만 아니라 동아시아 각국 모두 자신의 역사교과서에 담겨 있는 왜곡된 역사인식을 비판하고 바로잡기 위하여 노력해야 합니다. 그리고 국가 간, 민족 간에 상호 이해를 증진시키고 갈등을 치유하기 위해서는 서로 이웃 나라의 역사와 역사인식을 깊이 이해해보는 기회를 갖고 나아가 국가·민족의 단위를 뛰어넘는 동아시아 공동의 역사인식을 세우기 위해 협력해야 합니다.

그 노력을 위하여 여기 한 권의 작은 책을 만들어보았습니다. 이 책에 수록한 여섯 편의 글 가운데 앞의 네 편은 일본교과서바로잡기운동본부가 주최하고 역사문제연구소가 주관한 심포지엄 「화해와 반성을 위한 동아시아 역사인식―한·중·일 교과서와 역사인식 비교를 중심으로」(2002년 4월 13일)에서 발표되었던 글들을 수정·보완한 것입니다. 이 심포지엄을 후원해준 한국교육개발원 및 유익한 토론을 해주신 박환무·한웅광·지수걸·야마구치(山口勝弘) 님께 감사드립니다.

한국교과서를 분석한 서중석 님의 글은 『한국사연구』 116호(2002년 3월)에 게재한 글을 재수록한 것이며, 일본교과서의 역사왜곡과 21세기 아시아 평화에 대한 이신철 님의 글은 올해 3월과 5월에 난징(南京)과 평양에서 각각 발표한 글들을 한 편의 논문으로 총괄하여 수정 정리한 것입니다.

역사인식의 화해와 반성이 선행될 때 비로소 동아시아의 평화와 인권, 민주주의를 향한 꿈은 굳건히 실현될 수 있습니다. 그 꿈을 이루기 위하여 노력하는 분들에게 이 책이 조금이나마 도움이 되기를 바랍니다.

2002년 8월
일본교과서바로잡기운동본부 · 역사문제연구소

화해와 반성을 위한 동아시아 역사인식 **차례**

11 … 김성보 　한국·일본 역사교과서의 현대사 서술 비교
　　　　　　　　　　─냉전체제 인식과 내셔널리즘을 중심으로

51 … 신주백 　동아시아 근현대사에 나타나는
　　　　　　　전쟁과 평화에 대한 기억의 차이, 그리고 역사교육
　　　　　　　　　　─동아시아 5개국의 중고교용 자국사 및 세계사 교과서를 중심으로

95 … 윤휘탁 　중국의 애국주의와 역사교육

133 … 하종문 　교과서문제와 천황·천황제

173 … 이신철 　일본교과서 역사왜곡과 21세기 아시아 평화

207 … 서중석 　한국교과서의 문제와 전망 ─근현대사를 중심으로

김성보 (충북대학교 사학과 교수)

한국·일본 역사교과서의 현대사 서술 비교

— 냉전체제 인식과 내셔널리즘을 중심으로

머리말

작년(2001년) 4월 3일, 일본 문부과학성은 중학교 역사교과서를 검정하면서 후소샤(扶桑社)판 『새로운 역사교과서』를 통과시켜 남북한을 비롯한 국제사회와 일본 시민사회로부터 격렬한 비판을 받은 바 있다. 그리고 만 1년이 지난 지금 일본 문부과학성이 이번에는 고교용 역사교과서 검정에서 임나일본부설과 독도영유권 주장 등을 담은 『최신 일본사』를 통과시켜 또다시 논란이 되고 있다.

일본 역사학자들의 한국사 왜곡은 이미 19세기 말~20세기 초부터 시작되었다고 할 만큼 뿌리가 깊어서(강창일, 1쪽), 오늘날 역사왜곡이 반복된다고 하여 그리 놀랄 만한 일은 아니다. 문제는 왜곡된 역사의식이 역사학자들만의 것으로서가 아니라 '국가의 공인'하에 검정 교과서를 통해 일본 청소년층에게 주입되고 있다는 점이다.[1] 이는 한국・일본 양국 간의 우호와 이를 바탕으로 한 동아시아의 평화, 민주주의 실현에 결정적인 걸림돌로 작용하고 있다. 따라서 일본 역사교과서의 문제점을 파악하고 비판하는 작업은 단순한 '내정 간섭'이 아니며 한국 자신만이 아니라 일본을 포함한 동아시아 전체의 평화와 민주주의 실현을 위한 초국가적(또는 탈국가적) 시민운동의 성격을 지닌다.

여기서 한 가지 짚어보고자 하는 점은, 일본 역사교과서 속에서 한국사

---

[1] 연합국의 점령기간인 1948년부터 시작된 일본의 교과서 검정제도하에서 식민지 지배와 아시아 침략에 대한 책임 문제는 완전히 잊혀진 사안이었다. "옛 식민지・조선이 일본사 교과서에서 시민권을 얻게 되는 것은 1980년대에 들어오면서부터이다. 1982년의 교과서문제는 시민권을 얻게 된 옛 식민지 기술에 대한 공격, 검정강화이기도 하였다(君島和彦, 「戰後歷史教育と植民地支配」, 『近代日本と植民地 8 — アジアの冷戰と脫植民地化』, 岩波書店, 1993, 247쪽). 오늘날 반복되고 있는 일본교과서 문제의 핵심에는 일본 정부의 왜곡된 역사의식과 그 의식을 교육과정에 투영시키고 있는 교과서 검정제도가 놓여 있다.

와 관련된 몇 가지 왜곡 사례들을 찾아내어 비판하고 시정을 요구하는 작업만으로는 한·일 양국 간에 진정한 역사의식상의 '상호 이해'가 이루어지기 어렵다는 점이다. 그것이 가능하기 위해서는 한·일 양국의 역사학자, 역사교육자, 일반 시민·학생들 간에 서로를 깊이 이해하기 위한 광범위하고 꾸준한 노력이 필요하다. 양국 정부 간에 추진되고 있는 한·일역사공동연구위원회가 그 같은 기대를 충족시키기에 역부족임은 출범 단계부터 명확하게 드러나고 있으며, 그 궁극적인 몫은 결국 시민사회로 돌아갈 수밖에 없다.

이 글에서는 한·일 양국 간 역사의식의 상호이해를 증진하기 위한 작업의 일환으로서, 두 국가의 역사교과서들을 비교하여 서로의 공통점과 차이점, 장단점을 찾아내고 이를 바탕으로 동아시아의 평화와 인권, 민주주의의 보편적 시각에서 양국의 역사교과서가 어떻게 다시 쓰여져야 할 것인가를 전망해보고자 한다.[2] 분석 시기는 1945년 '광복'('종전') 이후 현대사에 국한하였다. 침략과 저항의 과거사를 분석하는 것도 중요하지만, 지금 우리의 모습을 주조한 '당대사(當代史)' 서술 속에 서로의 모습이 어떻게 투영되고 있는가를 살펴보는 노력도 미래지향적 상호이해를 위해 필수적인 작업일 것이다.[3]

한국(대한민국)측 교과서로는 제7차 교육과정에 맞추어 국사편찬위원회가 2002년도에 편찬한 중학교 1종 도서『국사』와 고등학교 1종 도서『국사』를 기본 비교 대상으로 삼았다. 일본측 교과서로는 2002년도 중학교 역사교과서로서 채택률이 상위 5위에 드는 교과서들을 주로 검토하였다.[4]

---

2) 한국 교과서 중에서 북한 교과서는 검토 대상에 포함되지 않는다. 이 글에서 한국은 남한(대한민국)만을 가리킨다.
3) 한국·일본의 양국 역사교과서를 비교 분석하는 연구는 거의 진전되어 있지 않다. 다만 양국 역사교과서 안에서 '한일관계사' 부분을 분석한 연구가 있어 참고된다(역사교과서연구회·역사교육연구회 편,『역사교과서 속의 한국과 일본』, 혜안, 2000). 필자는 특히 이 책에서「일본 역사교과서의 현대 일한관계사 서술」을 분석한 오구시 준지의 연구에서 많은 시사를 받을 수 있었다.
4) 2002년도 중학교 역사교과서의 채택률 순위는 아래와 같다.

도쿄서적(東京書籍)의 『새 사회 - 역사』와 데이코쿠서원(帝國書院)의 『중학생의 역사 - 일본의 걸음과 세계의 움직임』, 그리고 보수적인 산케이신문에 의해 '워스트(worst) 3'로 평가된 오사카서적(大阪書籍)의 『중학사회 - 역사적 분야』, 교이쿠출판(敎育出版)의 『중학사회 역사 - 미래를 응시하며』, 그리고 니혼서적(日本書籍)의 『우리 중학사회 - 역사적 분야』이다.5) 문제가 된 후소샤 출판사의 『새로운 역사교과서』는 이들 5종의 역사교과서와 크나큰 차이를 보이기 때문에, 제3장에서 별도로 분석하였다.6)

---

① 東京書籍 51.2%, ② 大阪書籍 14.0%, ③ 敎育出版 13.0%, ④ 帝國書院 10.9%, ⑤ 日本書籍 5.9%, ⑥ 淸水書院 2.5%, ⑦ 日本文敎出版 2.3%, ⑧ 扶桑社 0.039% (이신철·장신, 「2001년 한국의 교과서운동과 향후 전망」, 『역사문제연구』 7, 2001, 215쪽).
5) 필자는 이 책들의 2001년도 검정통과본을 분석하였다. 2002년도에 실제로 출간된 책들과는 약간의 차이점이 있을 수 있다.
6) 한국과 일본의 역사교과서 모두 현대사 서술에 큰 비중을 두고 있지는 않다. 한국의 중학교 『국사』는 36쪽(전체 358쪽)으로 현대사 서술이 비교적 많은 편에 속하고 고등학교 『국사』는 15쪽(전체 436쪽)에 불과하다. 일본 역사교과서로서는, 東京書籍이 18쪽(전체 208쪽), 帝國書院이 10쪽(전체 232쪽), 大阪書籍이 29쪽(전체 212쪽), 敎育出版이 21쪽(전체 235쪽), 日本書籍이 22쪽(전체 218쪽), 그리고 후소샤 교과서가 28쪽(3전체 321쪽)을 현대사에 할애하였다. 대체로 전체 분량의 10% 내외를 현대사에 배정하고 있는데, 한국과 일본 모두 현대사 교육을 소홀히 하고 있음을 보여준다.

1. 역사교과서를 통해서 본 한·일 양국의 상호인식

1) 상대방에 대한 서술 비중과 맥락

19세기 후반부터 1945년까지를 한·일 양국의 역사에서 편의상 '근대'라고 구분할 때, 근대의 한·일 관계는 기본적으로 '침략과 저항'의 틀 안에서 기술되고 있다. 한국의 『국사』 교과서가 '침략과 저항'이라는 이분법적 구도하에서 한·일 관계를 서술하고 있음은 물론이며, 일본의 경우에도 후소샤 교과서를 제외하고 이 글의 주요 분석대상인 5종의 역사교과서를 보면 일본의 한국 '병합'과 그에 대한 '민족적 저항운동', '근대화를 명목'으로 한 일본의 경제 수탈이 기본적으로는 기술되어 있다(東京書籍, 144쪽 외). 그렇다면, 1945년 '광복'과 '종전' 이후 현대사에서 한국과 일본은 서로 어떻게 묘사되고 있을까?

(1) 한국 : "일본은 없다"?

한국에서 1종(사실상 국정) 도서인 『국사』 교과서는 교육부(교육인적자원부)가 고시하는 『사회과 교육과정』과 『국사교육 내용전개의 준거안』에 의거하여 집필하게 되어 있다. 『사회과 교육과정』(교육부, 1997)의 '한국사와 세계사'라는 항목에는 '세계사적 보편성'과 '한국사 고유의 특수성'을 함께 이해하여야 한다고 명시되어 있다. 그리고 세계화 시대에 주체성을 견지하면서도 배타적인 민족주의가 아닌 '개방적 민족주의'에 기초해야 함을 강조한다(109쪽). 이를 반영하여 고등학교 『국사』(2002)에는 'Ⅰ. 한국사의 바른 이해'에서 세계사적 보편성과 한국사적 특수성을 함께 이해하여야 함을 무려 두 쪽에 걸쳐 강조한다(13·15쪽). '세계사적 보편성'을 이해한다는 것은 쉬운 일이 아니며, 그 보편성과 함께 한국사의 특수성을 안다는 것은 더더욱 어려운 요구이다. 그것이 가능하기 위해서는 한국사의 전개과정을 서술하면서 그 시기에 세계사의 보편적인 흐름은 어떠하였으며, 한국 주변의 국제관계가 어떻게 변동하여 한국사에 어떠한 영향을 미쳤는지를 구체적으로 각 항목별로 서술해주어야 한다.

제7차 교육과정에 맞추어 새롭게 작성되었던 『국사교육 내용전개의 준거안 연구보고서』(1999년 12월)에는 이 점이 어느 정도 반영되어 있었다. 보고서에 수록되어 있는 「제7차 교육과정과 국사 교과서의 편찬 방향」의 'Ⅶ. 현대사회의 발전' 항목에는 1972년 '남북공동성명'과 1992년 '남북합의서' 등 남북한 간의 합의정신이 "대한민국의 정통성을 견지하면서도 배타적인 정통성주의가 아니라 북한사를 같은 민족사로 인정하는 탈냉전적 다원주의 역사인식에 기초한다"(82쪽)고 파악하면서 이러한 합의정신과 역사인식을 적극 현대사 서술에 수용하여야 한다고 되어 있다. 이 같은 인식에 기초하여 한국현대사를 탈냉전의 시각에서 이해할 수 있도록 미국과 소련이 남북 분단에 미친 영향을 서술하고, 박정희 정부의 근대화정책의 배경으로서 "미국의 대한정책과 한·미·일 동맹관계의 형성 등 동아시아 지역의 변화, 한일국교 정상화와 월남 파병 등의 문제를 서술"(84쪽)하도록 하고 있다. 다만 이 보고서에 제시되어 있는 준거안 표 자체에는 중·고등학교 국사(8·9·10학년)의 경우 구체적으로 이 같은 서술을 하도록 명문화하고 있지는 않으며, 심화학습에 해당하는 한국근현대사(고등학교 11·12학년) 교과서에서만 박정희 정부의 정책과 유신체제 성립 배경을 미국의 대한정책 등과 관련하여 서술하도록 하는 등 부분적으로 세계사적 시야가 반영되어 있었다. 그러나 실제로 교육부가 교과서 집필자들에게 제시한 『국사교육 내용전개의 준거안』(2000년 2월)에는 이같은 내용조차 삭제되어 한국현대사를 한국 내부의 역사로서만 서술하도록 하는 한계를 드러내게 된다.[7]

---

[7] 1999년 말의 준거안 연구보고서와 2000년 2월의 준거안 사이에는 이 외에도 약간

고등학교 『국사』의 현대사 편에서 국제관계상 중요한 의미를 지닌 일본에 대하여 기술한 내용은 단편적인 네 문장뿐이다.

    A. (박정희 정부는) "일본과의 관계를 개선하여 한·일 협정을 체결하였다."(고등학교『국사』352쪽)
    B. "1960년대부터 한·미·일 안보체제 구축과 국제정세의 악화로 위기에 놓인 북한은 국방 건설을 위하여 이른바 4대 군사노선을 채택하여 군수공업 발전에 박차를 가하였다."(353쪽)
    C. "무역 대상국도 미국과 일본 중심에서 벗어나 유럽, 동남아시아, 중국, 남미 등지로 다변화하고 있다."(364쪽)[8]
    D. "우리나라는 …… 아시아·태평양 경제협력체(APEC)에도 적극 참여하여 미국, 일본 등과 함께 이 지역의 경제 협력을 주도적으로 이끌어가고 있다."(365쪽)

한국의 고등학생들이 이상의 네 문장을 모자이크하여 현대 한·일 관계의 성격을 이해할 수 있을까? 정치사 서술에서 A의 한·일협정이 어떠한 국제적, 국내적 배경 속에서 체결되는지, 그리고 그것이 어떻게 B의 한미일 안보 체계의 형성과 연관이 되고, 나아가 그것이 북한의 국방우선 노선과 고립화로 연결되는지 전혀 이해할 수 없는 단편적인 문장들일 뿐이다. C·D의 경제사 서술에서도 무역 대상국이 미국·일본 편중에서 다변화로 나아가는 것을 긍정적으로 서술하는 내용과 아시아·태평양 경제협력의 주도자로서 한미일 3국의 협력을 강조하는 내용이 아무런 연관 없이 평면적으로 병행 기술되어 있을 뿐이다. 더욱이 사회사, 문화사 부분에서는

    의 차이점들이 곳곳에서 발견된다. 그 같은 차이가 단지 준거안 내용을 압축하는 과정에서 발생한 기술적 문제로 인한 것인지, 연구자들과 교육부 간의 역사관 차이를 반영한 것인지는 불확실하다.
[8] 고등학교『국사』365쪽 도움글에는 강만길, 『고쳐 쓴 한국 현대사』의 한 부분이 소개되어 있는데, 그 중에 "무역상대국이 다변화되지 못하고 일본과 미국에 편중되어 있다……"는 서술이 포함되어 있다.

아예 '일본'이라는 단어 자체가 나오지 않는다.

고등학교『국사』교과서는 본래 전근대사 중심으로 구성하기로 되어 있었으나, 비판 여론에 밀려 갑자기 근현대사 편이 보충되었다. 따라서 이상의 문제점은 단순히 교과서 집필 과정상의 문제로 여길 수도 있다. 그러나 비교적 충분한 시간을 두고 집필된 중학교『국사』(2002) 교과서에서도 일본에 대한 서술이 인색하기는 마찬가지다. 박정희 정부가 "오랫동안 숙제로 남아 있던 일본과의 관계를 개선하여 한·일협정을 체결"(311쪽)하였으며, 이후 국제 정세의 변화로 "일본도 중국과 국교를 정상화"(320쪽)하였다는 내용이 일본에 대한 서술의 전부이다.

한·일 국교 정상화에 대한 서술은 제6차 교육과정 시기에 집필된 고등학교『국사 (하)』(1999년판)의 내용보다도 후퇴하였다.『국사 (하)』에는, ① (박정희 정부가) "또, 일본과의 국교 정상화를 위해 한·일 회담을 추진하였는데, 이는 시민과 대학생들의 대일 굴욕 외교 반대에 부딪혀 이른바 6·3 시위를 유발시켰다(1964)"(206쪽), ② "정부는 일본과의 국교를 정상화함으로써(1965) 한국, 미국, 일본의 3국 관계에 새로운 협력 체제를 이룩하였고, 공산주의의 침략을 받고 있던 베트남을 지원하기 위해서 국군을 파병하였다(1965)"(210쪽)고 서술되어 있다. 한·일 국교 정상화의 문제점과 그것이 한미일 안보 체계 형성 및 베트남 파병으로 연결되는 역사적 맥락을 서술한 점은 현재의『국사』서술보다 오히려 낫다.

『국사』만이 아니라 앞으로 출간될 검정『한국근현대사』에서도 현대 일본에 대한 서술은 지극히 인색하리라고 예상된다. 한국사 서술의 기본 지침이 되는『사회과 교육과정』과『준거안』자체에 일본현대사에 대해서 오직 '한·일 국교 정상화'만 언급하고 있는 한, 한국현대사의 흐름을 국제적 맥락, 특히 동아시아의 한미일 삼각 안보 체계의 형성과 전개 과정의 틀 속에서 이해함은 난망일 것이다.

한국의 교육 당국이 의도적으로 일본을 무시해서 이런 결과를 낳았다고 보기는 어렵다. 한국현대사에 그토록 중요한 영향을 미친 미국에 대해서도 실제 서술 분량은 극히 미미하기 때문이다. 한국사 교육의 목표로서 세계사의 보편성과 한국사의 특수성을 동시에 이해한다고 표방하면서 실제로는 한국사를 일국사(一國史)로서만 바라보는 역사인식의 협소성과 그러한 협소성을 탈피하지 못하는 한국 역사학계 전체의 수준이 근본적인 문제가 아닐까? 주체적 역사인식을 견지하면서도 국제적 안목을 갖추는 역사인식이 요청된다.9)

(2) 일본 : 냉전사(冷戰史)로서의 한·일 관계 서술

한국 교과서와 달리 일본의 역사교과서는 현대 한국에 대하여 서술 비중이 상대적으로 클 뿐만 아니라, 일본 현대사의 전개 과정에서 한국이 어떠한 맥락 속에 위치하고 있는지를 분명히 하고 있다. 5종의 교과서에서 한국에 대한 기술은 ① '조선'의 해방과 남북 분단국가의 형성, ② '조선전쟁'의 발발과 그것이 연합국군총사령부(GHQ)의 점령정책 전환 및 일본 경제 부흥에 미친 영향, ③ 냉전의 전개과정 속에서 '신 일미안전보장조약' 및 '일한기본조약'이 체결된 점 등이 기술되어 있다.

5종의 교과서 집필자들은 제2차 세계대전 이후 현대사를 '냉전'의 형성과 전개 과정이라는 세계사의 기본 흐름 속에서 배치하고 있으며, '냉전'이 동아시아에서는 어떻게 전개되고 있는지를 일본, 미국, 한국, 중국의 4개국 관계를 중심으로 서술하는 가운데 현대 한국에 관련된 사항을 기술하고 있다.

한국을 오직 냉전의 전개과정이라는 틀 안에서만 서술함으로써 한·일

---

9) 『국사』 교과서뿐만 아니라 세계사를 다루는 사회 교과서에서도 이웃 일본에 대한 서술은 지극히 인색하다. 중학교 『사회 2』(1997)에서 종전 후 일본에 대해서는 단지 한 문단만이 배려되어 있다. "패전국 일본은 미국의 군정 아래 있었으나, 샌프란시스코 회의를 계기로 주권을 회복하였다. 일본은 자신들을 불행으로 몰고 갔던 군국주의의 전통을 청산하고, 민주주의 사회로 탈바꿈하기 위해 노력하였다"(159쪽).

관계의 밝은 면, 현대 한국의 역동적 발전과정을 서술에서 제외하고 있는 것은 문제이지만, 자신의 역사를 주변 국가, 세계사와의 관련성 속에서 파악하는 시야를 확보하고 있다는 점에서 한국은 일본 교과서를 통해 배울 바가 있다. 일본의 역사교과서에서 현대 한국을 어떻게 묘사하고 있는지 그 구체적인 내용은 다음의 주요 항목 비교에서 설명한다.

2) 주요 항목별 비교

(1) '광복'('종전')과 미군정(연합국군의 점령정책) : 1945~1949년

제2차 세계대전의 결과, 한반도는 '광복'을 맞이하였으나 연합국인 미국과 소련군의 분할 주둔지가 되었으며, 일본은 패전하여 미국으로 대표되는 연합국군의 점령지가 되었다. 연합국의 점령 대상이 되었다는 점에서 한국과 일본은 일치하는데, 그 점령의 성격이나 점령 정책의 내용이 다르다는 점에서, 그에 대한 교과서에서의 서술과 평가도 같을 수가 없을 것이다. 먼저 일본 교과서에서는 종전과 연합국군의 점령정책에 대하여 어떻게 기술하고 있는지 알아보자.

〈일본〉

5종의 역사교과서는 연합국군총사령부(GHQ)의 점령 정책에 대해서 비교적 소상하게 기술하고 있다. 도쿄서적의 경우, '전후 개혁' 항목에서 '도쿄재판'과 천황의 인간선언, 정당·언론활동의 자유, 재벌 해체와 농지개혁 등을 기술한 다음, '일본국 헌법' 항목에서 GHQ의 안을 기초로 하여 국민주권, 기본 인권의 존중, 평화주의를 3원리로 하는 새 헌법이 만들어지고 교육기본법이 통과되었음을 기술하고 있다(184~185쪽). 이상의 서술은 '종전' 이후 실현된 '민주화'의 길을 일본 사회가 견지해야 할 기본 방향으로 설정하고 있으며 그 민주화에서 미국이 주도적 역할을 하였음을 인정하는 것이 전제된다. 민주주의, 인권, 평화라고 하는 보편적 가치가 역사교과서의 기본 가치관으로서 자리잡고 있는 것이다.

그러나 이같은 서술 체계는 한 가지 중대한 문제점을 내포하고 있다. 전후 민주화 과정을 타율적인 것으로서만 서술하고 있을 뿐, 민주화 과정이 일본 사회 내부의 주체적 계기와 결합하여 실현되는 과정을 생략하고 있는 점이다. 이 같은 타율적, 외인론적 서술은 역사 학습자로 하여금 전후 개혁의 성과물을 주체적으로 자기 것으로 내면화하는 데 한계를 드러낸다. 전후의 민주화가 단지 미국으로부터 미국적 가치관을 바탕으로 하여 이식된 것이라면, 일본 자신의 성과물일 수는 없는 것이며, 그렇다면 일본 자신의 가치관, 일본 자신의 길은 무엇인가 하는 점에 대해 회의를 갖게 될 수밖에 없다. '새로운 역사교과서를 쓰는 모임'이 바로 이 약점을 공략하고 있음은 주지하는 바이다.

'전후 개혁'의 타율적 서술은 데이코쿠서원과 교이쿠출판·니혼서적에서도 동일하게 드러난다. 비록 점령기에 일어난 노동운동, 농민운동, 정당 활동 등이 서술되고 있지만, 이는 다만 전후 민주화의 결과물로서 묘사될 뿐이다. 이 점에서 오사카서적의 서술은 진일보한 점이 있다. 이 책에서는 "총사령부의 개혁과 함께, 민주화를 구하는 국민의 운동이 급속히 일어났다"고 기술하면서(181쪽), 민주화가 타율에 의한 것만이 아니라 일본 사회 자체의 요구이기도 하다는 점을 밝히고 있다. 다만 미국적 가치관과 일본 사회의 아래로부터의 개혁 요구 흐름이 비록 결합하였다고 하더라도, 그 사이에는 상당한 갈등이 있었을 터인데, 그 점에 대한 설명은 보이지 않는다.

오사카서적을 포함하여 5종의 교과서에서 모두 드러나는 심각한 문제점은 '전후개혁'을 설명하면서 그 한계를 전혀 언급하지 않는다는 점이다. GHQ는 '전후개혁'을 철저히 하지도 못하였으며, 그 개혁의 성과를 일본

사회에 뿌리내리는 데에는 더더욱 성공적이지 못하였다. GHQ가 재벌 해체, 농지개혁 등을 통해 구경제질서, 계급구조를 '근대적'으로 개혁하는 데에는 상당한 성과를 거두었다고 할 수 있으나, 구정치질서에 관한 한 개혁은 불철저하였다. 특히 일본 국왕('天皇')은 인간선언을 하는 선에서 면죄부를 받음으로써, 천황제를 정점으로 하는 일본 사회의 국가 중심적 문화는 해체되지 않고 존속하였다. 냉전이 본격화하기 이전에 미국은 이미 구지배층만이 미국의 패권을 보장해줄 것을 간파하였으며, 민중운동세력을 배제하는 가운데 구지배층을 중심으로 일본의 전후 질서를 재편하였다. 5종의 교과서 모두 '전후개혁'의 불철저성을 설명하지 않음으로써, 일본 안에서 어떻게 기존의 기득권층, 수구 우익세력이 미국의 점령정책, '냉전'에 편승하여 새로운 지배층으로 존속할 수 있었는지를 파악하지 못하게 하고 있다. 그것은 역사교과서를 검정하는 일본 정부 자체의 한계를 반영한다.

개혁의 불철저성, 일본의 시민사회에 기초하지 않은 타율성은 개혁 성과의 내면화를 가로막았다.[10] 일본의 한 고교 역사교과서에 서술되어 있는 대로 "초국가주의·일본주의의 권위가 실추되고 미국적 문화와 민주주의가 새로운 권위가 되었"지만, "일본인의 아시아관은 크게 변하지 않았으며, 민주주의도 깊이 내면화되지 않은 경우가 많았던" 것이다(『일본사 B』, 實教出版, 2000, 339쪽).

한편 '종전' 후 발생한 일본의 침략대상 국가들에 대한 '전후보상 문제'에 대해서는 5종의 교과서 모두 소략하나마 언급은 하고 있다. 데이코쿠서원은 '전후보상과 근린제국(諸國)'이라는 항목에서 일본 정부가 피해를 입은 개개인에 대한 보상을 거부함으로써 문제가 되고 있으며, '전후인식'과 관련하여 이웃 국가들로부터 비판을 받고 있어 '진실한 우호관계'의 수립을 위해 어떠한 자세를 취하여야 할 것인지 생각할 필요가 있다고 지적하

---

10) 이 점에 대해서는 오구시 준지, 「일본 역사교과서의 현대 日韓關係史 서술」, 『역사교과서 속의 한국과 일본』, 혜안, 2000, 411~412쪽 참조.

고 있다(221쪽). 오사카서적은 "전후 약 60년이 지난 지금까지도 여전히, 일본의 전쟁으로 희생당한 사람들에 대한 보상이 문제로서 남아 있음을 잊어서는 안 된다"고 명시하였으며(200쪽), 교이쿠출판도 전후보상 문제를 현재의 해결 과제의 하나로서 제시(教育出版 225쪽)하였다. 니혼서적은 이 문제를 보다 비중 있게 다루어 「역사를 생각한다―일본의 전후처리」라는 코너를 만들어, 식민지 지배에 대한 보상문제로서 위안부, 남경사건 문제, 역사인식이 외교문제화한 점을 서술하였다(日本書籍, 205쪽). 반면에 산케이신문으로부터 긍정적인 평가를 받은 도쿄서적은 전후보상 문제를 본문에서 서술하지 않고, 김대중 대통령의 1998년 연설 내용과 전후보상을 요구하는 재판장면 사진을 소개하는 방식으로 처리하여(199쪽), 전후보상 책임 문제를 사실상 회피하는 문제점을 드러내고 있다.

〈한국〉

일본 교과서들이 연합국군의 점령과 '전후개혁'을 일본 민주화의 토대를 마련해준 것으로서 긍정 일변도로 서술하는 반면, 한국의 중·고등학교 교과서는 연합국군의 한반도 점령에 대하여 비교적 비판적이다. 미국과 소련 군대의 38도선 분할 주둔이 결국 남북에 분단국가가 들어서는 배경이 되었기 때문이다. 다만 그 비판의 수준은 높지 않다.

중학교 『국사』 교과서는 38도선이 "단순한 군사적인 경계선"이었다고 단정한다. 38도선이 '정치적인 분할선'으로 바뀐 것은 제2차대전 이후 자유 진영과 공산 진영의 대립이 심해졌기 때문이라는 서술이다(299쪽). 이는 연합군이 남북분단을 처음부터 의도한 것은 아니며, 다만 전후 냉전이 심화되는 국제적인 환경 탓에 38도선이 남북분단의 분할선이 되었다는 상황논리로서, 38도선 분할에 대한 전통주의적 해석인 '군사적 편의설'을 따른 것이다. 학계의 한편에서는 38도선 분할을 '정치적 고려'에 의한 것으로 설명하고 있는데, 그러한 견해는 배제되어 있다.

고등학교 『국사』는 중학교 교과서보다는 더 비판적이다. 한국이 광복을 맞이하는 데 연합군의 승리가 중요한 역할을 한 점을 서술하면서도, 연합군인 미국·소련 군대의 남북 분할 주둔과 주둔지에서의 상이한 정책으로 인해 "우리 민족은 스스로의 능력이나 의지와는 관계없이 자주 독립의 통일 국가를 수립하지 못하고 민족 분단의 비극을 맞게 되었다"고 서술하고 있다. 연합국인 미국·소련이 38도선을 경계로 군사 주둔을 함으로써 '광복'은 곧바로 '독립'으로 이어지지 못하였으며, 남한에 주둔한 미군은 군정을 실시하면서 "친미적인 우익 정부의 수립을 후원"한 반면 북한에 주둔한 소련군과 공산주의자들은 "민족주의 계열의 인사들을 숙청하고, 공산주의 정권을 수립하기 위한 기반을 닦아" 나갔다는 것이다(349쪽).

남북 분단의 극복, 통일 민족 국가 수립의 과제와 관련하여, 그 책임이 기본적으로 미국·소련 연합국에 있음을 밝힌 점, 미국과 소련이 우익과 좌익을 편향적으로 지원한 것이 분단국가 수립의 직접적인 배경이 되었다고 지적하여 자본주의 국가인 미국과 사회주의 국가인 소련에 대하여 균형감 있는 서술을 한 점은 일단 긍정적으로 평가할 수 있다. 한국사 교과서는 제1종(사실상 국정)이어서 국가의 역사해석 독점이 문제가 되고 있지만, 그 제도 안에서 '냉전의식'의 한계를 부분적으로는 벗어나 있음을 보여주는 하나의 사례가 되겠다. 그렇지만, 현행 중·고등학교 『국사』는 38도선 분할 주둔을 포함하여 제2차대전기 미국·소련의 동북아시아·한반도 정책의 추이와 성격을 명확히 서술하지 못하고 있다. 또한 미국의 주둔 정책 중에서 분단 정책만을 다루고 현상유지 정책이라는 측면을 서술하지 않음으로써, 남한(대한민국)에서 친일세력이 지속적으로 영향력을 유지할 수 있었던 국제적인 배경을 파악하는 데에는 나아가지 못하였다.

(2) '6·25 전쟁'('조선전쟁')과 미국의 아시아정책 전환 : 1950년대

〈일본〉

일본에서 5종의 역사교과서는 '조선전쟁'을 주로 두 가지 각도에서 서술하고 있다. 첫째, 냉전의 심화는 국지전을 거쳐 국제전으로까지 비화할 수 있다는 점을 '조선전쟁'을 예로 들어 설명하면서 '평화'의 중요성을 강조하고, 둘째, '조선전쟁'이 일본 현대사에 미친 영향을 일본의 군사기지화와 경제부흥의 계기로 작용한 점으로서 설명한다. 교이쿠출판의 서술에서 그 점이 전형적으로 나타난다.

냉전은, 조선에서 불을 붙였다. 1950년 6월, 북조선이 무력통일을 목표로 하여 남하한 것을 계기로 하여 조선전쟁이 일어났다. 국제연합은 북조선에 대한 제재를 결정하고, 미국군을 주력으로 하는 국제연합군을 출동시켰다. 한편, 중화인민공화국은, 의용군을 북조선에 보내서 원조하였다. 세계의 사람들은 이 전쟁이 제3차 세계대전으로 발전하는 것을 염려하여, 휴전을 호소하는 움직임이 확대되었다(각주 : 미국은 일단 이 전쟁에서 원자폭탄을 사용할 것을 고려하였다.) 이러한 가운데, 1953년에 휴전협정이 성립하였다. 미국은 조선전쟁을 위하여, 일본 본토와 오키나와(沖繩)의 미군기지를 사용하여, 대량의 군수물자를 일본에 주문하였다. 이것은 일본 경제를 활기차게 하고, 부흥을 빨리하는 역할을 하였다(敎育出版, 213쪽).

교이쿠출판은 냉전이 심화되는 속에서 '북조선'이 '무력통일'을 목표로 하여 남하함으로써 전쟁이 발발하였다고 서술한다. 이 점은 데이코쿠서원과 도쿄서적·니혼서적도 유사한데, 다만 오사카서적은 "북위 38도선의 전역에서 전투가 일어나서, 조선전쟁이 시작되었다"고 하여, 전쟁 발발의 책임 문제를 명시하고 있지는 않다(187쪽). 다음으로 교이쿠출판은 미국군과 국제연합군의 출동, 중화인민공화국 의용군의 원조로 국지전이 국제전

으로 확대하고, 이를 염려하여 휴전을 호소하는 움직임이 확대되어 휴전협정이 체결된 것으로서 서술한다. 그 다음 '조선전쟁' 때문에 일본 본토와 오키나와의 미군기지가 실제 전쟁에 사용되고, 군수물자 생산으로 일본경제가 부흥하게 되었음을 기술하고 있다.

이상의 '조선전쟁' 서술은 넓게 보면 GHQ의 일본점령 정책 전환이라는 맥락에서 서술되고 있다. 일본 내부의 사회운동 확대, 중화인민공화국 성립 및 '조선전쟁'으로 인하여, GHQ는 일본 점령 정책을 "비군사화・민주화보다도, 안정된 자본주의 국가로서 일본이 '공산주의에 대한 방벽'의 역할을 담당"(日本書籍, 197쪽)하는 방향으로 전환하게 되었다는 맥락이다. 즉, 1951년에 샌프란시스코 평화조약, 일미안전보장조약이 체결되고, 1954년에는 자위대가 창설되었다. 도쿄서적은 이상의 내용을 '냉전하에서 국제사회로의 복귀'라는 항목으로 다루고 있다. 1950년대 일본의 국제사회 복귀는 냉전의 산물이며, 그 과정에서 비군사화와 민주화를 축으로 하는 '전후개혁'의 흐름은 실종되었던 것이다.

이상의 서술 체계에는 크게 무리가 없다고 생각된다. 그렇다면 한국 역사교과서에서는 이 부분이 어떻게 서술되고 있는가?

〈한국〉

한국의 고등학교 『국사』 교과서에서는 '6・25 전쟁'을 아래와 같이 기술하고 있다.

　북한 정권은 남한을 공산화하기 위한 무력 남침을 준비하고, 마침내 1950년 6월 25일 새벽에 38도선 전역에 걸쳐서 남침을 감행하였다. 이후 3년 간 계속된 6・25전쟁은 우리 민족에게 엄청난 피해를 안겨 주었다. 수많은 사람이 살상되고 전 국토가 초토화되어 대부분의 산업 시설이 파괴되었다. 이와 동시에 남북 간에는 적대 감정이 팽배하게 되어 분단이 더욱 고착화되었다(『국사』 351쪽).

위의 서술은 분명한 역사적 사실을 담고 있다. 다만 지적하고자 하는 점은, 이 같은 서술로는 첫째, 전쟁의 책임 소재를 명확히 할 수 있을 뿐, '동족상잔'이라고 하는 비극을 낳은 국제적, 국내적 맥락을 파악하기 어려우며, 둘째, 전쟁이 국내 산업 파괴, 분단 고착화에 기여한 내부 사정만을 언급하고 있을 뿐, 그것이 일본의 재무장화 등 국제적으로 어떠한 영향력을 미쳤는지는 알 수 없다는 문제점이다. 고등학교『국사』교과서는 '6·25전쟁' 서술에서 '반공의식'만을 보여줄 뿐, 앞서 언급한 바대로 세계사적 보편성과 한국사적 특수성의 맥락에서 전쟁을 이해하도록 그 내용을 제시해주지는 못하고 있다.

한 가지 덧붙일 점은, 고등학교『국사』교과서가 그렇다고 하여 '반공의식'을 무조건 강조하지는 않는다는 점이다. 친일파 처벌이 좌절된 것을 "반공을 우선시하던 이승만 정부의 소극적 태도" 때문이라고 서술한 점(350쪽), "6·25 전쟁 때부터 이승만 정부는 반공을 강화하고 국민의 자유를 제약하면서, 대통령 직선제로 헌법을 개정하여 장기 집권을 획책하였다. 이에 따라 독재 정치가 강화되고 사회적으로 부정부패가 심화되었다(351쪽)"고 서술한 점에서 확인되듯이, '반공'은 본래 의미와 다르게 이승만 정부의 '독재' 수단으로 오용되었던 점을 밝히고 있다. 고등학교『국사』에서 전쟁과 반공, 독재 3자의 관련성을 밝힌 점은 6차 교육과정에서보다 진일보한 점이다. 중학교『국사』의 전쟁관련 서술은 이와 달리 6차 교육과정의 내용을 답습하고 있다.

한·일 양국의 전쟁을 비롯한 1950년대 서술을 비교해볼 때, 일본 교과서는 일본현대사를 국제적인 냉전구조의 형성·전개의 맥락 속에서 체계적으로 파악하고 있다는 점에서, 한국 교과서는 예전의 '냉전의식', '반공의식' 일변도에서 점차 벗어나 '전쟁'의 경험과 '반공'이 '독재'의 수단으로 악용될 수 있다는 탈냉전적 의식을 조금씩 보여주고 있다는 점에서 각각의 장점을 인정할 수 있겠다.

(3) '신 일미안전보장조약'과 한·일 국교 정상화 : 1960년대

일본과 국교 수립에 걸림돌이 되던 이승만 정부가 퇴진하고 박정희 정부가 들어서는 1960년대부터 한미일 3국 간에는 긴밀한 협조 체계가 형성된다. 미국은 1960년에 일본과 신안전보장조약을 체결하여 일본의 자위력 증강, 미일 간의 군사협력을 약속하였으며, 한국과 일본은 1965년에 한·일기본조약을 체결하여 국교가 정상화되었다. 이로써 한미일 삼각 안보체계가 정립되었다. 그것은 곧 동북아시아에서 미국을 중심으로 한 냉전체제가 구조화하였음을 의미한다.

〈일본〉

새로운 '일미안전보장조약' 체결에 대해, 도쿄서적은 비판적으로 서술하고 있다. "대규모로 반정부운동이 일어났다"는 점, 이 조약 개정으로 오키나와는 섬 전체의 14%에 해당하는 토지가 미군 기지로 편입되고, 오키나와인들의 권리가 제한된 점을 지적하였다(東京書籍, 192쪽). 오사카서적도 이 조약으로 일본의 자위력이 증강되었고 미국의 일본에 대한 방위와 군사협력이 약속되었다고 서술하면서도, 아시아에서 미국이 군사행동을 할 때 일본도 끌려 들어가게 된다는 점을 비판하는 전국적인 반대운동이 일어난 점을 명기하였다(大阪書籍, 193쪽). 반대운동을 중시하는 점은 데이코쿠서원, 교이쿠출판, 니혼서적도 마찬가지다.

5종의 교과서는 대체로 1965년의 한·일국교정상화에 대해서는 사회주의권에 맞서 한미일 3국 간에 협력을 강화하려는 미국의 아시아 정책이 그 배경을 이루고 있음을 기술한 다음, 남북한 가운데 대한민국만을 합법적인 정부로 인정하고 경제협력을 추진하였으며, "국내외의 반대"(教育出版, 222쪽)가 있었음을 밝히고 있다. 한·일 국교정상화는 "베트남 전쟁에 본격적으로 개입한"(大阪書籍, 193쪽) "미국의 강력한 후원하에"(日本書籍, 201쪽) 이루어진 냉전의 산물이며, 남북 분단 상황을 국제적으로 고착화하는 조약

체결이라는 점을 명확히 하고 있다. 그러나 식민지 지배에 대한 반성과 보상이 제대로 안 된 속에서 조급하게 국교가 맺어진 점에 대해서는 서술이 없다.

〈한국〉

고등학교 『국사』 교과서에서는 신안보조약 체결에 관한 설명이 전혀 없으며, '한・일협정'에 대해서도 "박정희 정부는 조국 근대화의 실현을 국정의 주요 목표로 삼고 경제성장 정책을 추진하였다. 또한 일본과의 관계를 개선하여 한・일협정을 체결하였다"고만 기록하고 있다(352쪽). 중학교 『국사』에서도 박정희 정부가 "오랫동안 숙제로 남아 있던 일본과의 관계를 개선하여 한・일 협정을 체결하였으며, 베트남에 국군을 파병하였다"라고만 서술하고 있다(311쪽).

국제정치적 맥락(냉전)을 전혀 알 수 없는 표현이며, 그 협정의 문제점 – 냉전체제의 심화, 식민지 지배의 반성과 보상을 얻어내지 못한 점 – 도 언급하지 않고 있다. 다만 위 문장에서 한・일협정이 박정희 정부의 근대화 정책과 관계가 있음을 유추해볼 수 있을 뿐이다. 일본과의 국교 수립을 통해 근대화를 해나간다고 할 때 그것이 또다시 일본에 대한 '종속'의 문제점을 낳게 되는 점에 대해서도 서술이 없다.

(4) 냉전의 약화와 한국・일본의 국제적 지위 향상 : 1970년대 이후

〈일본〉

1970년대 이후 부분은 한・일 교과서 양측 모두 서술 내용이 빈약하다. 동서대립의 긴장 완화 이후 세계의 다극화에 따라 일본 외교는 대미 외교 일변도에서 벗어나 다양화하였으며, 경제력의 성장으로 "세계 유수의 원조국"이 되었다고 서술되어 있다(東京書籍 193쪽). 그 외에도 1972년 미국

으로부터의 오키나와 반환, 1978년 일중평화우호조약 등 아시아 국가들 간의 관계 개선도 서술하고 있다(東京書籍 192쪽). 그리고 미래를 전망하는 '국제사회에서의 일본의 역할' 항목에서는 '유일한 피폭국(被暴國)'으로서 핵군축의 진전에 대한 관심과 환경문제, 인권 문제 등의 해결과제가 제시된다(大阪書籍 200쪽).

냉전체제의 약화와 일본의 경제력 성장이 일본의 국제적 지위를 향상시켜주었으며, 이제 일본은 성장한 국력에 걸맞게 국제사회에서 중요한 역할을 담당해나가야 한다는 논지이다.

〈한국〉

한국의 중학교『국사』에서는 1970년대를 경제 발전과 독재의 심화라는 각도에서 서술한다. 이 시기 정치에 대해서는, 유신체제의 확립으로 박정희 정부가 독재체제로 치달았으며, "자유와 권리를 억압당한 국민들은 민주주의를 회복하기 위한 운동을 전개"하였다고 박정희 정부에 대해 비판적으로 서술한다(317쪽). 그렇지만 경제적으로는 박정희 정부가 1970년대에 중화학 공업을 육성하는 정책을 펼치면서 경제개발 계획을 지속하였고, "경제개발 계획이 여러 차례 성공적으로 추진됨에 따라 우리나라의 경제는 놀랄 만큼 성장하여 공업국으로 발돋움하게 되었다. 그리고 수출이 비약적으로 늘어났으며, 생산성이 향상되고 기술이 개발되어 국제 경쟁력도 크게 강화되었다. 우리 근로자들은 경제발전을 위해 국내에서는 물론, 외국에서도 땀 흘리며 열심히 일하여 근면한 한국인이라는 인상을 전세계에 심었다"고 찬미에 가까운 서술을 하고 있다(313쪽). 중학교『국사』의 현대사 서술은 정치와 경제의 상관성을 전혀 고려하지 않고, 한 시기에 대해 전혀 모순적인 평가를 하고 있다.

고등학교『국사』에서는 1970년대 이후 정치사를 통일 환경의 조성이란 맥락에서 서술하고 있다. "1970년대에 들어와서 냉전 체제의 완화, 베트남의 공산화, 민주화의 요구 등 내외 여건의 변화에 따라 정부는 남북 교류를 제의"하였으며, 이는 7・4남북공동성명(1972)으로 이어졌고, 이후에도 통일을 위한 노력은 계속되고 있는 점을 밝히고 있다. 너무나 간략한 서술이기는 하지만, 1960년대까지의 서술과 달리 통일 환경의 조성이라는 과제를 국제적, 국내적 맥락 속에서 파악하고 있다는 점에서 긍정적이다.

1970년대 이후 경제 분야에 대해서는 노동운동의 확대와 경제력 향상을 언급하였으며(364~365쪽), 사회 분야에서는 산업화와 도시화를, 문화에서는 민주화, 대중화, 서양화의 추세 등을 서술하면서 "세계화의 추세 속에서 민족 문화를 발전시키는 것과 세계적인 문화를 창출하는 것이 우리의 과제로 제기되고 있다"고 결론을 내린다. 일본 교과서에 비해 현대사를 총정리하여 미래의 과제를 포괄적으로 진단하는 항목은 없다.

한・일 양국의 교과서는 1970년대 이후 서술의 내용이 조금 다르기는 하지만, 냉전의 약화와 국제관계의 다극화, 경제력 등 국력의 향상 속에서 새로운 시대를 개척해나간다는 맥락의 서술을 하고 있음은 공통된다. 한・일 양국 교과서 모두, 냉전의 질곡 속에서 왜곡되었던 한・일관계를 어떻게 개선할 것인지에 대하여 반성과 전망을 제시하지 못하고 있는 점 또한 공통점이다.

지금까지 한・일 양국의 역사교과서를 주요 항목별로 비교해보았다. 5종의 일본 역사교과서는 패전과 냉전 체제의 형성, 전개, 약화 과정 속에서 일본이 민주화와 독립, 경제력 향상의 길을 걸어왔으며, 앞으로도 평화와 인권의 가치를 보다 완벽하게 실현해나가야 한다는 전망을 제시하는 것으로 기본 골격을 이루고 있다. 한국의 『국사』는 '광복' 이후 남북분단과 전쟁, 독재의 과정을 겪으면서도 그 속에서 민주화와 경제성장을 이루어왔으며, 남북통일의 실현, 민족문화를 유지하는 속에서의 세계화 수용이 이루어져야 함을 전망으로서 제시하고 있다. 일본의 역사교과서는 냉전, GHQ의 점령정책 등 국제적 맥락을 중시하여 서술함으로써 국제적 안목을 갖추게 하는 장점을 보여주면서도, 민주주의·인권·평화 등 보편적인 가치가 단지 외적으로 수입된 것이 아니라 일본사회 자신의 요구와 과제로서 실현되어왔음을 보여주지 못하는 타율적 역사 서술의 한계를 드러내고 있다. 한국의 역사교과서는 그 반대로 역사의 주체적인 발전을 중시하는 장점을 갖추었으면서도 국제적 맥락의 서술이 거의 없다시피 하여 세계사적 안목에서 한국사를 이해하는 데 큰 한계를 드러내고 있다.

2. 한·일 양국 교과서의 사관 비교

한·일 양국의 역사교과서는 서술 체계, 또는 방식이 상이할 뿐만 아니라, 그 안에 담겨 있는 역사관 또한 공통점과 함께 차이점을 지니고 있다. 양국 교과서의 역사관은 특히 세계질서 인식, 미국에 대한 인식, 민족주의 또는 내셔널리즘, 그리고 인권과 평화 등 보편적 가치를 보는 시각 등에서 비교해볼 수 있다.

1) 세계질서 인식 : 냉전체제 인식의 문제점

한·일 양국 교과서는 제2차 세계대전 이후의 세계질서를 단순하게 냉전체제 중심으로 보는 점에서 공통된다. 제2차대전 후 세계질서를 주조한 것은 초강대국인 자본주의 미국과 공산주의 소련이고, 이 두 국가 간의 갈등이 전세계적으로 확산된 것이 냉전체제이며, 냉전체제가 곧 세계질서를 규정하였다는 인식이다. 이 같은 인식은 두 가지의 중요한 문제점을 안고 있다.

첫째, 제2차 세계대전 이후의 세계질서를 1차적으로 규정한 것이 냉전인 것은 사실이지만, 전후의 국제관계는 그 외에도 민족운동과 제국주의의 대립, 민주주의와 파시즘·군국주의의 대립 등 다양한 요소의 복합물로서 전개되어왔다. 냉전체제를 비판적으로 바라보는 것은 그 자체로서 중요하지만, 현대사의 흐름을 냉전체제의 틀로만 해석하는 '냉전 환원론'에 빠질 경우, 20세기에 거세게 전개되었던 민족운동, 사회운동의 의미를 퇴색시킬 위험성이 있다. 앞서 언급한 바이지만 예를 들어, 한국의 『국사』에서 미국이 '친미적인 우익'을 지원하고, 소련이 공산주의자들을 지원하여 결국 분단정권이 수립되었다는 시각은 편향적인 반공의식 일변도에서 벗어나서 좌익과 우익, 미국과 소련의 문제점을 동시에 비판하는 균형적인 역사의식으로서 긍정적으로 볼 수 있는 측면이 있다. 그렇지만 그와 동시에 해방 후 한국사회 내부에서 전개되었던 역동적인 민족운동, 사회운동의 흐름 전체를 결국 외세에, 냉전에 편승한 것으로서만 부정적으로 이해하게 만드는 부작용이 있게 된다. 일본 교과서도 이 점에서 예외가 아닌데, 다만 1950년대 비동맹운동을 서술하는 등, 보다 다양하게 세계사적 흐름을 기술하고 있는 점은 인정된다.

둘째, 냉전을 미국과 소련에 의해 밖으로부터 외삽된 것으로서만 이해함으로써, 국내 냉전의 매개자, 즉 국내 냉전 편승세력에 대한 비판을 결여하고 있다. 이는 한국 교과서에서 친일파가 해방 후 다시 득세하는 맥락, 반탁을 매개로 하여 친일·극우세력이 민족세력으로 포장되는 맥락을 서술에서 배제하는 것과 맞물려 있다. 일본 역시 마찬가지다. GHQ의 점령정책은 냉전이 심화되는 1940년대 후반부터 크게 변화하지만, 이미 그 이전부터 일본을 아시아에서 반공의 보루로 만든다는 기조는 서 있었다. 그 기조 아래 천황이 극동군사재판에서 면제를 받았으며, 100명 이상 체포되었던

A급 전범은 28명으로 축소되어, 결국 25명만 유죄판결을 받았다(박응진, 1986, 152~155쪽). 다수의 전쟁 책임자들과 그를 뒷받침한 정관계, 재계의 인물들은 전후 일본사회의 주역으로서 계속 자신의 위치를 유지할 수 있었다.

냉전체제에 대한 인식 자체만을 놓고 볼 때, 한국 교과서가 냉전의 원인 제공자를 소련으로 설정하고 미국은 그에 대응할 수밖에 없었던 것으로 서술하는 미국 중심의 '냉전의식'을 보인다면,[11] 일본의 교과서는 전후 처리를 둘러싼 미국과 소련의 대립을 균형적으로 서술하고 있다(예를 들어 『일본사 B』, 淸水書院, 2001, 333쪽). 일본 교과서가 '냉전의식'으로부터 훨씬 자유롭다는 점은, 베트남 전쟁에 대한 기술에서 잘 드러난다. 니혼서적과 교이쿠출판은 베트남 전쟁을 아래와 같이 기술하고 있다.

　A. 프랑스와 독립전쟁을 한 베트남은 그 후 남북으로 분단되었는데, 미국은 남베트남 정부를 지원하여, 독립과 통일을 구하는 남쪽의 반정부세력과 싸웠다. 이어서 1965년부터는 소련·중국이 지원하는 북베트남을 폭격하여 전쟁은 장기화하였다(베트남전쟁). 그러나 미국은 북베트남을 패배시킬 수 없었으며, 안팎으로 격렬한 비판을 받아 1973년에 베트남에서 철퇴하였다(日本書籍, 201쪽).
　B. 프랑스와 전쟁을 계속해온 베트남에서는, 1954년 제네바협정에 의하여 남북통일이 약속되었다. 그러나, 소련과 중국은 북베트남을, 미국은 남베트남 정부를 지지하여 대립하였다. 통일을 구하는 남베트남 사람들은 남베트남해방민족전선을 결성하고, 중국·소련·북베트남의 지원을 받으면서, 남베트남 정부군과 미군을 상대로 저항을 계속하였다……(敎育出版, 219쪽).

---

[11] 중·고등학교 『국사』 교과서에는 '냉전' 자체에 대한 설명이 없어, 이 점을 분명히 파악하기 어렵다. 다만 세계사를 다루는 중학교 『사회 2』(1997)에는 소련이 동유럽에 공산 정권을 세운 데 대해 미국이 이를 막기 위해 서유럽에 '마셜계획'을 실시함으로써 '동서 냉전 체제'가 형성된 것으로 기술하고 있다(158쪽).

위의 두 책은 베트남이 프랑스와의 민족해방운동과 국제협약을 통해 독립과 통일의 기회를 얻었으나 소련·중국 대(對) 미국 간 동서진영의 대립으로 분단이 되었으며, 독립과 통일을 구한 쪽은 남베트남해방민족전선이고 남베트남 정부군과 미군은 반통일세력임을 기술하고 있다. 오사카서적도 이상의 서술과 함께, 반전운동과 고엽제 피해 등을 상술하고 있다(191쪽).

이에 반해 베트남 전쟁에 참전한 한국은 『국사』 교과서에서 참전 자체만을 서술할 뿐, 베트남 전쟁 자체의 성격에 대해서는 일체 언급하고 있지 않다. 다만 세계사 교과서인 『사회 2』에서는 다음과 같이 기술하고 있다.

> 프랑스의 지배에서 벗어난 베트남도 이념적 대립 때문에 남북으로 갈라지게 되었다. 남쪽에는 민주주의 정권이 들어서고, 북쪽에는 호치민의 공산정권이 들어섰다. 남쪽 정부에 대한 공산 게릴라의 공격으로 베트남 전쟁이 일어나자, 이를 돕기 위해 미국과 한국을 비롯한 연합국이 참전하였다. 이 전쟁은 공산주의자들의 승리로 끝났다(1975). 그 영향으로 이웃의 라오스와 캄보디아도 공산화되었고, 영국의 식민지였던 미얀마에도 사회주의 정권이 들어섰다. 그러나 이들 공산 국가들은 모두 경제적 어려움에 부딪히게 되었다. 이와는 대조적으로, 자유주의 정부가 들어선 타이와 말레이시아는 빠르게 발전하였다(『사회 2』, 160~161쪽).

베트남은 민족운동의 결과 국제적으로 통일을 약속받은 나라였으며, 그것을 막고 분단의 장벽을 세운 국가는 미국이었다. 그러나 위에서는 마치 베트남 내부의 이념 대립이 오직 남북 분단의 원인처럼 기술되어 있다. 똑같이 분단의 비극을 겪은 한국의 역사교과서가 일본 교과서보다 이웃 나라의 역사를 제대로 기술하지 않고 있다. 베트남 전쟁에 대한 서술도 편향적이다. 또한 베트남의 공산화 서술 다음에 사회주의와 자유주의를 택한 국가들의 경제사정을 비교함으로써 공산화는 곧 나쁘다는 가치 판단을 유도하고 있다. 공산화에 문제가 있는 것은 사실이겠지만, 동남아시아에서 자유주의 - 제국주의 열강의 침략이 이루어지고 그에 맞서 전개된 민족운동이 사회주의운동과 결합되었던 역사적 맥락은 도외시한 것으로서, 이는 냉전의식의 산물이라고 할 수밖에 없다.

다만 한국의 역사교과서로서 2002년 출간된 고등학교 『국사』는 이전의 역사교과서에 비해 비교적 냉전의식으로부터 점차 벗어나 균형적인 역사인식을 보여주고 있음은 앞서 언급한 대로이다.

2) 미국에 대한 인식

일본 교과서의 현대사 집필자들은 미국이 일본에 미친 영향에 대하여 전반적으로는 긍정적으로 묘사하면서도 그 안에 비판의식을 내포하고 있다. 미국은 GHQ를 통하여 전후 일본이 민주화의 기초를 마련하는 데 결정적인 기여를 한 것으로 묘사된다. 그러나 미국이 냉전의 심화 속에서 일본에 대한 점령정책을 전환한 점 - 비군사화, 민주화로부터 공산주의 방벽으로서의 일본이라는 재규정(日本書籍, 197쪽) - 에 대해서는 비판적이다. 특히 미국이 일본의 본토와 오키나와를 군사 기지로 사용하는 점을 비판하고 있다. '오키나와' 문제는 미국과 일본의 갈등을 잘 보여주는 사례이다. 오사카서적은 본문의 반쪽을 '국민의 강한 소원, 오키나와 반환'이란 항목으로 할당하고, 더 나아가 첨부자료로서 '오키나와의 20세기'를 두 쪽에 걸쳐 보충 설명하고 있다(196쪽). 오키나와인들의 '조국복귀' 운동과 '본토반환 운동'으로 복귀가 실현되었으나, "오키나와에는 광대한 미국군의 기지가 남아 있고, 자위대도 배치되어, 주민의 불안과 불만은 남아 있다"는 내용이다.

한국 『국사』 교과서의 현대사 서술에서 미국에 대한 인식의 틀을 파악하는 작업은 수월하지 않다. 무엇보다도 서술 비중이 지극히 적다. 광복 이후 반세기 동안 미국이 한국에 대해 미친 커다란 영향에 비한다면 놀랍게 느껴질 정도이다. 다만 고등학교『국사』의 경우, '광복 직후의 국내 정세' 항목에서 미국이 소련과 함께 남북 분단에 미친 영향을 자세히 서술하고 있다. ① 연합군의 승리로 광복을 맞이하였고, ② 일본군의 무장 해제를 이유로 미·소 양군이 38도선을 경계로 한반도를 분할 주둔하여 광복을 곧 독립으로 이어가지 못하였으며, ③ 남한에 주둔한 미군은 군정을 실시하면서 "친미적인 우익 정부의 수립을 후원"하였으며, ④ 미국·소련·영국의 3국 외상 회의에서 임시 민주정부의 수립, 미·소 공동위원회 설치, 최고 5년 간의 신탁통치 결정이 이루어졌다는 내용이다(349~350쪽). '해방자'로서의 미국과 '분단 책임자'로서의 미국의 양면성을 동시에 서술한 것으로 이해할 수 있다.

대한민국 정부 수립 이후부터는 미국이라는 단어 자체가 거의 나오지 않고 있다. 6·25 전쟁에서의 미국군의 지원도, 독재를 편 이승만 정부를 비롯하여 박정희 정부 이래 군사정권에 대한 미국의 후원에 대해서도, 미국의 경제 지원과 종속화의 문제점에 대해서도, 미국의 사회적 영향에 대해서도 구체적인 언급이 없다. 그저 근현대 문화의 흐름을 서술하면서 "광복 이후 미국을 통하여 서구 문화가 급속히 유입"되었으며(378쪽), 6·25 전쟁을 전후하여 미국 등 과학 선진국에 유학을 갔던 인재들이 돌아와 현대 과학기술 발전에 이바지했다는 내용 정도이다(388쪽). 중학교『국사』에서도 미국에 대한 서술은 거의 찾아볼 수 없다.

긍정, 부정의 여하를 떠나서 한미관계사를 객관적이며 구체적으로 이해하는 일은 한국현대사를 체계적으로 이해하기 위한 필수 요소이다. 일본 역시 일미관계사의 성격을 깊이 이해하기 위한 노력이 일본현대사 자체를 제대로 이해하는 관건이 될 것이다. 그 점에서 한국과 일본의 역사교과서는 아직 미국을 충분히 객관화하여 인식하는 데까지 이르지 못하고 있다.

3) 민족주의, 내셔널리즘

일본의 역사교과서들은 민족주의, 또는 '내셔널리즘'의 문제를 어떻게 접근하고 있을까? 5종의 일본 교과서들은 '내셔널리즘' 대신 다른 보편적 가치들을 부각시키고 있다. 예를 들어 교이쿠출판의 경우에는 책의 말미에서 '세계 시민의 한 사람'으로서 소수자의 권리와 문화를 보호하고 인권과 평화를 존중해야 한다는 방향으로 결론을 내리고 있다. 그렇다고 일본 교과서에서 내셔널리즘, 민족주의는 부정되어야 한다고 명확하게 표현하고 있는 것도 아니다. 내셔널리즘, 민족주의는 일본 교과서에서 전면 부정되고 있다기보다는 억제되거나 논의 자체가 금기시되고 있다는 해석이 더 타당할 것이다. 내셔널리즘, 민족주의에 대한 서술을 아예 배제하는 일본 교과서의 서술 체계는 과연 바람직할까? 이 문제에 대한 명확한 인식 없이 일본의 청소년들은 어떻게 자신의 정체성을 만들어나갈 수 있을까? 전 인류의 보편적 정체성도 민족적 정체성도 아닌 모호하고 동요하는 정체성의 위기를 낳게 하지는 않는 것일까? 그 혼돈을 파고드는 것이 후소샤 교과서 같은 극우 내셔널리즘일 것이다.

이 점은 한국 교과서와 분명히 다른 점이다. 한국 교과서는 민족주의를 역사인식의 기본 가치로서 명확히 설정하고 있다. 그것은 한·일 간의 역사적 경험의 차이에서 기인할 터이다. 한국의 고등학교 『국사』에는 서론 부분인 '한국사의 보편성과 특수성'이란 항목에서 한국사의 특수성으로서 "우리 민족은 반만년 이상의 유구한 역사를 가지고 있고, 세계사에서 보기 드문 단일 민족 국가로서의 전통을 이어오고 있다"(13쪽)는 점을 강조한다. 다만 민족주의를 지고지선의 가치로서 절대화하는 것은 아니다. 이 책은 19세기 후반의 민족주의를 '공격적·팽창적 민족주의'와 '방어적·저항적 민족주의'로 구분하면서, 전자의 부정적 측면과 후자의 긍정적 측면을 대비하고 있다(15쪽). 그리고 한국사회가 지향해야 할 민족주의에 관해서는, 세계화 시대인 지금 배타적 민족주의와 외래문화 추종 모두를 버리고 "안으로 민족 주체성을 견지하되 밖으로는 외부 세계의 변화에 적극적으로 대응하는 개방적 민족주의에 기초해야 한다"고 밝히고 있다(14쪽).

또한 8·15 광복 이후 현대사의 과제를 "민주주의에 바탕을 둔 민족 통일 국가의 수립과 자립 경제의 달성"(331쪽)으로 설정하고, "한반도에 주둔한 미·소 양군의 한반도 분할과 좌우익 갈등의 격화로 남북이 분단되어 통일된 민족국가를 이루지 못하였"으며, 4·19 혁명과 6월 민주항쟁 등으로 민주주의가 발전하고 통일을 달성하기 위한 노력이 줄기차게 이루어져 왔다는 현대사 인식의 기본 틀을 제시하고 있다(332쪽). 이처럼 고등학교 『국사』에 담겨 있는 역사의식의 이념적 기초는 '개방적 민족주의'이며, 그 구체적인 실현 형태는 민주주의에 바탕을 둔 통일민족 국가 건설이다.

고등학교 『국사』 또한 민족주의를 긍정적으로만 서술하고 있는 것은 아니다. 고등학교 『국사』는 민족주의의 가치를 존중하면서도 그 남용을 경계한다. 7차 교육과정의 준거안이나 6차 교육과정의 『국사 (하)』를 분석하면서 민족주의의 과잉이 문제라는 지적이 나온 바 있지만(지수걸, 서중석), 필자의 판단으로는 적어도 7차 교육과정으로 나온 현행 고등학교 『국사』 교과서의 현대사 서술에서는, 민족주의에 기초하면서도 그것의 과잉 현상을 빚고 있지는 않다는 판단이다. 다음의 서술 속에서 그 점을 확인할 수 있다.

> 광복 후 우리 사회에는 민족주의와 민주주의, 그리고 반공 등 여러 이념이 혼재되어 있었다. 그러나 민족주의는 한때 정치 사회적으로 남용되기도 하였으며, 민주주의는 일부 정권의 독재 정치로 인하여 큰 시련을 겪기도 하였다. 또 남북 분단 상황에서 반공 이념이 강조되었다(고등학교 『국사』, 387쪽).

위의 문장은 민족주의를 비롯하여 광복 후 등장한 다양한 사상, 이념들을 어느 것도 절대화하지 않고, 구체적인 조건 속에서 그 성격을 파악하는 세련된 역사인식을 보여주고 있다. 이제 한국사회는 이념과 사상의 노예가 아니라, 한국의 주체적 조건 속에서 다양한 이념들을 소화해낼 수 있는 여유를 점차 가져가고 있는 것은 아닐까? 민족주의 또한 이제는 신성불가침의 절대적 가치로서가 아니라, 다양한 이념, 사상들과 결합하여 진전되어야 할 하나의 상대적 가치로서 자리매김해야 할 것이다.

4) 보편적 가치 : 인권과 평화

일본 교과서들은 인권과 평화 등의 보편적 가치를 역사 서술에서 중요한 교육 대상으로서 배열하고 있다. '평화'의 중요성은 종전 이전 일본의 대륙 침략, 태평양전쟁, 패전과 원폭 등에서 다루고 있다. 특히 '유일한 피폭국'으로서 원폭의 파괴성에 대해 지면을 크게 할애하고 있다. 인권의 중요성은 오키나와 문제, 국내 소수민족으로서 아이누족, 재일 조선·한국인 문제 등에서, 그리고 부락해방운동 등에서 다양하게 서술하고 있다.

유감스럽게도 한국의 중·고등학교 『국사』 교과서는 인권과 평화같이 민족주의 이상으로 중요한 보편적 가치를 제대로 다루지 못하고 있다. 한국 교과서는 한국 내 소수 민족, 인종에 대한 관심은 전무하며, 다양한 인권의 문제를 논하지 못하고 있고, 평화의 중요성에 대한 교육도 부족하다. 6·25전쟁은 단지 반공의 맥락에서 서술될 뿐, 그것을 평화라고 하는 보편적 가치의 교육 대상으로 삼고 있지 못하다. 이 점은 오히려 앞서 분석대상으로 삼은 일본 교과서들에서 배워야 하지 않을까?

3. 후소샤 교과서 : 전후 역사교육의 성과를 부정

도쿄서적, 데이코쿠서원, 오사카서적, 교이쿠출판, 니혼서적 등 일본에서 채택률이 비교적 높은 5종의 교과서들은 대체로 많은 문제점에도 불구하고 ①국제적 맥락과 일국사적 맥락을 상호 결합하여 이해하는 서술 체계를 갖춘 점, ②민족주의 또는 내셔널리즘을 자제하고 민주주의, 평화, 인권과 같은 보편적인 가치를 중시하는 점, ③한국사에 대한 서술이 비교적 객관적인 점 등 긍정적인 요소를 담고 있다. 이 같은 역사교과서들이 일본의 중학교 현장에서 채택되고 교육된다는 것은, 일본 사회의 민주주의적 토대가 쉽사리 해체되지 않을 것임을 시사한다. 그러나 작년도에 논란의 핵심이 된 '새 역사교과서를 만드는 모임'이 출간한 후소샤 역사교과서는 이상의 책들과 전혀 성격을 달리한다.

후소샤 교과서는 전후 연합국군의 점령정책이 지니는 긍정성을 전면 부정한다. 그것은 곧 오늘날 일본 민주주의의 기초에 대한 부정이다. '새 역사교과서를 만드는 모임' 측에서는 기존의 역사교과서 서술을 '도쿄재판사관', 즉 승자인 미국이 패자인 일본을 일방적으로 재단하면서 동원한 논리를 그대로 수용하고 있다고 비난한 바 있다. 그 비난은 '도쿄재판(극동국제군사재판)'의 정당성을 깎아내리는 서술로 연결된다. '평화에 대한 죄'로 "국가 지도자를 벌하는 것은 그때까지의 국제법의 어느 역사에도 없었"으며, 재판관은 전원 전승국에서만 선임되었으며, 변호인측이 신청하는 증거조사는 각하되는 경우가 많았다는 점 등이다(후소샤, 294쪽). 그리고 다음과 같은 서술도 있다.

동경재판의 재판관으로 유일하게 국제법의 전문가였던 인도의 라다·비노도·팔 판사는 이 재판은 국제법상의 근거가 없다고 하여 피고 전원의 무죄를 주장하였다. 그러나 GHQ는 팔 판사의 의견서 공표를 금하고, 그 밖에 일체 재판에 대판 비판을 허락하지 않았다(후소샤, 295쪽).

그리고 GHQ는 언론 매체를 이용하여 일본인에게 죄악감을 키워 전후 일본인의 역사인식에 영향을 끼쳤다는 것이다(후소샤, 295쪽).

그러나 실제로 전범을 다룬 '극동군사재판'은 "승자에 의한 재단"이라기 보다는 "승자에 의한 면죄", "승자와 패자의 합작"품이었다(道場親信, 141쪽). '새 역사교과서를 만드는 모임'의 니시오 간지(西尾幹二)는 전후점령정책을 비판하면서, 일반 국민과 지배계급을 구분하여, 전자는 죄가 없고 후자만 전쟁책임이 있는 것으로 함으로써 일본 내부를 분열시켰다고 지적한다. "천황과 국민은 어느 의미에서 운명공동체"임에도 불구하고 그 같은 인위적인 구분을 하였다는 것이다(西尾幹二, 653쪽). 그러나 이는 사실의 한 측면만을 강조한 것이다. 보다 정확한 사실은, 지배계급 중 극히 일부분에만 죄를 묻고 천황을 비롯한 대다수에게는 면죄부를 주었던 것이다.

후소샤 교과서는 냉전에 대하여 왜곡된 서술을 하고 있다. 이 책은 냉전을 이념의 전쟁이라기보다는, 서구가 분열된 이념을 내세워 파워 게임을 하는 것 정도로 이해하며, 그 속에서 일본의 내셔널리즘이 위축된 것을 비판적으로 서술하고 있다. 냉전에 대한 왜곡된 시각은 다음의 서술에서 잘 드러난다.

미일전쟁이 시작되기 전인 1935년의 일이다. 미국 외교관 맥마리는 만약 일본을 철저하게 패배시킨다면 그 대신에 소련이 대두할 뿐으로 극동에도 세계에도 어떠한 은혜도 없고, 미국은 어떠한 성과도 얻을 수 없을 것이라고 진언하고 미일전쟁에 반대했지만, 미국 수뇌부는 이 보고를 무시하고 있었다. 그리고 10년 뒤 예언은 적중했다(후소샤, 296쪽).

위의 서술은 미국과 일본 간의 전쟁 책임은 일본이 아니라 미국에게 있다는 자위전쟁론을 전제로 하고 있으며, 미국은 일본을 패배시키는 대신 소련을 부상하게 하는 오류를 범함으로써 냉전을 초래하였다는 논리를 취하고 있다. 결국 소련의 힘이 커지자 미국은 점령 정책을 전환해야 했고, 그래서 미국은 기지의 존속과 방위력 강화를 조건으로 일본을 독립시켜주었다고 한다(298쪽). 신안보조약에 대해서는 그 부정적 측면은 전혀 서술하지 않고, "이로써 미, 일 양국은 보다 대등한 관계가 되었다"고 의미 부여를 하였다. 조약체결을 반대하는 운동이 전개된 역사적 사실에 대해서는 "공산당과 중화인민공화국과의 관계를 긴밀하게 하고 있던 사회당 등의 혁신세력을 중심으로 신안보조약에 대한 비판이 거세졌다"고 하여, 신안보조약 반대운동에 용공의 색깔을 덧씌웠다(303쪽).

후소샤 교과서에서 미국 중심의 타율적 역사인식을 비판하고 그 대안으로 제시하고 있는 역사관은 무엇인가? 그것은 첫째, 19세기의 사회진화론적 세계관으로의 회귀이다. 니시오 간지는 미국이 일본을 점령하여 승자의 가치관을 강요한 것에 대해 이를 전쟁에서 일반적인 전략이라고 담담하게 서술한다. 니시오 간지에게 문제는 미국이 아니라, 미국의 점령이 끝난 이후에도 미국이 심어놓은 가치관, 역사관을 비판하지 못하는 일본 자신이다. 일본이 패한 것은 '전후의 전쟁'인 것이다. 니시오 간지는 20세기의 대전쟁을 '서구의 내전(內戰)'으로 간주한다. 20세기 전반에 지구상에는 4개의 이념이 탄생했는데, 파시즘, 공산주의, 제국주의와 민주주의를 표방한 서구백인문명패권사상, 그리고 "아시아는 하나"라고 외친 일본이 그것이다. 그 중에서 20세기의 전쟁을 주도한 이념은 일본을 제외한 서구의 3대 이데올로기라는 것이다(西尾幹二, 663~664쪽). 결국 자유주의사관연구회와 '새로운 역사교과서를 만드는 모임'이 추구하는 것은 '서구적 근대'에 반대하는 일본 내셔널리즘, 일본 중심의 아시아 패권주의이다.

후소샤 교과서는 일본의 경제대국화를 '세계의 기적'이라고 극찬하고(308쪽), 국력이 신장되고 1990년 걸프전쟁 때 거액의 재정원조를 하는 등 국제적으로 큰 공헌을 하였지만, 국제사회로부터 제대로 평가를 받지 않았다고 지적한다. 그 때문에 국제공헌의 방법에 대한 심각한 논의가 제기되는 실정이라는 서술이다. 그러한 국력의 확대, 군사대국화의 흐름을 "국제사회에서 자유와 평화의 실현을 위해 노력"하는 것으로 포장하고 있다(314쪽).

이러한 내셔널리즘적 역사의식은 미국이 주도한 냉전의식에서 탈피한 것인가? 후소샤 교과서는 파시즘과 공산주의에 대해서 매우 비판적이다(물론 종전 이전의 일본은 파쇼 국가로 간주하지 않는다). 일본이 현재 대면하고 있는 동아시아에서 이 두 가지 중 현실적으로 힘을 지니고 있는 것은 공산주의 중국·북한이다. 후소샤 교과서는 일본 내셔널리즘의 고양을 위해 필요한 외부의 적으로서 공산주의 중국·북한을 암묵적으로 설정하고 있다. 후소샤 교과서는 미국이 자신의 패권을 유지하기 위해 동원한 냉전의 논리를 일본 내셔널리즘 고양을 위한 냉전의 논리로 전환시키고 있다. 미국의 패권주의 - 냉전체제 아래 갇혀 있던 내셔널리즘을 자유롭게 확대시키고 그 대신 냉전논리를 그 하위 논리로 포섭하고 있는 것이다.

맺음말

이 글을 준비하기 시작할 때 필자는 일본과 한국 역사교과서 모두에 대해 부정적인 선입견을 강하게 가지고 있었다. 후소샤 교과서만을 읽은 상태였던 필자는 일본 사회가 우경화하면서 일본의 한국사 인식 전체가 '침략'을 정당화하고 한국을 폄하하는 방향으로 흐르고 있을 것으로 예단하였다. 한국 교과서에 대해서도 『사회과 교육과정』에 특별한 변화가 없으므로 실제 『국사』 서술 또한 냉전의식과 반공의식 속에서 분단지향적인 역사의식을 담고 있을 뿐만 아니라, 민족주의의 과잉 속에서 배타적이고 국수적인 서술로 일관할 것으로 예상하였다. 그러나 실제로 접해본 한·일 양국의 역사교과서들은 그 같은 선입견이 잘못되었음을 깨닫게 해주었다.

후소샤 교과서와 『최신 일본사』는 역시 문제이지만, 그밖에 채택률이 높은 5종의 교과서는 대체로 현대 한국에 대해 객관적인 역사인식을 보여주고 있을 뿐만 아니라, 국제적인 맥락 속에서 일본사를 체계화하는 점, 냉전의식으로부터 상대적으로 훨씬 자유로운 점, 민주주의·평화·인권과 같은 보편적인 가치를 중시하는 점을 한국 교과서보다도 우수한 장점으로 평가하고 싶다. 다만 유의할 점은 이 교과서들이 '종전' 이후의 민주화과정을 주체적으로 파악하지 못하면서 그 성과를 자신의 것으로 내면화하는 데 실패하였으며, 내셔널리즘의 문제를 명확히 하기보다는 언급 자체를 금기시함으로써 일본 우익측이 내셔널리즘을 무기로 하여 역사왜곡에 나설 수 있는 빈틈을 보여주었다는 점이다. 내셔널리즘은 회피해서 해결되는 문제가 아니라 그 성격을 명확히 파악하게 하는 노력을 통해서만 해결될 수 있을 것이다.

한국 역사교과서는 아직 일국사적 시야에서 벗어나지 못하고 있으며, 냉전의식·민족주의 중심의 단순한 서술 체계에서 크게 벗어나지 못하고 있다. 이웃나라인 일본에 대해 한국의 역사교과서는 단지 '침략자로서의 일본'이라는 과거의 이미지만을 제공하고 있을 뿐이며, 패전 후의 일본에 대한 이미지는 전혀 보여주지 못하고 있다. 오늘날 한국의 학생들이 현대 일본을 객관적으로 인식하지 못하고 막연한 혐오감과 친밀감이 교차하는 인식의 혼란을 겪는 것은 이러한 교과서의 문제점과 무관하지 않다. 이러한 문제점에도 불구하고 한국의 역사교과서도 조금씩 나아지고 있음은 사실이다. 탈냉전적인 역사의식의 가능성이 엿보이고, 반공주의와 민족주의가 현대사 속에서 오용되어왔던 측면을 비판하는 성숙한 역사의식이 파편적으로나마 드러나고 있음은 긍정적이다. 이 점은 고등학교『국사』에서 두드러진다. 비록 조급하게 집필되기는 하였지만 6차 교육과정의 현대사 서술기조에서 한 걸음 더 나아가고 있다. 다만 중학교『국사』의 현대사 서술은 6차 교육과정의 서술기조를 거의 그대로 답습하는 한계를 보여주고 있다.

문제점을 비판하는 것도 중요하지만, 긍정적인 점에서 희망을 찾고 그 싹을 더욱 살려나가는 가운데 한국·일본 사이에 상호이해가 더욱 증진되기를 기대한다. 한국과 일본은 역사인식의 이해 증진을 통하여, 냉전 이후의 동아시아를 민주주의와 평화, 인권이라고 하는 보편적 가치가 보장되는 국제사회로 탈바꿈시켜나가는 데 협조하여야 할 것이다.

【참고문헌】

국사편찬위원회 편,『국사』(고등학교), (주)두산, 2002
국사편찬위원회 편,『국사』(중학교), 대한교과서주식회사, 2002
국사편찬위원회 편,『국사 (하)』, 대한교과서주식회사, 1999
교육부,『사회과 교육과정』, 1997
교육부,『國史敎育 內容展開의 準據案』, 2000
한국교육개발원 편,『사회 2』, 대한교과서주식회사, 1997
『新しい社會 - 歷史』, 東京書籍, 2001(검정통과본)
『社會科 中學校の歷史 - 日本の步みと世界の動き』, 帝國書院, 2001(검정통과본)
『中學社會 - 歷史的分野』, 大阪書籍, 2001(검정통과본)
『中學社會 歷史 - 未來をみつめて』, 敎育出版, 2001(검정통과본)
『わたしたちの中學社會 - 歷史的分野』, 日本書籍, 2001(검정통과본)
『新しい歷史敎科書』, 扶桑社, 2002
『日本史 B』, 實敎出版, 2000
『日本史 B』, 淸水書院, 2001

강창일,「침략과 왜곡의 역사적 뿌리」,『일본 역사교과서 왜곡, 무엇이 문제인가』(제24회 한국역사특강 ; 한국역사연구회·교보문고, 2001)
박응진,『점령관리와 천황제 파시즘』, 형설출판사, 1986
서중석,「국사교과서 현대사 서술, 문제 많다」,『역사비평』2001년 가을호 (통권 56호)
오구시 준지,「일본 역사교과서의 현대 日韓關係史 서술」,『역사교과서 속의 한국과 일본』, 혜안, 2000
이신철·장신,「2001년 한국의 교과서운동과 향후 전망」,『역사문제연구』7, 2001

지수걸, 「제7차 교육과정 '한국근현대사준거안'의 문제점」, 『역사교육』 79, 2001

君島和彦, 「戰後歷史敎育と植民地支配」, 『近代日本と植民地 8―アジアの冷戰と脫植民地化』, 岩波書店, 1993

道場親信, 「東アジアの冷戰とナショナリズムの再審」, 『現代思想』 2001年 12月號

西尾幹二, 『國民の歷史』, 産經新聞社, 2000

신주백 (성균관대학교 BK21 연구교수)

동아시아 근현대사에 나타나는 전쟁과 평화에 대한 기억의 차이, 그리고 역사교육

– 동아시아 5개국의 중고교용 자국사 및 세계사 교과서를 중심으로

머리말

한국 사회에서는 작년 한 해 동안 일본의 중학교 역사교과서에 서술된 한국사 관련 부분에 대해 비판하는 목소리가 높았다. 일본 근현대사와 관련하여 한국측이 제기한 쟁점의 대부분은 일본의 대외침략과 연관이 깊은 사항이었다. 중국측의 8개항 수정 요구도 마찬가지였다.[1]

동아시아 4개국, 곧 남북한, 중국, 대만의 근대사는 일본의 대외침략과 민중의 저항을 빼고 설명할 수 없다. 때문에 5개국의 자국사와 세계사 교과서에서도 침략과 저항의 측면에서 근대사를 비중 있게 서술하고 있다. 그런데 5개국의 역사교과서에는 동일한 역사적 사건에 대해 다르게 표현되어 있는 경우가 많다. 기억의 차이가 명확한 부분이 상당수 있는 것이다. 작년에 역사왜곡 파동이 일어난 원인 가운데 하나도 여기에 있다.

5개국 사이의 지리적 인접성과 경제·문화 방면의 상호교류가 강화되고 있는 상황 속에서 명확한 기억의 차이, 그것도 폭넓게 확산되고 있는 기억 갈등은 서로의 발전에 그다지 도움이 되지 않는다. 더구나 한국, 일본, 중국은 세계화 시대에 살아갈 수 있는 미래지향적인 자국민을 양성한다는 취지에서 근현대사 교육을 강화하고 있다. 때문에 5개국 사이에 침략과 저항이란 특수한 역사적 관계를 올바로 전달하지 않으면 서로를 이해할 수 있는 기회를 확대하기보다는 증오하는 마음, 편협한 선입견을 확대, 심화

---

* 이 원고는 『역사교육』 82집에 수록된 논문을 수정, 보완한 것이다
1) 작년도 일본의 역사왜곡 파동에 대한 한국 사회의 대응에 대해서는 신주백, 「일본의 역사왜곡에 대한 한국사회의 대응(1965~2001) - 새로운 희망을 찾아서」, 『한국근현대사연구』 17, 2001 ; 신주백, 「2001년 일본의 역사왜곡 파동을 되돌아보며」, 『내일을 여는 역사』 7, 2001 ; 이원순·정재정 편저, 『일본 역사교과서, 무엇이 문제인가』, 동방미디어, 2002 참조. 또한 중국의 대응에 관해서는 신주백, 「중국 등 동아시아 국가의 대응」, 일본교과서바로잡기운동본부 엮음, 『문답으로 읽는 일본교과서 역사왜곡』, 역사비평사, 2001, 145~147쪽 참조.

시킬 수 있다. 반대로 반성과 화해, 그리고 동아시아의 평화를 지향하는 역사교과서 서술과 역사교육을 강화한다면 동아시아네트워크를 구축할 수 있는 발판을 마련하는 데 크게 기여할 것이다. 이 글을 쓰는 근본적인 동기도 여기에 있다.

본고에서는, 시대별 본문 검토, 또는 한국 관계만의 검토에 그쳤던 대부분의 선행 교과서 분석 논문과 동일한 작업방식을 반복하지 않고, 전쟁과 평화라는 측면에서 동아시아 5개국의 역사교과서를 검토하겠다. 2001년도 일본 역사교과서 왜곡파동의 핵심은 일본의 보수·우익세력이 침략전쟁을 축소·은폐·왜곡했다는 데 있고, 그들의 정치적 의도는 교과서와 역사교육을 이용하여 일본을 신군국주의화시키는 데 있었다. 본고에서 동아시아 5개국의 공동의 기억을 살펴보려고 한 근본적인 이유가 바로 여기에 있다. 또한 전쟁으로 인한 상처를 치유하려는 동아시아인의 주체적인 노력 가운데 하나가 '전후보상운동'이다. 전후보상문제의 해결은 동아시아인의 지속적인 교류증진에 크게 기여하여 결국에는 안정된 동아시아 사회의 구축에 밑거름이 될 것이다. 때문에 전후보상에 관해 동아시아 5개국의 교과서가 어떻게 언급하고 있는가를 보면, 동아시아 평화문제와 네트워크 구축의 미래를 전망하는 데 기여할 수 있을 것이다.

일본은 근대화 과정에서 1894년에 청일전쟁, 1904년에 러일전쟁, 1931년에 아시아태평양전쟁을 일으켰다. 제1, 2장에서는 5개국 사이에 공통된 역사적 경험인 일본의 침략전쟁에 대해 각국의 자국사와 세계사 교과서에서 어떻게 기술하고 있는지 살펴보겠다.

제3장에서는 전쟁의 아픔이 큰 5개국에서 원폭문제를 어떻게 다루고 있는지 분석하겠다. 왜냐하면 원폭문제는 일본 평화운동의 출발점이자 기반이며, 핵문제는 민족과 국가를 넘어 오늘날 세계 평화운동의 핵심문제이기 때문이다. 그런데 히로시마와 나가사키에 대한 원폭으로 조선인도 7만여 명 가량 피폭되었다. 동아시아인의 '전후보상운동'은 이들에 의해 먼저 제

기되었다. 본고에서는 전쟁의 상처, 기억을 둘러싼 갈등을 마무리하고 상호 공존을 모색하려는 움직이라고 볼 수 있는 전후보상운동을 피폭자문제를 중심으로 고찰하겠다.

필자는 얼마 전 「南北韓・日・中・臺灣의 歷史敎科書 속에 表現된 '戰後責任'과 歷史敎育」이란 논문 속에서 도쿄재판과 전후처리, 샌프란시스코조약과 전후보상문제, 종전(終戰)과정과 쇼와(昭和) 천황의 역할 등에 대해 각국의 교과서가 어떻게 기술하고 있는지 검토한 적이 있다. 본고는 그 자매편이다. 그때와 마찬가지로 2002학년도 현재 동아시아 5개국의 중고등학생이 배우고 있는 자국사와 세계사 교과서를 분석 대상으로 하겠다.[2]

이때 일본의 경우, 점유율 1, 2, 3위를 차지하고 있는 출판사의 교과서를 중심으로 분석하겠다.[3] 중국의 역사교과서는 80% 정도 시장을 점유하고

---

[2] * 남한 : 중고등학교『국사』(2종), 제6차 교육과정의 고등학교『국사』, 중학교『사회』2(7종), 고등학교『세계사』(6종). 더불어 전국역사교사모임의『살아있는 한국사 교과서』2(휴머니스트, 2002)도 검토하겠다.
* 북한 : 고등중학교『조선력사』3, 『세계력사』3
* 일본 : 중학교 사회과『歷史』(8종-供給本). 고등학교『日本史』A・B(16종), 『세계사』A・B(7종). 敎師用指導書 (1종). 東京書籍의 중학교 일본사 교과서(2000년)
* 중국 : 초급중학교『中國歷史』3, 4, 『世界歷史』2, 『敎師用指導書』『中國歷史』3, 4), 고급중학교『中國近現代史』上・下, 『世界近現代史』上・下, 『교수참고서』
* 대만 : 중학교『認識臺灣』
  일본의 중학교 역사교과서는 2001년 3월 검정을 통과하여 4월에 출간된 책이며, 扶桑社의 책은 市販本이다. 2002년도 일본의 고등학교『世界史』교과서는 29종, 『日本史』교과서는 26종이다.
  중국의 역사교과서는 초급중학교의 경우『中國歷史』(4종), 『世界歷史』(2종), 고급중학교의 경우『中國歷史』(1종), 『中國近現代史』(1종), 『世界近現代史』(1종), 그리고 중국사와 세계사를 통합한『세계근현대사』(1종)이 있다(이찬희 외 2인, 「일본・중국 중등학교 역사교과서의 한국 관련 내용 분석」, 연구보고 RR 99-7, 43쪽).
[3] 2002학년도 일본 중학교 역사교과서 채택률(단위 : %)

출판사	東京書籍	大阪書籍	敎育出版	帝國書院	日本書籍	淸水書院	日本文敎出版	扶桑社
채택률	51.2	14.0	13.0	10.9	5.9	2.5	2.3	0.039

있는 인민교육(人民教育)출판사에서 발행한 책을 중심으로 분석하고, 남한의 경우는 제7차 교육과정에 입각하여 사용하고 있는 중고교의『국사』를 중심으로 분석하되, 2002학년도가 제6, 7차 교육과정의 이행기임을 고려하여 필요에 따라 제6차 교육과정의 교과서도 참조하겠다. 또한 필요한 경우에 일본의 학습지도요령과 교사용지도서, 한국의 교육과정과 교사용지도서, 중국의 교사교학용서와 교수참고서도 참조하겠다.[4]

출전 :『産經新聞』 2001. 9. 12

2002학년도 일본 고등학교 역사교과서 채택률(단위 : %)

출 판 사		山川出版社	東京書籍	實教出版	其 他	冊
世界史	A(9社, 10種)	31.6(2종)	17.1	13.1	38.2(6社, 6種)	693,000
	B(8社, 19種)	60.3(4종)	13.1(2종)	8.9(2종)	17.8(5社, 11種)	791,000
日本史	A(6社, 7種)	38.8(2종)	17.8	17.9	25.4(3社, 3種)	374,000
	B(9社, 19種)	60.4(4종)	14.3(2종)	7.0(2종)	24.6(6社, 11種)	644,000

비고 :『教科書レポート 2002』, NO.46, 83쪽의 일본사 B 통계가 맞지 않아 이것만 2001년도 통계를 인용하였다. 다만 2002년도 채택률에 관한 도표를 통해 분명히 알 수 있는 것은, 2001년도보다 山川出版社의 점유율은 올라갔으며, 實教出版이 東京書籍보다 점유율이 높아졌다는 점이다.
출전 : 세계사 A B, 일본사 A -『教科書レポート 2002』, NO.46, 83쪽.
　　　일본사 B -『教科書レポート 2001』, NO.45, 54쪽.
4) 하지만 대만의 세계사 교과서는 구입하지 못했고, 일본의『世界史』A 교과서 가운데 채택률 1, 2위를 달리는 山川出版社와 東京書籍의 교과서도 구입하지 못했다.

1. 청·일, 러·일전쟁과 동아시아 질서의 재편

중국, 일본, 러시아, 그리고 서구 열강 사이에 조선을 둘러싼 경쟁과 대립은 1876년 조선의 개항을 전후한 시기부터 본격화되었다. 경쟁과 대립은 청·일·러 사이에 한반도와 그 주변 해역, 그리고 만주 일대에서 전쟁방식으로 해소되었다. 1894년에서 1895년까지의 청일전쟁과 1904년에서 1905년 사이의 러일전쟁이 바로 그것이다.

한국의 입장에서는 두 차례의 전쟁이 중화체제로부터의 이탈과 동시에 일본제국주의 지배질서로의 편입을 의미했지만, 일본으로서는 두 차례의 전쟁이 섬나라로서의 고립성을 탈피하여 동아시아 국제질서의 주도권을 장악하고 제국주의국가로 탈바꿈할 수 있는 발판이 되었다. 중국은 일본의 처지와 반대되는 위치에 놓여지게 되었다. 따라서 두 차례 전쟁을 계기로 일어난 동아시아 국제관계의 변화에 대해 5개국의 교과서 서술은 서로 다른 처지에서 접근할 수밖에 없다. 문제는 각각의 전쟁이 일어나게 된 원인과 그 과정을 5개국의 역사교과서에서 달리 규정하며 강조하고 있다는 점이다.

1) 일본

2002학년도 중학교 역사교과서 가운데 51.2%라는 채택률을 기록한 도쿄서적(東京書籍)의 교과서는 "3. 일청·일로전쟁과 근대산업"에서 두 전쟁에 관해 다음과 같이 기술하고 있다.[5]

---

[5] 각국 역사과목의 교육목표와 실시과정, 그리고 일본 역사교과서 분석방법에 대한 비판적 고찰과 그 대안의 하나로 주제별 접근을 해야 하는 이유에 대해서는

＊ 청일전쟁 : …… 농민이 조선남부 일대에서 봉기하였습니다(갑오농민전쟁).

이것을 기회로 청과 일본은 조선에 出兵하고, 8월에 일청전쟁이 시작되었습니다.

＊ 러일전쟁 : 일본은 1902년 日英同盟을 체결하고 러시아에 대항했기 때문에 전쟁의 위기가 다가왔습니다. 사회주의자 고토쿠슈스이(幸德秋水)와 그리스트교도 우치무라간조(內村鑑三) 등은 개전에 반대하였습니다만, 저널리즘이 주장하는 主戰論이 여론을 움직이고 정부도 개전준비를 진행해 갔습니다. 1904년 2월, 일로전쟁이 시작되었습니다. ……6)

또한『日本史』A 가운데 1999년도에 22.9%라는 채택률을 기록한 야마가와(山川) 출판사의『現代の日本史(改訂版)』는 "제2장 근대국가의 성립" 중 '4. 청국과의 싸움'과 '6. 러시아와의 싸움'에서 두 전쟁의 원인을 다음과 같이 묘사하고 있다.

＊ 청일전쟁 : 1894년, 조선의 전라도를 중심으로 …… 대규모 농민 반란(갑오농민전쟁, 동학당의 난)이 일어나고, 같은 해 6월 청국은 조선정부의 요청에 따라 그 진압을 이유로 출병하였다. 일본정부(제2차 이토오 내각)는 무츠무네미츠(陸奧宗光) 外相의 주장으로 청국의 출병에 對抗하여 즉각 조선에 군대를 파견하였다. ……

여기에(日英通商航海條約 - 인용자) 힘을 얻은 일본은 무력으로 조선의 내정개혁을 강행하고, 7월 말 이것에 반대하는 청국과 군사충돌을 일으켰다. 8월, 일본은 청국에 선전을 포고하여 마침내 일청전쟁이 시작되었다.

＊ 러일전쟁 : …… 1902년 제1차 카스라타로우(桂太郞) 내각은 日英同盟 협약을 체결함과 동시에 立憲同友會의 협력을 얻어 군비확장을 실행하였다.

일본 국내에서는 만주를 점령하고 철병의 약속을 실행하려고 하지 않는 러

『韓日民族問題硏究』2(2002)에 수록된 신주백,「南北韓・日・中・臺灣의 歷史敎科書 속에 表現된 '戰後責任'과 歷史敎育」이란 논문의 제2장 참조.
6) 田邊裕 外 37人,『新しい社會 歷史』, 東京書籍, 2001, 43쪽, 140쪽.

시아에 대한 반감이 점차 높아졌다. …… 카스라 내각은 러시아와 (滿韓交換 - 인용자) 교섭을 …… 하였지만 교섭은 타결에 이르지 않았다. 1904년 2월 일본은 개전을 단행, 일로전쟁이 시작되었다.[7]

이처럼 일본의 중고교 역사교과서 가운데 가장 높은 채택률을 차지하고 있는 교과서에서는 일본이 먼저 개전한 사실 자체를 부정하고 있지 않다. 그렇지만 일본이 전쟁을 일으키기까지의 배경과 영향에 관한 언급은 검토할 여지가 있다. 먼저 전쟁의 배경과 관련된 문제를 짚어보자.

일본의 교과서는 청일전쟁 직전에 일본군이 조선으로 '출병'한 것은 청 정부의 파병에 '대항'하거나 '대응'한 수동적인 조치였다고 하여 출병의 불가피성을 은연중에 강조하는 경우가 대부분이다.

그러나 일본의 교과서는 청과의 대결로 가는 길목에서 갑신정변 이후 10년 동안 계획적인 군제개혁과 군비확장 속에서 조선을 지배하기 위해 기회를 노리고 있었던 것이 청일전쟁의 중요한 배경이었음을 제대로 언급하고 있지 않다.[8] 또한 당시의 일본 정부는 조선 정부가 청 정부에 파병을 공식 요청한 4월 30일보다 하루 전인 29일(양력 6월 2일) 조선에 병력을 보내기로 내각에서 결정하고 메이지(明治) 천황으로부터 재가를 받은 상태였다.[9] 더구나 조선 정부군과 농민군은 양국의 군대가 한반도에 오는 것을 알고 5월 7일 전주화약을 체결·휴전하였고, 농민군은 그 이튿날 전주성에서 철수하였다. 조선 정부는 이를 근거로 양국 군대의 철병을 요구하였다.[10] 청·일 양국 군대가 조선에 주둔할 이유가 없어진 것이다.

---

7) 鳥海靖 外 3人, 『現代の日本史(改訂版)』 A, 山川出版社, 1999, 85~86쪽, 90~91쪽.
8) 이런 점에서 "……조선정부가 청국에 출병을 요청하자, 조선 지배의 기회를 노리고 있던 일본정부는 즉각 조선에 출병하였다"라고 서술하는 것이 그나마 올바른 표현이라고 볼 수 있다(家永三郎, 『新日本史』 B, 三省堂, 2001, 228~229쪽).
9) 이에 대해서는 조재곤, 「청일전쟁에 대한 농민군의 인식과 대응」, 한국역사연구회 엮음, 『1894년 농민전쟁연구』 4, 역사비평사, 1995를 참조하였다.
10) 이같은 사실은 田邊裕 外 37人, 『新しい社會 歷史』, 141쪽 ; 石井進 外 15人, 『日本史』 A, 山川出版社, 1999, 149쪽 ; 黛弘道 外 8人, 『新日本史(改訂版)』 A, 淸水

청일전쟁을 이렇게 서술한 근본 원인의 하나는 일본 문부과학성의 검정지도에 있다. 중학교의 학습지도요령를 통해 이를 확인해보자.

> '일청・일로전쟁'에 관해서는 대륙을 둘러싼 당시의 국제정세를 배경으로 전쟁에 이르기까지의 우리나라(일본 - 인용자)의 움직임, 전쟁의 대강과 국내외의 반응, 한국의 식민지화 등을 취급한다.[11]

이처럼 일본 문부과학성은 국제정세에 대한 대응으로서 조선 '출병'을 서술하라고 지시한 것이지, 대륙에서의 기득권을 획득하기 위한 발판을 마련하려는 일본측의 능동적인, 곧 침략적인 국가전략을 서술하도록 지시하지 않고 있다. 일본 정부의 조선에 대한 침략적 의도를 약화시키려는 내용 서술은 러일전쟁의 배경에 관한 언급에서도 그대로 드러난다. 일본의 많은 교과서는 러시아의 위협과 당시 일본 국내 여론의 대세였던 주전론을 먼저 강조하는 서술양식을 취한다.

하지만 먼저 군대를 보내 조선을 독점하려는 일본의 대륙정책에서 러일전쟁의 근본원인을 찾아야 한다. 1895년 시모노세키조약의 내용이 삼국간섭으로 변경되자, 일본 내에선 '와신상담(臥薪嘗膽)'이란 말이 국민적 슬로건으로 유행하였다. 일본 군부는 러시아와의 전쟁을 목표로 군비를 확충할 계획을 수립하고 6개 사단 및 기병 2개 사단과 포병 2개 여단의 육군 병력을 증강시켰고, 106척의 배를 건조하였다.[12] 그리고 1904년 2월 인천 앞바다에서 러시아 군함 2척을 선제 공격한 것도 일본 해군이었다.

다음은 전쟁의 영향에 대해 검토해보자. 고등학교 일본사 교과서 시장의 절반 가량을 점유하고 있는 야마가와출판사의 일본사 A, B 교과서 6종 가

　　書院, 1999, 99쪽 ; 栗原純 外 3人, 『世界史(改訂版)』B, 三省堂, 1999, 267쪽 ; 池田溫 外 12人, 『了解 世界史』B, 淸水書院, 2000, 161쪽에 언급되어 있다.
11) 日本 文部科學省, 『中學校學習指導要領(平成10年12月)解說 社會編』, 1998년 9월, 106쪽.
12) 藤原彰 著, 嚴秀鉉 譯, 『日本軍事史』, 時事日本語社, 1994, 119~121쪽.

운데 3종과 도쿄서적(중)의 교과서에는 일본이 승리함으로써 중국과 인도 등 아시아 민족운동의 발전에 큰 영향을 끼쳤다고 서술되어 있다.13) 물론 중국의 손중산(孫仲山)이 1905년 동경에서 중국동맹회를 결성하는 등 아시아의 민족운동에 영향을 준 경우도 있다.

  그렇지만 더욱 중요한 사실은 일본 외교의 당면정책 가운데 핵심적인 목표였던 한국의 지배에 대해 한국인의 강력한 저항이 있었고, 일본은 군대를 앞세워 이를 무력으로 진압하고 한국을 지배했다는 점이다. 당시의 역사적 진행과정을 보아도 일본의 근대사에서 어느 쪽이 더 큰 비중과 의미가 있는지 명확하다. 때문에 국서간행회(國書刊行會)의 『最新日本史』처럼 본문에서 일본의 승리가 아시아에 끼친 영향을 언급했을 뿐만 아니라 "중국혁명의 아버지 손문(孫文)과 일본"이란 주제로 특별한 코너를 만들고 서술하는 것은 적절한 서술양식과 균형 있는 내용구조가 아니다.14) 오히려 도쿄서적(고)의 『日本史 - 現代からの歷史』 A에서처럼 '한국의 의병운동'이란 특별 코너에서 1945년까지 한국인의 저항운동이 계속되었음을 강조하는 내용구조가 적절한 서술양식일 것이다.15) 일방적이고 불균형적인 내용구조는 베트남, 미얀마, 필리핀의 민족운동 지도자들이 일본 정부에 지원을 요구했을 때, 이들 민족을 지배하고 있던 종주국의 요청을 받아들여 일본 정부가 그들을 국외로 퇴거하도록 명령한 사실을 전혀 언급하지 않은 데서도 확인할 수 있다.16)

---

13) 田邊裕 外 37人, 『新しい社會 歷史』, 東京書籍, 142~143쪽 ; 鳥海靖 外 3人, 『現代の日本史(改訂版)』 A, 山川出版社, 92~93쪽 ; 川北稔 外 10人, 『新編 高等世界史』 B, 帝國書院, 1999, 296쪽 ; 石井進 外 13人, 『高校日本史(改訂版)』 B, 山川出版社, 2001, 124쪽 ; 兒玉幸多 外 3人, 『日本の歷史(改訂版)』 B, 山川出版社, 2001, 266쪽. 이밖에 大口勇次郎 外 10人, 『新中學校 歷史 - 日本の歷史と世界』, 淸水書院, 2001, 151쪽 ; 大濱徹也 外 11人, 『中學生の社會科 歷史 - 日本の步みと世界』, 日本文敎出版, 2001, 171쪽 ; 西尾幹二 外 13人, 『新しい歷史敎科書(市販本)』, 扶桑社, 2001, 223쪽 ; 中村政則 外 7人, 『高校日本史(新版)』 B, 日本書籍, 2001, 315쪽에서도 확인된다.
14) 朝比奈正幸 外 7人, 『最新日本史』 B, 國書刊行會, 2000, 196쪽.
15) 田中彰 外 7人, 『日本史-現代からの歷史』 A, 東京書籍, 2001, 68쪽.

러일전쟁이 아시아의 민족운동에 긍정적인 영향을 끼쳤다는 내용서술은 문부과학성의 다음과 같은 학습지도요령에 따른 것이다.

* 日本史 A : 또한 이 사이(19세기 후반부터 20세기 초 - 인용자) 일로전쟁에서 승리하여 아시아 여러 나라의 민족운동과 근대화 운동에 자극을 주었던 것 ……을 이해시킨다. 우리나라(일본 - 인용자) 대외정책을 취급할 때는 어떠한 국제관계 속에서 진행되었는가라는 관점에서 이해시키도록 한다.
* 日本史 B : 특히 일로전쟁에서의 승리가 아시아 여러 국가의 민족독립과 근대화 운동에 자극을 주었다는 것을 이해시킨다.17)

요컨대 문부과학성은 입헌국가로서 일본이 정착해가는 과정, 일본과 대륙 사이의 관계를 배경으로 자본주의국가로서 일본의 기초가 확립되어가는 과정, 그리고 복잡한 국제관계를 헤치고 근대국가로서 일본의 국제적 지위가 확보되어가는 과정에서 러일전쟁을 학생들에게 이해시키도록 한 것이다.

그런데 주지하듯이, 일본은 러일전쟁에서 승리하며 대륙침략의 발판을 마련했으며, 제국주의 단계에 들어섰다. 따라서 일본과 반대의 위치에서 고통받고 짓밟혔던 조선과 중국 등지의 사람들에 대해 특별한 설명이 필요한데, 그것이 미약했을 때는 침략의도를 희석화시키려는 검정으로밖에 볼 수 없다. 타인의 고통에도 눈을 돌리고 배려하는 심성을 길러주지 못하는 역사교육 속에서 세계인과 함께 살아갈 일본인을 길러낸다는 일본 문부과학성의 교육취지가 과연 달성될 수 있을지 의문인 대목이다.

사실 일본이란 근대적 국민국가의 성립 내지는 일본의 근대화는 군대를 앞세운 대외팽창을 빼놓고 설명할 수 없다. 일본의 경제와 입헌군주제가

---

16) 倉澤愛子, 「アジアの人人の行苦を默殺」, 『歷史敎科書大論爭』, 新人物往來社, 2001, 96쪽.
17) 文部科學省, 『學習指導要領解說 地理歷史編』, 1998년 12월, 95쪽, 140쪽.

지탱될 수 있었던 원천의 하나가 식민지였기 때문이다. 따라서 일본 '근대국가의 성립' 시기에 해당되는 청일전쟁과 러일전쟁에 대한 교과서의 서술은 이러한 측면에도 초점이 맞추어져 있어야 한다. 그런 점에서 짓쿄(實敎)출판의 교과서에서 "제4장 대일본제국의 탄생"의 한 부분으로 "11(12). 일본은 어떻게 조선대만을 침략했는가"와 "14(15). 村과 町의 忠魂碑는 무엇을 말하는 것인가 - 총력전의 일로전쟁"을 설정한 편집체제나, 니혼(日本)서적(중)처럼 "제4장 근대국가의 성립과 아시아"에서 "4. 조선침략과 산업혁명"이라는 편집체제는, 역사적 진실을 역사교육 속에서 올바로 소화하려는 서술태도라고 볼 수 있다.[18]

2) 중국·대만

중국의 초급중학교에서는 4종의 『中國歷史』 교과서 가운데 하나를 선택하여 교재로 사용하고 있다. 고급중학교에서는 인민교육출판사에서 발행한 『中國近現代史』와 『世界近現代史』를 사용하고 있다. 초급중학교의 『中國歷史』에서는 청일전쟁의 배경에 대해 다음과 같이 언급하고 있다.

甲午中日戰爭. 1894년 조선 동학당이 봉기하였다. 조선국왕은 청 정부에 출병하여 진압을 도와줄 것을 요청하였다. 일본도 이 기회에 편승하여 조선에 파병하였다. 동학당의 봉기가 진압된 이후, 일본은 조선에 병력을 계속 늘리면서 중일전쟁을 도발할 준비를 하였다.

---

[18] 宮原武夫 外 11人, 『高校日本史』 A, 實敎出版, 1999, 90~91쪽, 98~99쪽 ; 宮原武夫 外 11人, 『高校日本史(新訂版)』 B, 實敎出版, 1999, 158~159쪽, 166~167쪽 ; 兒玉幸多 外 16人, 『わたしたちの中學社會 歷史的分野』, 日本書籍, 2001. 괄호 속의 숫자는 『日本史』 B의 순서이다. 또한 『日本史』 B(實敎出版)의 159쪽에서는 "역사의 창"이란 특별 코너를 만들어 "植民地 - 臺灣"이란 주제로 대만인의 저항과 투쟁, 대만총독부에 관해 언급하고 있다.

일본해군이 조선의 아산 어구 밖의 豊島 바다에서 청군 병력수송선을 습격하자 청 정부는 일본에 대항하여 부득이하게 宣戰하지 않을 수 없었다. 甲午中日戰爭이 폭발한 것이다. ……19)

이어 청일전쟁을 언급한 교과서의 마지막 부분에서 시모노세키조약의 결과 청나라의 반(半)식민지화가 더욱 심화되었다고 기술되어 있다. 초급중학교 교과서의 내용서술은 1999년도에 사용되었던 고급중학교의 『中國近現代史』 上(1999년)에서도 마찬가지였다.20)

그런데 2000학년도부터 사용되고 있는 『中國近現代史』 上에서는 대외침략을 통해 농민의 봉기 등 봉건적인 모순을 해결하려는 일본의 대륙정책과 국제사회로부터 지지를 확보하려는 일본의 외교정책이 전쟁 폭발의 배경으로 추가되었다. 일본의 준비된 침략 내지는 의도된 도발을 강조하는 내용이 새로 추가된 것이다. 반면에 청 정부에서는 동학농민전쟁이 진압된 이후 "중일 양국의 동시 철군을 제안했지만, 일본은 거절했을 뿐만 아니라 오히려 계속 대규모 병력을 늘리며 전쟁을 도발할 음모를 꾸미었다"고 이전에 없던 내용을 추가하였다. 뿐만 아니라 청 정부에서 각국의 정부에 '조정(調停)'을 희망하고 싸울 준비를 하지 않았다는 내용도 새로 추가되어 있다.21) 요컨대 중국의 교과서는 일본이 계획적으로 침략한 행위를 한껏 부각시키는 내용과 반대로, 조선과 일본에 대한 자신의 평화적인 태도를 언급함으로써 싸움에서 중국의 수동성과 불가피성을 시사하는 서술양식을 취하고 있다. 그러면서 네 쪽 분량에 걸쳐 청일전쟁에서 영웅적으로 투쟁한 중국인을 강조하고 있다. 그렇게 되어야 청일전쟁 과정에서 영웅적으로

---

19) 人民敎育出版社歷史室 編著, 『9年義務敎育3年制 初級中學校敎科書 中國歷史 第3冊』, 人民敎育出版社, 1997, 69쪽.
20) 人民敎育出版社歷史室 編著, 『高級中學課本 中國近現代史』 上(必修), 人民敎育出版社, 1999, 45쪽.
21) 人民敎育出版社歷史室 編著, 『全日制普通高級中學敎科書(試驗修訂本·必修) 中國近現代史』 上, 人民敎育出版社, 2001, 48~49쪽. 이 책에는 청일전쟁의 진행과정과 시모노세키조약에 대해 네 쪽에 걸쳐 이전보다 더 상세히 언급되어 있다.

투쟁한 "애국관병(愛國官兵)"을 부각시킬 수 있는 교학목적(敎學目的)과 부합되기 때문이다.22) 반면에 중국의 교과서는 자신의 정치적 영향력을 유지하기 위해 본국에 있던 병력을 움직이지 않으며 일본과의 전투를 회피했던 북양대신(北洋大臣) 이홍장(李鴻章)의 행위를 서술하지 않고 있다.23)

또한 2000학년도부터 새로 사용되고 있는 『中國近現代史』上에서는 이전에 볼 수 없었던 대만에서의 대중적인 무장투쟁을 거의 한쪽에 걸쳐 구체적으로 언급하고 있다.24) 대만은 청 정부가 시모노세키조약에 따라 배상 차원에서 일본 정부에 할양한 영토이다. 일본의 여러 교과서에서 대만인의 저항투쟁에 대해 이전부터 언급하고 있었던 사실에 비하면 때늦은 서술양식이다.25) 중국의 2000년 교과서에서부터 대만이 언급된 이유는 1999년 대만의 독립을 정강으로 내세운 민진당(民進黨)이 정권을 장악하는 등 새로운 정세에 대응하여 중국 정부 나름대로 영토의식을 표현하려는 의도와 연관이 있을 것이다.

그런데 1895년 5월부터 일어난 저항투쟁의 중심에는 대만민주국(臺灣民主國)이라는 공화국이 있었다. 하지만 중국의 교과서에서는 대만 대중의 무장투쟁에 관해 언급하면서도 이 부분을 서술하지 않고 있다. 대만민주국은 아시아에서 처음으로 선포된 민주공화국으로서 1895년 5월 25일에 성립되었다. 물론 한 달도 못 되어 대만민주국의 지도자들이 본토로 가버렸

---

22) 人民敎育出版社歷史室 編著, 『中國歷史 第3冊 敎師敎學用書』, 人民敎育出版社, 1997, 110쪽. 중국 역사교과서의 서술양식은 어쩌면 패전을 합리화하려는 사전 장치일지도 모르겠다.
23) 二谷貞夫 外 13人, 『世界史』A, 一橋出版, 1998, 108쪽에는 이에 대해 언급하고 있다.
24) 1999년까지 사용되었던 초급중학의 교사용 지도서에도 臺灣은 나오지 않았다 (人民敎育出版社歷史室 編著, 『中國歷史 第3冊 敎師敎學用書』, 人民敎育出版社, 110~118쪽).
25) 石井進 外 15人, 『日本史』A, 山川出版社, 148쪽 ; 直木孝次郎 外 11人, 『日本史(新訂版)』B, 實敎出版, 263쪽 ; 宮原武夫 外 11人, 『高校日本史(新訂版)』B, 實敎出版, 159쪽 ; 尾藤正英 外 10人, 『新選日本史』B, 東京書籍, 192쪽 ; 尾藤正英 外 11人, 『日本史』B, 東京書籍, 249~250쪽.

지만, 대만에서 초기 항일투쟁의 중심축이었던 것만은 분명하다.26) 그럼에도 불구하고 중국의 교과서에서 대만민주국에 관한 언급이 빠진 이유는 무엇일까. 아마 대만민주국의 대다수 지도자들이 대만사회의 상류층이고 지도부로서 투쟁적이지 못했으며, 민주공화주의를 제창한 손중산 등의 신해혁명이 중국의 첫 자산계급 민주혁명이라는 중국의 정통 역사인식 때문일 것이다.27)

중국의 이러한 역사인식은 대만인에 의해 만들어진 대만의 첫 중학교 대만사 교과서인『認識臺灣(歷史篇)』과 큰 차이가 있다.『認識臺灣』은 일본 식민통치를 언급하는 첫 머리인 "제1절 대만민주국과 무장항일" 부분에서 2와 1/3쪽 분량을 할애하여 "대만민주국의 항일"이란 주제로 내용을 언급하며 사진, 기록화를 제시하고 있다. 그리고 같은 절에서 나머지 2와 2/3 분량으로 1930년에 일어난 무사사건(霧社事件)까지의 무장투쟁을 언급하고 있다.28) 요컨대 중국과 달리 대만에서는 무장 항일투쟁의 첫 출발점으로 대만민주국의 성립을 위치짓고 많은 분량을 할애하고 있는 것이다. 중국인 사이에 분단된 역사인식의 한 단면을 볼 수 있는 대목이다.

3) 남한 · 북한

제7차 교육과정에 따라 2002학년도에 처음 사용되는 중학교『국사』는 "개화와 자주운동" 속에서 청일전쟁을 다루고, "주권수호 운동" 속에서 러

---

26) 대만민주국에 대해서는 周婉窈,『臺灣歷史圖說』, 中央研究院臺灣史研究所籌備處特刊, 1997, 107~115쪽 참조.
27) 人民教育出版社歷史室 編著,『全日制普通高級中學教科書(試驗修訂本・必修) 中國近現代史』上, 人民教育出版社, 92쪽.
28) 國立編譯館 主編,『國民中學 第1冊 認識臺灣(歷史篇)』, 國立編譯館, 1999, 57~61쪽.

일전쟁을 언급하고 있다. 두 운동이 일어난 배경을 『국사』는 다음과 같이 언급하고 있다.

* **청일전쟁** : 동학 농민운동의 실패. 전주 화약을 맺은 후 농민군이 해산하자, 정부는 일본군의 철수를 요구하였다. 그러나 일본은 이를 거부하고 오히려 궁궐을 침범하였으며, 청·일 전쟁을 일으켰다. 이처럼 일본군의 침략 행위가 노골화되자, 농민군은 일본군 타도를 내세우며 다시 일어났다.
…… (이후 일본군에 농민군이 패함으로써 - 인용자) 농민들의 꿈은 일단 실패로 돌아갔다.

* **러일전쟁** : 을사조약. 청·일 전쟁 이후 러시아는 만주 철도 부설권을 획득하는 등 세력을 확대시키고, 우리나라에도 세력을 침투시키려 하였다. 러시아 세력이 커지면서 일본과의 대립이 격화되었고, 이때 세계 곳곳에서 러시아와 대립하고 있던 영국은 영·일 동맹을 맺어 일본을 도왔다. 이러한 두 나라의 대립은 드디어 러·일 전쟁으로 이어졌다(1904).

러·일 전쟁에서 승리한 일본은 우리나라에 대한 침략을 본격적으로 추진하였다. ……29)

일본의 침략적 행위를 직접 언급하고 있는 내용서술은 일본 역사교과서와 다른 점이다. 청과 러시아에 대해 상대적으로 우호적인 표현을 하고 있는 현실이 한국의 근대 국제관계사에 관한 서술의 특징일 것이다. 왜냐하면 다른 나라가 일본과 어떤 관계였는가가 우리의 중요한 판단 기준의 하나이기 때문이다. 민족사적 경험과 무관하지 않은 이러한 태도는 주관적 감정이 앞선 접근자세로서 교과서 서술에서 반드시 지양되어야 할 점이다. 그럼에도 불구하고 문맥만을 놓고 보면, 러일전쟁을 일으키려는 일본의 계획적인 준비와 개전책임이 사상되어 있는 부적절한 서술도 눈에 띈다. 이제는 한일관계만을 지나치게 강조하지 말고, 한반도를 둘러싼 복잡한 국제

---

29) 교육인적자원부, 『중학교 국사』, 2002, 211쪽, 233쪽.

관계를 냉정하고 균형 있게 가르쳐 한반도를 둘러싼 국제관계의 경험적 전개를 학생들의 역사의식 속에 자리잡게 해야 한다.

그런데 남한의 역사교과서는 근대적 국민국가로 거듭나기 위한 조선인의 활동과 개화, 그리고 반침략투쟁 속에서 두 운동을 서술하고 있다. 따라서 일본이나 중국처럼 청일전쟁과 러일전쟁을 전면적으로 다루고 있지 않다. 2003학년도부터 심화선택과목의 하나로 실시되는『한국근・현대사』교과서의 분량이 아무리 늘어난다 해도 제7차 교육과정을 보건대 중학교『국사』교과서의 편집체제를 크게 벗어나지 못할 것이다.[30]

반침략투쟁을 설명하기 위해 전쟁을 언급하는 남한의『국사』교과서에는 자신의 영토에서 청과 일본, 러시아와 일본 사이에 일어난 전쟁에 대해 역사적 성찰을 제기하는 내용은 없다. 대안 교과서를 표방한『살아있는 한국사 교과서』2에서도 그러한 문제의식은 눈에 띄지 않는다.[31] 이는 전쟁 당사국도 아닌 한국 땅에서 전쟁으로 인해 조선의 평범한 민초들의 삶이 어떻게 짓밟히고 주권을 침해받았는가에 대해 반성하는 내용이 전혀 없는 중국이나 일본의 교과서와 다를 바 없는 서술태도이다.

또한 19세기 말 20세기 초 동아시아의 국제관계는 대단히 복잡하면서도 역동적이었으며, 국제정세의 변동이 조선(대한제국)의 운명과 직결되었음을 고려할 때, 이에 대한 교육적인 배려가 중요하다. 특히 남북분단을 극복하고 통일을 달성해야 할 우리의 처지에서 볼 때, 당시의 국제관계에 대한 반성적인 교육은 통일과정에서의 복잡한 국제 관계를 뚫고 나가는 데 있어 미래지향적인 역사교육이 될 것이다. 이렇게 하면 사회과 교육은 "우리

---

30) 교육부,「사회과 교육과정 : 교육부 고시 제1997 - 15호[별책 7](1997. 12. 30. 개정고시)」,『초・중・고등학교 사회과・국사과 교육과정 기준(1946~1997)』, 2000, 687~688쪽, 691쪽.
31) 전국역사교사모임,『살아있는 한국사 교과서』2, 휴머니스트, 2002, 42쪽, 71쪽. 이 책에서는 "일본군은 청과 전쟁을 하는 한편, 경복궁을 점령하고 조선을 보호국으로 만들려 하였다"고 언급하고 있는데, 이는 사실에 부합하지 않는다. 경복궁 점령과 청일전쟁은 동시에 있었던 것이 아니고 전자는 6월에, 후자는 7월의 豊島海戰부터이다.

사회의 특징과 세계의 여러 모습을 종합적으로 이해"시켜 "국가, 사회, 인류의 발전에 기여할 수 있는 민주 시민의 자질"을 기르는 것이며, 한국근현대사를 통해 "우리 근·현대사의 흐름을 객관적으로 해석하고, 이를 세계사적 관점에서 비교, 평가할 수 있는 능력"을 기르는 것일 뿐만 아니라 세계사 교육과정에서 "현대 세계의 형성과 그 성격"을 파악하여 "우리의 현재 위치와 나아갈 방향이 어떤 것인가를 깨닫게" 할 수 있다는 방침에 호응하는 것이다.[32]

그럼에도 불구하고 『국사』 교과서에는 개항 이후 자본주의 세계 질서에 편입된 조선 사회를 둘러싼 국제관계의 변화와 이에 대한 조선 사회의 대응을 충분히 언급하고 있지 않다. 그렇다고 7종의 중학교 『사회』 2와 6종의 고등학교 『세계사』 교과서가 이에 대해 충분히 설명하고 있지도 않다. 여전히 우리와 관련된 세계사 교과서가 아니라 유럽 중심의 세계사 교과서이기 때문이다. 또한 남한의 근대사 교육이 침략과 저항이라는 이분법적인 대결구도만으로 아시아의 근대화를 설명하는 가운데 두 선생을 언급하고 있는 현실과도 무관하지 않기 때문이다.[33]

남한 역사교과서의 맹점은 북한의 역사교과서에서도 마찬가지이다. 북한의 『조선력사』는 근대사를 반침략투쟁사의 측면에서 서술하고 있다.[34] 근대사를 침략과 반침략의 구도로 보며 혁명전통의 역사성을 가르치려는 북한의 역사교육은 남한보다 더 확연한 양자구도로 단순화되어 있다. 심지어 청일전쟁을 '미제국주의'와 연관시켜 서술하려는 기계적 반미주의도 확인된다.[35] 특히 『朝鮮歷史』가 세계사 교과서보다 더 단순화되어 있다.

---

32) 교육부, 앞의 책, 550쪽, 681쪽, 701쪽. 이 인용문은 사회과 교육의 목표, 한국근현대사 교육의 목표, 세계사 교육의 성격에 관한 부분을 따온 것이다.
33) 『사회』 2에 대한 분석은 유용태, 「역사교과서 속의 아시아 국민국가 형성사」, 『역사비평』 57권, 2001. 겨울 참조.
34) 『고등중학교 조선력사』 4, 교육도서출판사, 1999. 북한의 이러한 인식은 일반적인 연구경향이기도 하다. 이에 대해서는 「북한의 근현대사 연구에서 반침략투쟁사」, 『한국근현대사연구』 21, 2002 참조.
35) "일본제국주의자들은 우리나라를 침략함에 있어서 처음부터 미제국주의자들과

따라서 북한의 교과서에는 남한의 『국사』 교과서와 마찬가지로 국제관계의 역동적 변화가 교과서 속에 제대로 반영되어 있지 않다. 또한 남북한의 역사교과서는 사관과 현상에 대한 설명에서는 서로 다를지 몰라도 역사적 과정의 전개를 설명하는 서술구도는 같다고 말할 수 있다.

이상과 같이, 두 차례의 전쟁이 5개국 각자의 역사적 경험과 현재의 처지에 따라 다르게 설명되고 있다. 일본은 근대적 국민국가를 확립하고 국제적 지위를 확보하는 과정으로서 두 전쟁을 이해하려고 한다. 그러므로 침략전쟁이었다는 사실 자체를 완화시켜줄 수 있는 용어를 많이 사용하고 있다. 나머지 4개국은 일본의 행위를 침략으로 규정하고 있다. 그러면서도 교과서 서술에서 저항사의 배경으로 침략 사실을 간략히 설명하는 데 그치고 있다.

3. 아시아태평양전쟁과 세계질서의 재편

아시아태평양전쟁 시기란 1931년 일본군이 만주를 침략했을 때부터 1945년 태평양전쟁이 끝날 때까지를 말한다. 이 사이는 1931년의 만주사변, 1937년의 중일전쟁, 1941년의 태평양전쟁이 일어난 시기를 기준으로

공모 결탁하였다"(『고등중학교 세계력사』 5, 교육도서출판사, 1994, 126쪽).

다시 구분할 수 있다.

1) 일본

일본에서는 전쟁의 성격을 둘러싸고 支那事變, 대동아전쟁, 태평양전쟁, 15년전쟁, 아시아태평양전쟁 등의 용어와 관련지어 다양한 논쟁이 오랫동안 있어왔다. 오늘날 일본의 교과서에서도 이것이 반영되어 있으며, 전쟁의 성격에 관해 언급할 때도 15년간의 전쟁이 침략전쟁이냐 아니면 해방전쟁이냐로 나뉘고 있다. 물론 교과서에서 침략전쟁으로 규정하는 견해가 대세이지만, 보수・우익의 의견이 반영된 후소샤와 국서간행회의 교과서는 해방전쟁으로 본다.

도쿄서적(중)의 교과서는 "제6장 두 차례의 세계대전과 일본"에서 "2. 세계공황과 일본의 중국침략" 부분의 "3. 일본의 중국침략"과 "4. 일중 전면전쟁", "3. 제2차 세계대전과 아시아" 부분의 "1. 제2차 세계대전"에서 아시아태평양전쟁의 과정을 각각 다음과 같이 언급하고 있다.

* **만주사변** : 1927년 중국에서는 蔣介石이 거느리는 中國國民黨이 南京에서 국민정부를 수립하고, 중국 통일을 추진하였습니다. 만주의 일본 권익을 확보하기 위해 만주를 중국으로부터 분리할 것을 주장한 군부(關東軍)는 1931년 9월 18일 奉天(현재의 심양) 교외의 柳潮湖에서 滿鐵의 노선을 폭파하고 그것을 기회로 군사행동을 개시하였습니다(만주사변).

* **중일전쟁** : 만주를 지배하에 둔 일본은 더 나아가 華北에 침입하고, 1937년 7월 7일 북경 교외의 盧溝橋에서 일어난 日中 양국군의 무력충돌(노구교사건)에서부터 일중전쟁이 시작되었습니다.

* **태평양전쟁** : 동남아시아에서의 움직임. 중국과의 전쟁이 장기화되고 있던 일본은, 동남아시아에 식민지를 가진 영국, 프랑스 등이 유럽전선에 주력

을 기울이고 있는 기회를 이용하여, 이 지역의 자원을 획득하기 위해 進出하였습니다. 그리고 아시아로부터 歐美의 세력을 축출하고 아시아 여러 민족만으로 번영한다고 하는 '大東亞共榮圈'을 제창하였습니다.

1940(소화15년)년, 독일 이탈리아와 日獨伊三國同盟을 맺어 결속을 강화하는 한편, 일본의 병력이 불충하게 되는 북방에서는 1941년 蘇聯과 中立條約을 체결하였습니다.

태평양전쟁의 시작. 미국은 이와 같은 일본의 침략적인 행동을 강하게 경계하였습니다. 일본이 1940년 프랑스령 인도차이나 북부에 군대를 보내 占領하고, 이듬해 7월에 그 남부도 占領하자, 미국은 일본에 대한 군수물자의 수출에 제한을 가하고, 석유의 수출도 금지하였습니다. 그리고 日中戰爭 해결을 위한 日米交涉도 잘 진행되지 않게 되어, 일본은 미국과의 전쟁을 결의하였습니다. 1941년 12월 8일, 일본은 하와이 진주만을 襲擊하고, 동시에 동남아시아에서도 말레이반도에 상륙하여 太平洋戰爭이 시작되었습니다.36)

일본 중고교의 역사교과서는 만주사변의 계기가 되었던 유조호사건을 관동군이 조작했으며, 일본이 하와이 진주만을 기습 공격했다는 점, 곧 침략을 먼저 도발했다는 점을 인정하고 있다. 후소샤 교과서조차 '공습'이라는 단어를 쓰고 있을 정도다.37) 다만, 국서간행회 교과서는 "일본은 12월 8일을 기하여 미국과 영국에 선전을 포고하고, 해군은 하와이 진주만의 미국태평양함대, 말레이 앞바다의 영국 동양함대 주력에 괴멸적 타격을 가하고, 육군은 말레이반도에 상륙하였다"고 하여 기습공격을 부인하고 있다.38)

거의 대부분의 일본 역사교과서는 만주사변과 태평양전쟁에서 일본의 선제공격을 명확히 언급했지만, 중일전쟁의 시작이었던 노구교사건에 관해 중국국민당군과 일본군의 무력충돌, 곧 상호충돌로 설명하고 있다. 야

---

36) 田邊裕 外 37人, 『新しい社會 歷史』, 東京書籍, 168쪽, 170쪽, 172~173쪽.
37) 西尾幹二 外 13人, 『新しい歷史敎科書(市販本)』, 扶桑社, 276쪽.
38) 朝比奈正幸 外 7人, 『最新日本史』 B, 國書刊行會, 235쪽.

마가와출판사에서 발행한 『現代の日本史(改訂版)』 A의 보조단에서 설명하고 있는 것처럼, 1937년 7월 7일 야간연습중이던 일본군에게 누가 발포했는지 명확하지 않기 때문이다. 지금까지 일본군에게 발사한 사람이 누구냐를 둘러싸고 일본군음모설, 중국공산당의 도발설, 중국군의 오인발포설 등이 제기되었지만 뚜렷하게 밝혀진 것은 없다.[39] 그럼에도 불구하고 일본군이 먼저 확전(擴戰)을 거듭했다는 서술양식은 모든 교과서가 일치한다.

그런데 대부분의 교과서는 15년간의 전쟁을 침략전쟁 또는 해방전쟁으로 보느냐를 떠나서 일본군의 동남아시아 점령을 침략적인 의미가 감추어진 '진주(進駐)' 또는 '진출(進出)'이란 단어를 사용하고 있다. 앞서 인용한 도쿄서적(중)의 교과서에도 1940년 6월 인도차이나 북부, 이듬해 7월 남부에 일본군이 각각 '진출'하였다고 기술하고 있다. 나머지 대부분의 교과서에서도 일본군의 행동에 대해 '남진정책(南進政策)'을 실행한 '진주' 또는 '진출'이었다고 표현하고 있다.[40] 물론 극히 소수의 교과서가 일본군의 행동에 대해 '침공' '침략' '침입'이란 단어를 이용하여 언급하는 경우도 있다.[41] 그렇지만 15년간의 전쟁을 침략전쟁으로 규정한 대부분의 교과서에서 '진주'라는 용어를 사용한 것은 일관성이 결여된 내용서술이라고 지적할 수 있겠다.

---

39) 石井進 外 2人, 『日本史 - 敎授資料』 A, 山川出版社, 1998, 355쪽.
40) 보수·우익 세력의 역사인식이 반영된 扶桑社와 國書刊行會의 교과서 275쪽과 234쪽에서도 '進駐'라고 언급하고 있을 뿐만 아니라 진보적이라는 實敎出版의 교과서인 『高校日本史』 A, 130쪽과 『高校日本史(新訂版)』 B, 192쪽에서도 '진군시켰다'고 표현하고 있다.
41) 黑全日出男 外 7人, 『社會科 中學生の歷史 - 日本の步みと世界の動き』, 帝國書院, 204쪽 ; 中村英勝 外 7人, 『新選世界史』 B, 東京書籍, 1998, 254쪽 ; 靑木美智男, 『明解日本史(改訂版)』 A, 三省堂, 1999, 146쪽 ; 鶴見尙弘 外 7人, 『世界史(新訂版)』 B, 實敎出版, 1998, 325쪽 ; 鶴見尙弘 外 10人, 『高校世界史(新訂版)』 B, 實敎出版, 1999, 192쪽. 다만 實敎出版의 교과서에서는 1940년 6월의 점령은 '侵入'으로, 1941년 7월의 점령은 '進駐'로 표현하고 있다.
　중학교 교과서 가운데 敎育出版의 교과서는 "미영과의 개전과 동남아시아 침략"이라는 소항목에서 일본군의 행위를 '侵攻'이라 규정하였다(笹山晴生 外 41人, 『中學社會 歷史 - 未來みつめて』, 敎育出版, 2001, 202쪽).

그러면 일본군의 동남아시아 진출을 어떻게 보아야 하는가. 당시 일본군은 중국전선에서의 전쟁이 장기화되고 미국 등과의 갈등이 심각해지자, 전쟁물자를 획득하고 '원장(援蔣)루트'를 차단하기 위해 인도차이나를 점령하였다. 일본군의 행동은 해당 지역에 거주하는 사람들의 주체적인 의사와 무관한 선택이었다. 더구나 전쟁이 일어나기 이전에 해당 지역의 거주자들이 일본군을 상대로 적대적 행위를 하거나 일본의 주권, 또는 일본인의 인권을 침해한 경우도 없었다. 따라서 동남아시아인의 처지에서 일본군의 군사행동은 주권침해이자 인권무시로서 침략이었다.

그런데 동남아시아인의 삶을 짓밟아버린 행위에 대해 '南部佛印進駐' 또는 '北部佛印進駐'라는 당시 대일본제국 정부가 사용하던 용어를 빌려 역사를 설명하는 불철저함을 보이던 대부분의 일본 교과서는, 1945년 8월 9일 소련군이 만주와 조선 등지로 진격한 것에 대해 불법성이 부각되는 '침입' '침범' '침략' '침공'이란 용어를 빌어 진격과정을 설명하고 있다. 중고교 교과서 가운데 진보적이라는 이미지를 갖고 있는 니혼서적(중)과 짓쿄출판의 교과서에서조차 소련의 행위를 '침공' '침입'이라는 용어를 빌어 설명하고 있다.42) 물론 1945년 8월의 역사상, 예를 들어 패전(敗戰)의 직접적인 이유와 쇼와 천황의 역할 등 전체적인 종전과정에 대한 설명이 다르기는 하지만, 소련의 행동을 설명하고 있는 태도는 침략전쟁으로 규정한 교과서와 후소사('침공'), 국서간행회('침입')의 교과서 사이에 차이가 없다.43)

그렇다면 아시아태평양전쟁은 일본이 일으킨 침략전쟁이며, 특히 제2차 세계대전은 파시즘 대 반파시즘연합국가 사이의 전쟁으로 후자가 승리하

---

42) 兒玉幸多 外 16人, 『わたしたちの中學社會 歷史的分野』, 日本書籍, 185쪽 ; 直木孝次郎 外 11人, 『日本史(新訂版)』 B, 實敎出版, 327쪽 ; 宮原武夫 外 11人, 『高校日本史(新訂版)』 B, 實敎出版, 199쪽 ; 宮原武夫 外 11人, 『高校日本史』 A, 實敎出版, 143쪽.
43) 西尾幹二 外 13人, 『新しい歷史敎科書(市販本)』, 扶桑社, 287쪽 ; 朝比奈正幸 外 7人, 『最新日本史』 B, 國書刊行會, 237쪽.

였다는 일반적인 관점과 상충되는 내용서술이 된다. 또한 쇼와 천황이 항복을 공식 선언하기 이전인 1945년 8월 9일, 소련군은 대일선전을 포고하고 한반도와 만주 등지로 진격해 들어왔다. 그것은 1945년 2월 얄타회담에서 합의된 사항을 준수한 행동이었다. 현지의 중국인과 조선인 또한 소련에 대항하여 전쟁을 벌이지 않았다. 그들에게 소련군은 일본의 압제로부터 벗어나게 해준 해방군이었다. 더구나 동북항일연군교도려(東北抗日聯軍教導旅)에 소속되어 있던 조선인과 중국인 유격대원들도 소련군이 한반도와 만주로 진격하던 때를 맞추어 두 지역의 전투에 참가하였다. 이들의 전투행위는 분명 독립전쟁 또는 혁명전쟁의 일환이었다.[44] 따라서 소련군의 진격을 침략적인 행위라는 의미를 뜻하는 용어로 표현하는 방식은 부적절한 접근자세 또는 내용서술이라 하겠다.[45] 차라리 후소샤나 국서간행회의 관점, 곧 15년간의 전쟁, 특히 태평양전쟁(대동아전쟁)은 해방전쟁이었다는 시각에서 소련의 군사행동을 '침공' 또는 '침입'이라고 표현하는 것이 자기 나름대로는 내용서술에 일관성이 있다고 하겠다.

이처럼 일본의 역사교과서에서는 15년간의 전쟁이 침략전쟁인가 해방전쟁인가를 놓고 상반된 성격 규정이 그대로 표현되어 있다. 더구나 침략전쟁이라 하더라도 일본군의 행위를 '침략'이라고 직접 언급한 교과서는 그다지 많지 않거나,[46] 내용서술에서 언급한다고는 하지만 전쟁에 대한 성격

---

44) 이에 대해서는 신주백, 『만주지역 한인의 민족운동사(1920~45)』, 아세아문화사, 1999, 481~506쪽 참조.
45) 물론 모든 일본의 교과서가 이렇게 표현하고 있는 것은 아니다. 소련의 군사행동 자체만을 표현하기 위해 '進擊', '進出'이라는 용어를 사용하고 있는 경우도 있다(笹山晴生 外 41人,『中學社會 歷史 - 未來みつめて』, 敎育出版, 207쪽 ; 田邊裕 外 37人,『新しい社會 歷史』, 東京書籍, 177쪽 ; 家永三郎, 『新日本史』 B, 三省堂, 290쪽 ; 江上波夫 外 3人,『高校世界史』 B, 山川出版社, 1999, 284쪽).
46) 2001학년도 고등학교 日本史 A・B의 105만여 冊 가운데 58만여 冊이 山川出版社의 6종이 차지하고 있다. 그러나 이들 책에서 하와이 진주만에 대한 행위를 '기습공격'이라고 표현한 것을 제외하면 아시아태평양전쟁 기간 동안 일본군의 행위를 '侵略'이란 의미의 단어로 언급한 경우는 없다. 반면에 1945년 8월 소련군의 행위는 '침입', '침범'으로 규정하고 있다. 그렇다고 山川出版社의 교과서가 15년간의 전쟁을 解放戰爭이라고 보지 않는다. 결국 山川出版社 편집진의 의

규정과 일치된 역사용어를 사용하지 않는 경우도 많다.

필자는 그 근본 원인의 하나를 전쟁에 대한 반성의 불철저에 있다고 생각한다. 그 단적인 보기가 교과서의 내용서술 또는 내용구조에서 15년간의 확전과정 때 쇼와 천황이 수행한 역할에 대해 아무런 제시도 하지 않은 점일 것이다. 일본의 교과서는 확전과정을 주로 군부의 우경화와 맞물려 설명하고 있어 극동국제군사재판(1946년부터 1948년)에서 전쟁책임을 군부에만 떠넘겼던 미국의 점령정책과 일치된 서술양식을 취하고 있다. 그러므로 짓쿄출판의 교과서를 제외한 대부분의 일본 교과서는 극동국제군사재판, 1951년에 체결된 샌프란시스코조약을 계기로 전범처리와 전후보상이 불철저하게 이행되었음을 제대로 설명하지 않는다.47) 따라서 이러한 내용서술이야말로 '동경재판사관'일 것이다.

2) 중국

중국의 역사교과서에서 15년 동안의 전쟁을 아시아태평양전쟁의 각도에서 접근하려는 시각을 발견할 수 없다. 교과서에서는 만주사변과 중일전쟁을 '9·18사변'과 '7·7사변'으로 개념화하고, 전쟁이 세 차례 확전된 계기를 연속된 과정으로 보지 않고 분절적으로 본다. 또한 15년간의 전쟁을 "제2장 중화민족의 항일투쟁"의 한 부분으로 서술하는 편집체제를 이루고 있기 때문에 침략전쟁의 양상이 부각되기보다 항일유격투쟁을 중심으로 이 기간이 서술되어 있다. 더구나 항일유격투쟁을 자산계급 민주혁명의 일환으로 보기 때문에 중국국민당의 활동보다는 중국공산당이 지도하는 통

도는 보기에 따라 역사교육과정에서 침략전쟁의 희석화, 반성의 불철저로 비쳐질 수도 있을 것이다.
47) 자세한 사항은 신주백, 「南北韓·日·中·臺灣의 歷史敎科書 속에 表現된 '戰後責任'과 歷史敎育」, 앞의 책 2 참조.

일전선적인 유격투쟁과 대중활동이 부각되어 있다. 그래서 중국의 교과서에는 일본이 태평양전쟁의 후방기지로 중국을 탈바꿈시키기 위해 "절반 이상의 중국 침략 병력을 집중하고, 일본군 후방의 항일근거지에 대해 대규모 '소탕'을 진행하였다"고 언급되어 있다.48) "해방구의 곤란"을 초래한 국면으로서 태평양전쟁을 이해하고 있는 것이다.49)

중국의 교과서에는 태평양전쟁이 일어남으로써 제2차 세계대전이 더욱 확대되었다고 서술되어 있으며, 1942년의 「연합국가선언」을 통해 중국과 소련도 참가한 세계반파시스트동맹이 성립될 수 있었던 것으로 언급되어 있다. 그래서 『世界近現代史』 下에는 두 쪽 이상의 분량으로 이에 대해 서술되어 있다. 따라서 중국의 시각에서 1945년 8월에 있었던 소련군의 대일 선전포고는 당연한 조치이다. "소련군이 중국 동북의 일본군대를 포위하여 섬멸하였다"고 하며 소련군에 대해 우호적인 데 반해 일본군에 적대적인 서술 태도를 취하는 것 역시 대부분의 일본 역사교과서에 표현된 역사인식과 상극일 수밖에 없다.50)

반면에 중국의 항일투쟁에 직접 참가했던 다른 민족 구성원의 활동에 대해서는 적극적인 우호의 감정을 표시하고 있다. 가령 『世界近現代史』 下에서 김일성 등 조선인 유격대원들의 활동과 기록화를 한 쪽 분량으로 편집한 방식은, 만주지역 조선인 유격대원들의 활동규모와 기간을 고려할 때 세계근현대사 교과서의 편집체제와 분량, 내용구조에서 북한을 상당히 배려한 정치적 서술이라고 보아야 할 것이다.51) 그럼에도 불구하고 『中國近現代史』 下에서 만주지역의 동북인민혁명군과 동북항일연군이란 무장조

---

48) 人民教育出版社歷史室 編著, 『高級中學課本 中國近現代史』 下(必修), 人民教育出版社, 2000, 46쪽.
49) 君島和彥, 「アジア太平洋戰爭をどう書いているか」, 『歷史教科書大論爭』, 新人物往來社, 145쪽.
50) 人民教育出版社歷史室 編著, 『全日制普通高級中學教科書(試驗修訂本・選修) 世界近現代史』 下, 人民教育出版社, 2001, 59쪽.
51) 人民教育出版社歷史室 編著, 위의 책 下, 人民教育出版社, 42~43쪽.

직과 활동만을 서술하며 조선인이 항일무장투쟁에 크게 기여한 사실에 대해 아무런 언급이 없는 것은 민족적 편견이라고밖에 볼 수 없다.52) 왜냐하면 중국공산당이 지도하는 만주지역 항일유격대의 초기 결성, 곧 동북인민혁명군 제1군부터 제7군의 결성은 조선인 대원들의 활약을 빼놓고 설명할 수 없기 때문이다. 더구나 그들은 중국혁명과 조선혁명에 동시에 복무한다는 태도로 활동하였다. 따라서 중국은 이들의 활동을 세계사의 영역만이 아니라 자국사의 교과서에서도 언급해야 할 의무가 있다.53)

그럼에도 불구하고 1930, 40년대 항일투쟁 과정에서 조선인의 활동을 언급한 중국 역사교과서의 내용서술은 대부분의 일본 역사교과서에서 볼 수 없는 편집체제이자 내용서술이다. 사실 일본의 역사교과서에는 1930, 40년대 식민지 조선의 현실을 언급할 때 황민화정책만이 서술되어 있다. 조선인이 얼마나 수탈당하였는가를 언급하는 서술방법은 물론 중요하다. 그렇지만 일본의 전쟁동원에 대해 조선인이 어떻게 얼마나 저항하며 항일민족운동을 벌였는가도 일본 근대사의 한 영역이었다. 식민지의 역사는 제국주의 역사의 일부였기 때문이다. 조선인의 주체적인 삶의 태도에 전혀 주목하지 않는 접근방법은 1945년 8월 15일 조선이 독립한 결과에 대해 조선인이 아무런 노력도 하지 않은 것으로, 또한 한국의 독립은 제2차 세계대전의 결과 단지 주어진 것으로만 일본 학생들에게 인상을 심어줄 수 있다.54)

물론 예외적인 교과서도 있다. 짓쿄출판의 교과서에는 "15(16). 15년 전쟁은 무엇을 초래했는가 - 일본의 패전"에서 종전과정이 다음과 같이 언급되어 있다.

---

52) 人民教育出版社歷史室 編著, 『高級中學課本 中國近現代史』 下(必修), 人民教育出版社, 20~22쪽.
53) 이에 대해서는 신주백, 앞의 책, 295~531쪽 참조.
54) 이 점은 남한과 북한의 역사교과서와도 큰 상극이다.

일본의 항복. 연합국군과의 전투에서 일본군의 패색이 농후해졌을 때, 중국 전선에서는 모택동, 주덕 등이 지도하는 중국공산당이 해방구를 확대하고, 조선인민혁명군과 한국광복군, 호치민 지도의 베트남독립동맹, 필리핀의 항일인민군 등이 항일운동을 계속하고 있었다.[55]

이처럼 자국사의 한 영역에서 능동적으로 삶을 개척해간 외국인의 모습을 서술한 중국의 역사교과서와 일본 짓쿄출판의 서술양식은 객관적인 자세를 유지하려는 노력으로 보아야 하며, 우리의 교과서가 배워야 할 점이다.

중국의 교과서에서 중국인의 주체적인 삶과 관련된 항일투쟁으로 이 시기를 서술하고 있는 데 반해, 대만의 『認識臺灣』에서는 중국 본토의 항일투쟁이 교과서 서술의 시야에 들어와 있지 않다. 또한 대만에서는 1930, 40년대 들어 적극적인 항일투쟁이 없었기 때문에 그에 관한 서술도 약할 수밖에 없다. 그래서 대만의 중학교 역사교과서에서는 일본의 통치와 그에 따라 대만사회가 어떻게 바뀌어갔는가를 언급하는 데 많은 비중을 두고 있다. 대만과 나머지 동아시아 4개국 국민 사이의 이 시기에 관한 역사인식의 차이는 메울 수 없는 여백일 것이다.

3) 남한·북한

남한의 역사교과서에서 아시아태평양전쟁의 전개과정을 계기적으로 파악하기란 쉽지 않다. 중국의 역사교과서처럼 남한의 교과서도 항일투쟁 또

---

[55] 宮原武夫 外 11人,『高校日本史(新訂版)』B, 實敎出版, 198~199쪽 ; 宮原武夫 外 11人,『高校日本史』A, 實敎出版, 142~143쪽. 그러나 實敎出版의 교과서에서 말하는 朝鮮人民革命軍이란 무장조직은 만주지역 항일무장투쟁 과정에서 없었다. 그것은 북한의 정치적 평가에 따라 사용되고 있는 용어이다. 따라서 교과서에서 사용할 수 있는 적절한 용어는 아닌 것이다.

는 일제의 민족말살 정책을 언급하는 가운데 15년간의 전쟁을 분절적이고 분산적으로 접목시키고 있기 때문이다. 즉 중학교의 『국사』 교과서는 "IX. 민족의 독립운동"에서 "황민화 정책"과 "한국 광복군의 활동"을 언급하는 가운데 중일전쟁과 태평양전쟁이란 침략전쟁을 간략히 기술하고 있다.[56] 더구나 만주사변은 언급도 되지 않고 있다. 왜냐하면 중학교 사회과 교육과정에는 "일제의 무력 침략으로 국권을 강탈당한 우리 민족은 가혹한 식민 통치를 받았으나, 국내외에서 국권 회복과 독립을 위한 투쟁을 끈질기게 전개하였음을 파악함으로써 민족운동가들의 독립정신과 애국심을 본받는다"고 되어 있기 때문이다.[57]

남한의 교과서는 항일운동의 관점에서 일본통치 36년을 극복한 주체적인 한국인의 모습을 형상화하고 있는 것이다. 그래서 1945년 8월 일제의 패망과 동시에 독립할 수 있었던 이유도 다음과 같이 서술하고 있다.

우리가 광복을 맞이할 수 있었던 것은 미국과 소련을 비롯한 연합국의 승리가 가져다준 결과이기도 하지만, 그 동안 우리 민족이 온갖 희생을 무릅쓰고 일제에 항거하여 꾸준히 전개해왔던 독립운동의 결실이기도 하였다.[58]

한국의 역사교과서는 대부분의 일본 역사교과서와 다른 역사상을 제시하고 있는 것이다. 그런데 남한의 교과서에서 독립의 이유를 연합국의 승리와 우리의 항일투쟁에서 찾고 있는 점은 북한의 교과서도 마찬가지다. 다만, 북한은 연합국인 미국에 대해 언급하지 않고 있으며, 김일성을 중심으로 한 '조선인민혁명군'이 선두에 서서 '조선해방'을 주동적으로 맞이했다고 강조하고 있다.[59] 달리 말하면, 남북한 모두 주체의 능동적 역사행위

---

56) 교육인적자원부, 『중학교 국사』, 261쪽, 279쪽.
57) 교육부, 앞의 책, 608쪽. 고등학교도 마찬가지이다(위의 책, 638쪽, 691쪽).
58) 교육인적자원부, 앞의 책, 297쪽.
59) 『고등중학교 세계력사』 3, 교육도서출판사, 1995, 38~39쪽.

를 강조하고 있는 것이다. 그렇지만 사실에 맞지 않는 역사상을 그려내는 북한이나, 전황의 전체적인 국면에서 주체의 위상과 대응을 올바로 설명하지 않고 있는 서술양식은 '주체의 과잉'이라고밖에 달리 설명할 여지가 없다.

이상에서 보듯이, 일본의 역사교과서는 아시아태평양전쟁의 성격 규정과 함께 확전과정에 대한 언급에서 서술양식과 내용, 그리고 내용구조에서 조금씩 차이를 보이고 있다. 그것은 필자들 사이의 역사인식 차이를 반영한 결과일 것이다. 반면에 남북한과 중국의 교과서는 아시아태평양전쟁을 침략전쟁이라고 규정하는 정도에 그치고 자신들의 주체적 대응, 곧 저항운동에 큰 비중을 두고 있다. 가해와 피해의 위치상극(位置相剋)에서 오는 결과이겠지만, 동아시아 5개국의 청소년들 사이에 아시아태평양전쟁에 대한 역사상은 정말 메울 수 없는 블랙홀과도 같을지 모르겠다.

4. 원폭·전후보상과 평화

1945년 8월 연합국은 일본에 포츠담선언을 수락하고 무조건 항복하라고 요구하였다. 일본이 이를 거절하자 미국은 8월 6일 히로시마, 9일 나가사키에 원자폭탄을 투하하였다. 원폭은 일본이 연합국에 항복하는 직접적인 계기 가운데 하나였다. 두 지역에 대한 원폭으로 피폭사한 23만여 명 가운데 조선인이 10% 가량 있었으며, 그들을 포함하여 7만여 명이 피폭사하였다.

하지만 1960년대까지도 이에 대한 보상을 요구하는 한국인 거주자들은 없었다. 1972년 3월 손진두(孫振斗)가 한국인에게도 피폭자 수당을 지급하라는 내용의 소장을 후쿠오카지방재판소에 제기하면서부터 한국인의 전후 보상운동은 시작되었다.[60] 2001년까지 모두 67건의 전후보상재판이 제기되었으며, 그 가운데 33건이 한국인에 의해 제기되었고, 전체 재판 가운데 31건이 1990년대에 제기되었다.[61]

1) 일본

원폭은 일본인의 현재 삶과 정서에 커다란 영향을 끼쳤다. 일본의 중학교 역사교과서 8종 가운데 도쿄서적, 니혼서적, 시미즈서원(淸水書院), 데이코쿠서원(帝國書院), 오사카서적(大阪書籍)의 교과서는 특별한 코너를 만들어 원폭문제를 다양하게 다루고 있다. 예를 들어 전체 중학생의 절반 이상이 배우는 도쿄서적(중)의 교과서에서는 네 쪽 분량을 할애하여 "우리들 역사탐험대"라는 항목을 설정하고, "軍都에서 平和都市"로 라는 주제로 학생들 스스로 원폭문제를 조사하는 내용을 다루고 있다.[62] 니혼서적(중)의 교과서에서도 한 쪽 분량으로 '역사를 생각한다 - 히로시마, 나가사키로의

---

60) 손진두 재판은 1978년 피폭자건강수첩이 그에게 교부되는 등 원고가 일부 승소하며 끝났다. 손진두 재판은 「被爆者補償の原點, 朝鮮人ノ被爆者 孫振斗裁判の記錄」 참조하였다. 이후 모두 4건의 피폭자 관련 재판이 제기되었다. 자세한 것은 http://www.hiroshima-cdas. or.jp/home/yuu/ika10.htm 참조.
61) 전후보상재판의 전체적인 현황에 대해서는 태평양전쟁피해자보상추진협의회, 『2002년도 정기총회 사업보고서』, 2002, 127~130쪽 참조.
62) 田邊裕 外 37人, 『新しい社會 歷史』, 東京書籍, 178~182쪽.

길'이란 항목을 설정하고 원자폭탄과 관련된 문제를 집중적으로 다루고 있다. 니혼서적의 교과서에서는 무차별 폭격의 극단을 원자폭탄 투하로 상정하고, 이것을 생각해보는 시간을 갖게 하려는 의도에서 항목을 설정하였다.[63]

대부분의 고등학교 역사교과서는 사진과 함께 원폭 투하 사실만을 본문에서 언급하는 경우가 전부이다. 다만, 짓쿄출판의 교과서는 한 쪽 분량으로 미국이 원자폭탄을 투하한 목적, 그리고 원자폭탄 투하와 종전의 관계를 다음과 같이 정리하고 있다.

> 미국대통령 트루만은 일본이 소련의 참전 때문에 조만간 패전할 것을 알고 있었다. 그럼에도 불구하고 원폭투하를 서두른 것은 소련 참전 이전에 전쟁을 종결시켜 동아시아에서 소련의 영향력 확대를 최소한으로 하고, 나아가 소련의 對日 戰後處理 참가를 배제하기 위해서였다.
> 원폭의 위력 때문에 동유럽에서 소련의 영향력 확대를 저지하는 것도 목표의 하나였다. ……
> 일본의 침략을 받은 아시아의 나라들 사이에서는 싱가포르전쟁박물관의 전시에서 볼 수 있듯이 '원폭 때문에 일본은 졌다'고 해서 원폭투하를 긍정적으로 보는 견해도 있다. 그러나 우리나라(일본 - 인용자)에서는 원폭에 의해 많은 민중이 피해를 받고, 이후 인류의 생존조차 위협하는 핵병기를 폐기하는 운동의 원점으로도 생각하고 싶다.[64]

일본의 역사교과서 가운데 원자폭탄의 정치학을 이렇게 정확하게 언급

---

63) 兒玉幸多 外 16人, 『わたしたちの中學社會 歷史的分野』, 日本書籍, 186쪽. 日本書籍의 2000년 교과서에서는 원폭투하의 목적이 무엇인지를 물었다(兒玉幸多 外 16人, 『中學社會 歷史的分野』, 日本書籍, 2000, 270쪽). 다른 출판사의 경우를 보면, 熱田公 外 13人, 『中學社會<歷史的分野>』, 大阪書籍, 176쪽 ; 黑全日出男 外 7人, 『社會科 中學生の歷史 - 日本の步みと世界の動き』, 帝國書院, 210~211쪽 ; 大口勇次郎 外 10人, 『新中學校 歷史 - 日本の歷史と世界』, 淸水書院, 191쪽.
64) 宮原武夫 外 11人, 『高校日本史』 A, 實敎出版, 141쪽.

한 경우는 없다.65) 종전과의 관계에 대해서도 일본인으로서는 당연한 생각일 것이다. 짓쿄출판의 서술대로 하면, 일본이 패전한 원인을 원폭으로 보는 싱가포르전쟁박물관 전시물은 역사적 사실에 배치되며 균형감각을 상실한 주장이다. 오히려 종전 직전 일본 정부 내 화평파와 주전파 모두에게 결정적인 충격을 준 것은 소련군의 참전이었다.66) 반면에 국서간행회와 후소샤의 교과서에서는 원폭에 관해 특별히 주목하지 않고 있다. 오히려 8월의 종전 과정에서 쇼와 천황의 움직임을 '성단(聖斷)'이라 강조하며 그를 평화주의자로 묘사하고 있는 것이 특징이다.67) 이 대목에서 쇼와 천황은 침략전쟁의 최고 지휘자, 최고의 전범이 아니라 피해의 상징, 입헌군주로서 자기 역할에 충실한 사람으로 묘사되어 있는 것이다.

원폭문제에 많은 비중을 두고 서술한 교과서 가운데는 일본의 전후보상 문제에 관해 특별한 분량을 할애하여 언급하고 있는 교과서가 많다. 원폭 희생자 가운데 조선인들이 특히 많았으며, 일본에서 벌어진 외국인의 전후보상운동 역시 조선인 원폭희생자들로부터 먼저 제기되었기 때문일 것이다. 그래서 8종의 중학교 교과서 가운데 니혼서적(중), 데이코쿠서원, 오사카서적, 교이쿠출판의 교과서는 전후보상문제가 제기된 배경과 그 경과에 대해 본문에서 비중 있게 서술하거나 특별한 코너를 만들어 집중적으로 언급하고 있다.68) 고등학교 교과서 가운데 짓쿄출판의 『高校日本史』 A·B, 도쿄서적(고)의 『新選日本史』 B에서는 "전후보상을 생각한다"라는 특

---

65) 東京書籍(고)의 교과서에서도 미국이 戰後 소련과의 관계에서 정치적 우위를 확보하기 위해 원자폭탄을 투하했다고 서술되어 있다(尾藤正英 外 10人, 『新選日本史』 B, 東京書籍, 1999).
66) 이에 대해서는 西嶋有厚, 「原爆投下をどうみるか」 『近現代史の眞實は何か』, 大月書店, 1996, 103~105쪽 참조.
67) 西尾幹二 外 13人, 『新しい歷史敎科書(市販本)』, 扶桑社, 287쪽 ; 朝比奈正幸 外 7人, 『最新日本史』 B, 國書刊行會, 238쪽.
68) 兒玉幸多 外 16人, 『わたしたちの中學社會 歷史的分野』, 日本書籍, 205쪽 ; 熱田公 外 13人, 『中學社會<歷史的分野>』, 大阪書籍, 176쪽 ; 黑金日出男 外 7人, 『社會科 中學生の歷史 - 日本の步みと世界の動き』, 帝國書院, 221쪽 ; 笹山晴生 外 41人, 『中學社會 歷史 - 未來みつめて』, 敎育出版, 197쪽.

별 코너에서 이 문제를 집중적으로 다루고 있다.[69]

전후보상문제의 핵심 쟁점은 일본의 국가보상문제가 샌프란시스코조약 등에 의해 해결되었다고 보는 것이 현 일본 정부의 공식 입장인 데 반해, 피해자들은 아직 개인의 보상문제가 해결되지 않았다고 보는 데 있다. 그래서 피해자들은 일본 정부나 기업을 상대로 손해배상청구소송을 제기하고 있지만, 개인이 청구권문제를 제기할 수 없다는 것이 일본 정부와 법원의 확고한 입장이기 때문에 패소하는 경우가 많다. 이에 대해 짓쿄출판의 교과서는 다음과 같이 언급하고 있다.

> 국가간에 문제로서 해결되었다고 하더라도 개인의 청구권 문제는 남겨져 있다. 정부도 시베리아抑留者 문제에 관해서는 러시아에 대해 개인으로서의 보상청구권은 소멸되지 않는다라는 견해를 나타내고 있다. 또한 미국은 전시 중 日系人의 강제수용에 대해 사죄하고 1인당 2만 달러의 보상금을 지불하였다.[70]

개인의 청구권은 아직 소멸되지 않았다고 서술하고 있는 것이다. 사실 일본은 피해자 문제와 관련하여 국내에서의 지출은 전부 개인을 대상으로 실시했지만, 국가간의 배상에서는 철저히 개인 지불을 배제하였다. 한국에도 적용되었던 이른바 '사회 환원' 방식에 입각하여 지출했던 것이다. 그런데 이처럼 일본 정부의 공식 견해와 정반대되는 주장을 교과서에 기술하고 있는 경우도 있지만, 일본 정부의 공식입장을 그대로 옹호하는 경우도 있다. 예를 들어 야마가와출판사의 교과서 중에는 1951년 샌프란시스코조약 이후 일본과 아시아 국가 사이에 체결된 전후보상에 관한 협정 과정에

---

69) 宮原武夫 外 11人, 『高校日本史(新訂版)』 B, 實敎出版, 226~227쪽 ; 宮原武夫 外 11人, 『高校日本史』 A, 實敎出版, 180~181쪽 ; 尾藤正英 外 10人, 『新選日本史』 B, 東京書籍, 252쪽.
70) 宮原武夫 外 11人, 『高校日本史(新訂版)』 B, 實敎出版, 227쪽 ; 宮原武夫 外 11人, 『高校日本史』 A, 實敎出版, 181쪽.

서 "당시 일본이 지불할 능력이 제한되어 있었으므로 배상액을 둘러싼 교섭은 난항을 겪었다"고 서술하고 있다.71)

그러나 이는 진실과 크게 다르다. 일본 정부의 고백을 통해 이를 확인해 보자.

일본이 배상 교섭에서 상당 기간에 걸쳐 끈질기게 자기 입장을 주장한 것도 결과적으로 배상의 실질적 부담을 크게 경감시켰다. 배상 협정의 체결시기가 늦어진 결과로, 고도 성장기에 들어간 일본은 대체로 큰 고생 없이 배상을 할 수 있었다. 더불어 체결 시기가 늦어진 것은, 부흥한 일본이 동남아시아에서 경제적으로 재진출할 때 절호의 발판으로서 배상 지불과 무상 경제 협력을 이용하는 효과를 가져왔다.72)

2) 남한, 북한

일본이 항복을 선언한 직접적 요인에 대해 남한의 교과서는 미국의 원자폭탄 투하를 언급하거나,73) 이 사실과 함께 소련의 참전 사실을 드는 경우가 있다.74) 전자와 같은 요인을 드는 교과서는 대개 소련이 아무런 희생도

---

71) 鳥海靖 外 3人,『現代の日本史(改訂版)』A, 山川出版社, 161쪽.
72) 타나카 히로시 외 지음, 이규수 옮김,『기억과 망각』, 삼인, 2000, 68~69쪽(原典 : 大藏省,『昭和財政史 - 終戰から講和まで』1, 東洋經濟新報社, 1984).
73) 중학교(3종) : 김희목 외 7인,『사회』2, 동화사, 2002, 119쪽 ; 황재기 외 10인,『사회』2, 교학사, 2002, 105쪽 ; 차경수 외 11인,『사회』2, 교학사, 2002, 109쪽.
고등학교(3종) : 허승일 외 2인,『세계사』, 지학사, 1995, 330쪽 ; 오금성 외 1인,『세계사』, 금성교과서, 1997, 298~299쪽 ; 신채식 외 1인,『세계사』, 보진재, 2000, 325쪽.
74) 중학교(4종) : 오경섭 외 11인,『사회』2, 디딤돌, 2002, 119쪽 ; 조화룡 외 12인,『사회』2, 금성출판사, 2002, 117쪽 ; 이진석 외 11인,『사회』2, 지학사, 2002, 114쪽 ; 김주환 외 9인,『사회』2, 중앙교육진흥연구소, 2002, 118쪽.
고등학교(3종) : 민석홍 외 1인,『세계사』, 교학사, 2000, 329쪽 ; 양호환 외 2인,『세계사』, 교학사, 2000, 297쪽 ; 이석우 외 3인,『세계사』, 천재교육, 1995, 327쪽.

치르지 않고 미국의 원폭에 힘입어 무임승차했다고 본다.

그런데 미국은 인명피해를 줄이고 전쟁을 빨리 끝내기 위해 원폭을 투하한 것이 아니었다. 미국은 1945년 11월에 일본의 본토에 상륙할 계획을 하고 있었으므로 8월 이후에도 원폭을 투하할 수 있었다. 그럼에도 불구하고 미국이 8월 6일과 9일에 원폭을 투하한 것은, 전후 국제사회에서 힘의 우위를 확보하기 위한 방법의 하나로 소련이 참전하기 전에 일본을 단독 점령하고 전쟁을 끝내려고 했기 때문이다.[75] 우리는 이 사실 자체를 반공적 시각, 내지는 미국이 유포한 사실, 즉 인명 피해를 최소화하기 위해 원폭을 투하할 수밖에 없었다는 것으로 알고 있다. 그래서 원폭 자체의 부당함, 핵의 위험성을 역사적 경험을 통해 자연스럽게 자각할 수 있는 사회적 기회를 박탈당하고 있다. 무자각의 연속인 것이다.

원폭과 관련하여 남한의 교과서에서 더 큰 문제점은 제7차 교육과정에 들어서도 미국의 원폭투하를 평화교육과 관련지어 교과서에 서술하고 역사교육에 반영해보려는 태도가 보이지 않는다는 점이다. 모든 교과서가 한국인의 역사와 직접 관련된 사실에서 전쟁의 참상과 비인간성을 얼마든지 설명할 수 있는데도, 유럽에서의 나치세력의 잔학성만을 언급하고 있다. 아니면 우리 민족과 관련해서는 일제의 잔인성을 부각시키는 측면에서만 하나의 소재거리로 언급하는 경우가 많다.

예외적으로 그렇지 않은 교과서를 들자면 디딤돌의 『사회』 2 교과서가 있다.[76] 이 교과서에서는 한 쪽 분량으로 "생각을 보태는 읽기 자료"라는 코너를 설정하고, "제2차 세계대전을 고발한다!"는 제목 아래 "안네의 일기", "사람 취급도 못 받았던 정신대 생활"과 함께 "히로시마에서 원자폭탄 투하를 체험한 중학생의 절규"라는 항목에서 당사자의 글을 수록하고 있다. 유럽인과 한국인, 그리고 일본인의 체험 사례를 균형 있게 제시하며

---

[75] 이에 대한 간략한 설명은 월프레드 버체트 지음, 표완수 옮김, 『히로시마의 그늘』, 창작과비평사, 1995, 124~154쪽 참조.
[76] 오경섭 외 11인, 『사회』 2, 디딤돌, 120쪽.

전쟁의 참상을 전달하고 있는 것이다. 이제까지 우리의 평화교육이 통일문제와 관련해서만 이루어지고 있는 현실을 고려할 때, 평화적 민족통일만을 이야기하는 데 그치지 않고 민족적 이해를 뛰어넘어 보편적인 인류애 내지는 인권을 시사해주는 시도라는 점에서 높이 평가할 만하다. 한반도의 현실과 동아시아의 갈등국면을 고려할 때, 역사교육을 통해 한국인의 '평화에 대한 감수성'을 개발하려는 노력은 아무리 강조해도 지나치지 않을 것이다.[77]

원폭문제와 관련된 문제의식의 부재는 전후보상의 외침에 대해 교과서에서 아무런 언급을 하지 않는 서술태도로 이어졌다. 겨우 제7차 교육과정에 와서야 일본군 '성노예' 문제가 교과서에서 다루어지고 있다. 2002학년도 중고등학교 『국사』 교과서에서는 본문에서의 언급과 함께 사진과 도움자료를 통해 그 실상을 생생하게 전달하려 노력하고 있다.[78]

그런데 그것은 여전히 생존해 있는 피해자의 인권을 존중하고 전후보상 문제가 미해결 상태이기 때문에 취해진 내용서술이 아니다. 2001년도 일본의 역사왜곡 파동 때 자기 모순을 발견한 결과였다. 『국사』 교과서에서 일본군 '성노예' 문제를 '민족 말살 정책'의 한 사례로 다룬 이유 가운데 하나도 여기에 있다. 물론 이 문제는 일제의 전시동원정책 또는 황민화정책과 밀접히 연관되어 있다. 그럼에도 불구하고 이러한 편집체제에서는 민족문제가 해결되면 이 문제 또한 해결되는가라는 질문에 적절히 대답할 수 없다. 일본군 '성노예' 문제는 독립된 편집체제 아래 여성문제라는 각도에서도 접근할 필요가 있다. 더구나 일본군 '성노예' 문제는 피폭자문제,

---

[77] 서독에서의 '평화적 역사교육'에 대해서는 鄭鉉栢, 「역사교육과 평화교육의 만남 - 서독의 사례를 중심으로」, 『歷史敎育』 80, 2001 참조.
[78] 교육인적자원부, 『중학교 국사』, 262쪽 ; 교육인적자원부, 『고등학교 국사』, 343쪽. 그런데 교과서를 읽다보면, 당장 눈에 띄는 문제가 하나 있다. 용어가 통일되어 있지 않은 것이다. 중학교 교과서에서는 '군대 위안부'라 하고, 고등학교 교과서에서는 '일본군 위안부'라 하고 있다. 우리의 입장에서 '위안부'라는 말이 적절한지는 신중하게 검토할 필요가 있다.

징용자문제, 징병자문제 등등과 관련지어 전반적인 전후보상문제로까지 확대시켜 함께 언급할 필요도 있다. 왜냐하면 이들 문제는 일제의 강제동원정책과 아시아태평양전쟁의 결과이며, 그럼에도 불구하고 피해 당사자들의 처지에서 보면 여전히 해결되지 않고 있는 사안이기 때문이다. 더구나 아직도 해결되지 않고 있는 '역사문제'이기도 하다.

한편, 남한의 교과서보다 더 심각한 것은 북한의 교과서다. 북한은 원폭투하 자체를 언급하고 있지 않기 때문이다. 이는 다음과 같은 서술에서 확인할 수 있다.

> …… 조선인민혁명군은 1945년 8월 9일 총공격으로 넘어가 적들을 무리로 쓸어눕히면서 승리적인 작전을 개시하였다. ……
> 조선인민혁명군의 승리적인 진격과 때를 같이하여 8월 9일 일제에게 선전포고를 한 쏘련 군대는 바이깔호지역으로부터 태평양에 이르는 전전선에 걸쳐 총공격을 개시하였다.
> 쏘련 군대의 공격개시와 함께 중국홍군이 총공격으로 넘어갔다.
> 이리하여 100만의 관동군과 중국 관내에 침입하였던 수십만의 일제 침략군이 완전히 소멸되었다.
> 일제는 1945년 8월 15일 무조건 항복을 선언하고 9월 2일 항복서에 조인하였다. ……79)

요컨대 북한의 역사교과서는 소련의 참전만을 언급하고 종전의 또다른 계기였던 미국의 원폭투하에 대해 아무런 언급을 하고 있지 않다. 이는 '미제국주의'에 대한 '적개심'을 심어주는 역사교육의 목적과 무관하지 않을 것이며, 균형 있는 서술양식이 아니다.

---

79) 『고등중학교 세계력사』 6, 39쪽.

3) 중국, 대만

중국의 교과서는 8월 15일 직전의 상황을 한 쪽 이상의 분량을 할애하면서 미국의 원자폭탄 투하 사실을 언급하고 있다. 북한과 같은 사회주의 국가임에도 불구하고 역사서술의 태도에서는 서로 차이를 보이고 있는 것이다. 하지만 그것은 평화교육의 필요나 핵의 위험성을 알리기 위해서가 아니고, 일본이 항복하는 직접적인 원인의 하나로 언급하기 위해서이다.[80] 대만의 교과서에는 원폭투하 사실 자체를 언급하지 않고 그냥 "45년 8월 일본이 무조건 투항하였다"고 서술하고 있다.[81] 중국과 대만도 역시 남북한처럼 원폭과 평화를 연관시키는 역사교육을 시야에 넣고 있지 못한 것이다.

이상과 같이, 원폭은 일본 평화운동의 출발이자 세계평화운동의 출발이다. 일본의 중학교 교과서에서는 이에 대해 특별한 교육을 하고 있다. 그렇지만 남북한과 중국, 대만은 원폭과 평화교육의 연관성을 찾고 있지 못하다. 이는 동아시아의 평화정착을 위해 시급히 시정되어야 할 역사교육이다. 남북한의 경우 꼭 원폭문제만을 언급하지 않는다 하더라도, 민족 이해에만 한정되지 않고 인류의 보편적 가치인 인권과 평화문제를 역사교육에서 소화할 필요가 있다. 한국을 중심으로 원폭 희생자도 관련된 전후보상 운동이 일어나고 있으나, 개인의 청구권이 인정되지 못하고 있다. 전후가 아직 끝난 것이 아니며, 식민지 잔재가 제대로 청산되지 않은 것이다. 이에 대해 일본의 일부 역사교과서는 특별히 주목하고 있는 데 반해, 정작 피해

---

80) 人民教育出版社歷史室 編著, 『高級中學課本 中國近現代史』下, 人民教育出版社, 52쪽 ; 人民教育出版社歷史室 編著, 『全日制普通高級中學敎科書(試驗修訂本·選修) 世界近現代史』下, 人民教育出版社, 59쪽 ; 人民教育出版社歷史室 編著, 『의무교육초급중학교 세계력사 교수참고서』 2, 220~221쪽.
81) 國立編譯館 主編, 『認識臺灣(歷史篇)』, 國立編譯館, 87쪽.

자였던 4개국의 역사교과서는 주목하고 있지 않은 실정이다. 전후를 끝내고 공존을 향한 미래지향적인 역사교육에 구체성이 결여되어 있다는 하나의 보기이다.

5. 맺음말

이상에서 동아시아 5개국 역사교과서에 표현된 기억의 차이를 전쟁과 평화라는 주제로 정리해보았다. 이미 각 장의 말미에서 5개국의 인식을 요약·비교했기 때문에 다시 요약하지 않겠다. 대신에 동아시아 5개국이 전쟁과 평화에 대한 기억의 차이, 또는 기억을 둘러싼 갈등을 어떻게 해결할 것인가를 간략히 짚어보겠다.

동아시아 5개국은 서로의 고통스런 역사적 경험, 그렇지만 상반된 역사인식을 해결하기 위해 함께 모색한 경험을 거의 축적하고 있지 않다. 한일 간에는 일부 연구자와 역사교사를 중심으로 교과서에 나타난 역사인식문제를 놓고 이제 겨우 10여 년 간 교류해왔을 뿐이다. 5개국은 기억의 차이를 줄이려는 적극적인 노력을 기울이지 않았다. 대신에 기억을 둘러싼 갈등이 표출되면 대결적인 자세만을 취해왔다. 세계화 시대에 타자와의 관계가 더욱 밀접해지면서 공존을 모색할 수밖에 없는 현실을 인정한다면 이제는 보다 성숙한 자기 노력이 필요한 시기이다.

가해국인 일본은 기억갈등의 원인을 제거하기 위해 노력해야 한다. 그 핵심은 쇼와 천황의 전쟁책임을 인정하는 문제이다. 그리고 그에 입각하여 전후보상을 철저히 하는 것이다. 가해국 일본이 전후책임을 철저히 이행하는 지름길은 바로 이것이다. 한국은 1965년에 체결된 한일협정을 다시 체결하도록 노력해야 한다. 오늘날 한일관계가 꼬이는 근본적인 근거는 여기에 있기 때문이다. 동시에 피해자로서의 전후책임을 다하려는 노력이 있어야 한다. 친일잔재를 청산하는 노력, 쇼와 천황의 전쟁책임・지배책임을 교과서에 명확히 기술하는 것도 그 가운데 하나이다. 이때 기억을 둘러싼 갈등을 해소하려는 노력을 경주하는 과정은 동아시아네트워크를 구축하는 과정이라는 미래적 시야도 확보해둘 필요가 있다.

기억갈등을 없앨 수 있는 정치적인 바탕을 조성하려는 이와 같은 노력과 함께 기억의 차이를 줄일 수 있는 학문적이고 역사교육적인 노력도 병행되어야 한다. 즉 이전부터 지속되어오던 교류는 더욱 확대시켜야 한다. 정치성이 배제된 한일역사공동연구기구를 활성화시키는 일도 그 일환이다. 그렇지만 교과서문제의 특징과 이를 둘러싼 일본 사회의 특성을 고려할 때 민간차원의 장기적인 교류를 중심으로 역사교과서를 둘러싼 대립을 해소하는 접근방법이 더 지혜로운 대처일 것이다.

그런 의미에서 동아시아 공통의 대안교과서나 부교재를 발간하는 공동작업도 의미 있는 접근방법의 하나일 것이다. 이때 사실 자체의 명확한 규명이 전제되어야 한다. 그러면서 대안교과서나 부교재에서는 자신의 역사에 개입하여 긍정적인 영향을 끼친 사례나 동아시아인을 발굴하고 가르쳐야 한다. 동아시아 5개국 역사교과서가 타자와의 공존에 인색한 측면이 있다는 사실을 염두에 둘 때 더욱 그 중요성은 부각될 수 있을 것이다. 또한 전쟁의 참상만을 가르치는 것이 아니라 학생들 스스로가 누구를 위한 전쟁이었는가를 자문할 수 있도록 해야 한다. 달리 보면, '민족' '국가'의 이름으로 행해진 행위가 반드시 정의로운 것이 아니라는 사실을 가르쳐야 한다. 일본의 침략전쟁은 그에 관해 너무나도 생생한 역사적 경험이며, 학생들이 이러한 논지에 대해 비판적 접근자세와 안목을 키울 수 있는 좋은 역사적 소재이다.

그러나 더 중요한 것은 역사교육의 궁극적 목적이 국민국가의 국민을 양성하는 교화교육에 있는 것이 아니라 국가의 장벽을 넘어 인류가 공존할 수 있는 진리교육에 있어야 한다는 점이다. 그런 차원에서 남한의 '교육과정', 일본의 '학습지도요령', 중국의 '역사교학대강'에 대한 동아시아 각국의 비판적 접근도 반드시 선행되어야 한다. 또한 교과서는 그러한 역사교육을 위해 사용되는 여러 학습교재 가운데 하나로, 교과목표를 달성하기 위한 자료의 하나로 바라보아야 한다. 동아시아 5개국의 역사교과서를 둘러싼 기억갈등이 일어난 밑바탕에는 절대적(絶對的) 교과서관 내지는 성전적(聖典的) 교과서관이 자리잡고 있다. 우리가 여기에서 자유롭지 못하면 서로에 대해 더욱 열려 있는 태도를 취하기 어려울 것이다.

윤휘탁 (동아대학교 연구교수)

중국의 애국주의와 역사교육

머리말

1999년 5월 13일 밤. 중국 선전(深圳)의 '세계의 창' 노천 광장에서는 대규모 행사가 벌어졌다. 주저친(朱哲琴)·장밍민(張明敏) 등 범중화권(汎中華圈) 연예인 1000여 명이 동원됐다. 홍콩 횡황(鳳凰) TV가 위성으로 생중계하는 가운데 사회자가 외쳤다. "중궈런진톈쉬부!"(中國人今天說不! 중국인은 오늘 No라고 말한다!) 이어 1000여 명의 합창곡이 밤하늘에 울려퍼졌다. 이날 처음 선보인 '중국인은 오늘 No라고 말한다'는 노래였다. 관중들도 "No, No, No" 하며 따라 불렀다. 유고 주재 중국 대사관이 오폭(誤爆)을 당한 지 6일 후였다. 그 무렵 중국 관영 CCTV도 "중국은 분노한다!"고 연일 외쳤다. 간간이 중국 국가 '의용군 행진곡'이 배경 음악으로 깔렸다. "중국은 가장 위험한 시기를 맞았네⋯⋯일어서라!, 일어서라!⋯⋯."

1999년 정부 수립 50주년을 맞은 중국은 애국주의를 고양시키려는 새로운 프로젝트를 시작했다. 그것은 동년 6월부터 사회과학원을 중심으로 전개된 '華夏文明 紐帶 프로젝트'이다. 첸치천(錢其琛) 부총리는 이를 소개하면서 "피는 물보다 진하다는 사실을 밝힐 것"이라고 말했다. 프로젝트에 참여한 한 연구원은 "당이 이념보다는 애국주의, 즉 민족주의를 통해 사회 통합을 시도한다는 점에서 주목할 만한 변화"라고 말했다.[1] 물론 여기에서 언급된 민족주의는 어느 개개 민족의 정서를 바탕으로 형성된 집단적인 의식을 지칭하지는 않는다. 그것은 중화문명을 형성·공유해온 중화민족(지금의 소수 민족을 포함해서)의 집단적인 의식을 지칭한다.

다민족 국가인 중국에서는 근대 이후 뿌리깊은 대한족주의(大漢族主義)와 이에 맞선 소수 민족의 지방 민족주의가 복잡하게 얽혀서 갈등·대

---

[1] 이종환, 「'12억 대륙 中혁명 물결' 경제 자신감 바탕 애국주의」, 『東亞日報』 1999년 7월 19일자.

립·충돌하고 있었다. 중국에서의 민족주의의 대두는 자칫 중국 내 각 민족 간의 분열을 야기할 여지가 많았다. 그래서 민족주의를 '자산 계급 및 모든 착취 계급의 사상이 민족 관계에 반영된 것'으로 인식하고 있던 중국 공산당으로서는 자연히 민족주의에 대해 부정적인 태도를 지니게 되었다. 그 결과 중화인민공화국 수립 이후 중국에서는 민족주의라는 용어가 거의 사용되고 있지 않았다. 다민족 국가인 중국에서는 개개 민족의 민족주의 대신에 중화인민공화국을 형성하고 있는 모든 민족을 아우르는 중화민족의 애국 정신을 함양시키는 데에 노력해왔다.

2001년 9월 11일 미국에 대한 테러 사건이 발생한 이후 미국에서 일기 시작한 애국주의 못지않게 최근 중국의 애국주의가 다시 국내외적으로 주목을 받고 있다. 그 이유는 무엇인가? 그것은 중국 자체 내의 사정뿐만 아니라 국제정세의 변화와도 맞물려 있다. 중국 정부가 강조하는 애국주의는 중국 청소년의 민족의식이나 세계관 형성에 지대한 영향을 미칠 교과서 내용에 적극적으로 반영되고 있다. 애국주의는 오늘날 중국 정부의 당면 목표인 '중국적 특색을 지닌 사회주의 현대화'[2] 과업의 하나인 사회주의 정신문명 건설의 중요한 사상적 요소이기도 하다.

따라서 중국의 애국주의와 역사교육의 상관성을 밝히는 작업은 중국 정부가 지니고 있거나 지향하고자 한 역사관의 실체를 파악하는 데에 도움

---

[2] 오늘날 중국 정부는 현 상황을 사회주의 초급 단계로 규정하고, 사회의 주요 모순을 인민의 날로 증가하는 물질 문화 수요와 낙후한 사회 생산 사이의 모순으로 인식한 뒤(「江澤民在中央黨校省部級幹部進修班畢業典禮上强調」, 『人民日報』 1997년 5월 30일자, 1면), 그 모순을 해소하기 위해 '중국적 특색을 지닌 社會主義 現代化'의 길을 모색하고 있다. 중국측 표현에 의하면, 그것은 '全盤西化의 길'도 아니고 '復古守舊의 길'도 아니다. 현재 중국이 가고자 하는 길은 중국 전통 문화의 긍정적인 遺産과 현대 서구 문화의 有用한 성과를 비판적으로 계승해서 만들어진 새로운 길, 즉 중국인 '자신의 길'이다. 이 길의 궁극적인 도달점은 고도로 문명화되고 민주적이며 현대화된 사회주의 국가이다(『新華月報』 1987년 제4기, 68쪽). '사회주의 현대화'가 중국 정부의 최고의 당면 과제로 설정되면서 '사회주의 물질 문명' 건설과 '사회주의 정신 문명' 건설은 현대화의 세부적인 실천 과제로 제기되었다.

이 될 수 있을 뿐만 아니라, 그 실체가 향후 동아시아에서의 우리의 주변 인식・역사관・역사교육에 타산지석의 교훈을 주거나 자아성찰의 계기로 작용할 수도 있을 것이다. 또한 애국주의의 출현 배경과 그 함의, 그리고 애국주의 교육의 추진 상황과 추이, 애국주의 교육이 중국의 중・고교 역사교과서에 어떻게 반영되고 있는지를 밝히는 작업은, 중국 정부가 애국주의 교육을 통해 추구하고자 하는 의도, 애국주의 교육이 중국의 최대 당면 과제인 사회주의 현대화 건설, 특히 사상 정치 공작의 일환으로 추진되는 사회주의 정신문명 건설에서 차지하는 위상, 중국 정부의 역사교육의 지향점, 그리고 역으로 현재 중국 정부가 당면하고 있는 고민과 문제점 등도 가늠하게 해줄 것이다. 이와 아울러 중국 정부가 표방하는 애국주의의 고취와 교육이 지닌 문제점들을 파악하는 작업은, 현재 중국이 내포하고 있는 국가적 차원의 모순이 무엇이고 그 모순이 파생시킬 위험성, 특히 동아시아의 일원인 우리나라와의 관계에 미칠 잠재적인 영향 등이 무엇인지도 추측할 수 있게 해줄 것이다. 결국 역사교과서의 해석은 "역사를 국가 또는 민족을 단위로 해석할 것인가 아니면 세계 속의 인간 또는 자율적 개인을 단위로 해석해야 할 것인가?" "역사를 진보시키는 공간과 주체는 국가와 민족인가 아니면 세계적으로 연대한 자율적인 개인인가?"[3]라는 문제를 던져준다.

중국의 애국주의에 관해서는 아직껏 본격적인 연구가 이루어지지 않고 있다. 다만 중국학자들이 분석한 두 편의 논문[4]이 있을 뿐이다. 게다가 최

---

3) 김수행, 「국민국가는 여전히 중요하다」, 『역사비평』 2002년 봄, 역사문제연구소, 142쪽.
4) 孔凡君(北京大學), 「중국의 애국주의, 현대화와 통일」, 『民族主義와 社會主義』, 경기대 민족문제연구소, 1996, 243~269쪽; 鄭信哲(中國社會科學院), 「중국의 애국주의와 민족주의」, 위의 책, 67~77쪽. 전자는 중국 역사 속에서의 애국주의 전통과 그 특징(국가의 통일과 주권의 수호, 문명의 창조), 애국주의의 현실적 의의(중국 현대화 및 통일의 동력) 등을 밝히고 있다. 그런데 전자는 학술 논문이라기보다는 중국 정부의 선전 책자를 연상케 할 만큼 홍보성으로 일관하고 있다. 후자는 중국 역사 속에서 드러난 애국주의 전통과 중국 민족주의의 역사적 추이를 분석하면서 애국주의 속에 내포된 민족주의적 요소를 밝히고 있다. 그렇

근 국내에서는 일본 우경화의 산물인 교과서 파동에 대해서는 중국과 공동 보조를 취하면서 그것의 부당성과 파장 결과의 심각성을 제기하고 있지만, 일본 교과서 문제 못지않게 중국의 애국주의 교육이 지닌 우려할 만한 요소에 관해서는 제대로 주목하고 있지 않은 실정이다. 그 결과 중국의 역사교과서에 대한 본격적인 분석이 시도된 적은 거의 없다. 이는 한국(북한을 포함해서)과 중국이 근대 일본 제국주의의 피해 당사국이라는 동병상련의 정서에서 야기되었을 것이다. 그렇지만 중국의 애국주의는 전통적인 중화사상의 상당 부분을 기저에 깔고 있다는 점에서 중화민족의 단순한 민족정서를 뛰어넘어 민족적 우월감에서 비롯된 '신중화주의'의 색채마저 짙게 드리우고 있다.

지만 상술한 두 논문은 모두 중국 정부가 표방하는 애국주의 관련 공식 문건이나 관련 책자·자료 등을 바탕으로 애국주의(교육)의 등장 배경과 추이, 그것의 함의와 문제점, 중국 정부가 애국주의(교육)의 기치하에서 얻어내려는 진정한 의도, 애국주의 교육의 향후 전망 등에 관해서는 분석의 눈길을 주지 못하고 있다. 이것은 어쩌면 중국학자 특유의 현실적 처세술(?) 혹은 현실 비판이 용이하지 않은 중국학계의 현실과도 관련이 있는 것 같다.

1. 애국주의(교육)의 등장배경과 추이

최근 중국에서 애국주의가 등장하게 된 배경은 무엇인가? 그리고 중국 정부가 애국주의 교육의 기치를 내건 의도는 무엇인가? 이와 관련해서 주목할 점은 1996년 10월 10일 중국 국가 주석 장쩌민(江澤民)의 연설 내용이다. 이 연설문에서는 오늘날 중국 정부가 애국주의 교육을 주창한 배경이 잘 드러나고 있다.

① 강권 정치, 패권주의가 도전하는 상황에서 수많은 간부와 인민들에게 국가의 주권과 안전을 가장 중요시하고 국가의 통일, 민족의 단결, 인민의 이익을 자발적으로 지키도록 시종 주의 깊게 교육시켜야 한다. ② 현재 어떤 사람은 우리나라와 서방의 발달된 국가 사이에 물질 생산과 생활 수준이 차이가 있다는 것을 알고 외국 것이 모두 좋다면서 맹목적으로 외국을 숭배하는 반면, 조국에 대해서는 멋대로 비하하고 있다. 어떤 사람은 심지어 개인의 사사로운 이익을 위해 국가의 품격이나 인격이 상실되거나 국가와 민족의 이익이 훼손되는 것을 괘념치 않고 있다.……결론적으로 여러 가지 탄력적인 형식을 통해 광범위하고 심도 있고 지속적으로 애국주의 교육과 선전을 강화해서 전국 인민의 민족 자존심과 자부심을 제고시키려면, 모든 사회에서 조국을 열렬히 사랑하고 모든 힘을 조국의 건설에 바치는 것을 최대의 영광으로 여기는 반면에, 조국의 이익과 존엄에 손해를 끼치는 것을 최대의 수치로 여기는 훌륭한 기풍을 드높여야 한다. ③ 또한 우리 인민으로 하여금 각국 인민과의 우의와 협력을 바라고 몇 대에 걸쳐 이룩한 민족의 독립과 국가의 주권을 지키도록 해야 한다. 우리 청년들로 하여금 조국의 유구한 역사와 찬란한 문화, 우리 당과 인민의 빛나는 업적과 훌륭한 전통을 이해시켜야 하고, 믿음을 가지고 조국 사회주의 현대화 건설 사업의 거대한 흐름에 동참하도록 해야 한다.……한마디로 말해 전국 각 민족 인민의 애국주의 열기를 개혁 개방과 사회주의 현대화 건설의 추진과 중화민족의 강대한 역량을 진흥시키는 데로

전화시켜야 한다.5)

　우선 중국 정부가 애국주의 교육을 주창하게 된 대외적인 배경은 위의 연설문 가운데 ① 부분에서 나타나고 있다. 즉 그것은 애국심을 고취시켜 강권 정치, 패권주의에 맞서 중국의 주권과 안전을 지키고 중국의 통일, 중화민족의 단결을 이룩하는 데에 있다. 이때 강권정치·패권주의의 주체는 최근 중국의 대외관에 비추어볼 때, 미국을 필두로 하는 패권 세력으로 규정할 수 있다. 여기에서 주목되는 것은 애국주의 교육이 중국의 통일문제와도 연계되어 있다는 점이다.
　다음에 애국주의 교육을 주창하게 된 대내적인 배경을 살펴보면, 위의 연설문 가운데 ② 부분에서 잘 나타나고 있다. 즉 그것은 개혁 개방이 심화되면서 중국 인민들이 중국의 객관적인 세계적 위상, 열악한 중국인의 생활수준, 선진국들의 월등한 생활수준·사회복지·사회 인프라·정치적 자유 등에 대해 자각하면서 파생된 상대적인 비교 관념, 그에 수반된 그들의 자기비하 의식을 해소하려는 데에 있음을 간접적으로 시사한다.6) 이 문제와 관련하여 중국 국가체개위(國家體改委) 산하 연구소와 중공중앙당교(中共中央黨校) 산하 경제연구중심(經濟研究中心)이 공편(共編)한 책자를 살펴보면, 중국 정부가 애국주의 교육을 주창하게 된 내부 배경과 고뇌를 엿볼 수 있다. 즉 문화대혁명 과정에서 중국인들은 사회주의에 대한 믿음을 우롱당했고 그 결과 사회주의에 대한 회의감을 품게 되었다는 것이다. 게

---

5) 江澤民, 「關于加强愛國主義敎育」(1996. 10. 10), 『人民日報』1997년 5월 11일자, 1면.
6) 이러한 문제와 관련하여 『人民日報』에서는 "배금주의·향락주의·극단적인 개인주의가 점차 만연되면서 일부 사람들은 서양 것을 숭배하고 우리 민족을 폄하하며 우리의 역사를 왜곡하고 우리의 전통을 더럽히고 있다. 이것들은 모두 애국주의의 고상한 정서와는 배치되는 것이다.……애국주의 교육을 청소년 성장의 전 과정에 관철시켜서 어려서부터 애국심과 국가에 보답하려는 심성을 배양해야 한다"고 역설하고 있다(人民日報評論員, 「把愛國主義敎育搞得更扎實更有效」, 『人民日報』1996년 9월 28일자, 1면).

다가 적지 않은 중국인들은 생산력 수준, 생활 수준, 문화 사업 등 종합 국력에서의 중국과 선진 자본주의 국가 사이의 엄청난 차이를 인식한 이후 국외의 높은 생활 수준을 흠모하는 동시에, 서구 자본주의 국가의 정치·경제·사회·문화 등의 제반 상황을 찬양하고 서구 자본주의 국가의 가치관과 도덕 관념을 적극적으로 전파하고 있다고 한다. 또한 그들은 중화의 전통 문화를 폄훼하거나 사회주의 제도를 추악하게 묘사하고 있다고 한다. 더욱이 상당수의 청년들은 자신의 조국에 대한 정감이나 미련을 상실한 채 너도나도 국외의 월등한 생활조건을 찾아 출국 대열에 끼여들어 '출국 열풍'을 일으키고 있다고 한다.7)

끝으로 ③ 부분에서는 중국 정부가 애국주의 교육을 주창함으로써 실현시키고자 하는 궁극적인 목표가 제시되고 있다. 즉 애국주의 교육의 목표는 중국 민족의 독립과 주권 수호를 바탕으로 인민들로 하여금 중국의 찬란한 역사와 문화, 공산당과 인민 자신의 업적과 전통을 이해시킴으로써 중화민족(혹은 문명)이나 사회주의 조국에 대한 믿음을 가지고 사회주의 현대화 건설에 적극 동참하도록 하려는 데에 있음을 알 수 있다. 결국 애국주의 교육은 중국 인민들 사이에 애국 열기를 불러일으켜 개혁 개방을 견지하면서 사회주의 현대화 과업을 추진하여 중화민족을 부흥시키는 데에 있다. 또한 그것은 중국인으로 하여금 사익(私益)보다는 공익(公益)을 우선시하고 민족 자존심과 자부심을 갖게 하는 동시에 애국심을 함양하려는 데에 있음을 보여주고 있다. 이 부분에서는 사회주의 체제 이완에 대한 국민정신 강화의 의도가 표출되고 있다.

그렇다면 애국주의 교육의 필요성이 본격적으로 대두되기 시작한 것은 언제인가? 그 시기는 1990년이라고 할 수 있다. 1990년 5월 3일 장쩌민은 '首都靑年紀念五四報告會'에서 수많은 청년들에게 애국주의 전통의 계승

---

7) 中國改革開放20年叢書 國家體改委硏究所·中共中央黨校經濟硏究中心 組編, 羅國杰 主編, 『中國精神文明建設20年』, 鄭州 : 中州古蹟出版社, 1998, 85~86쪽.

과 발양을 호소하였다. 그는 이 대회에서 애국주의는 국가의 독립과 인민의 근본 이익을 수호하는 것과 연계시켜야 한다는 점, 애국주의는 사회주의 및 인민 민주주의와 본질상 통일적이라는 점, 애국주의 교육을 통해 전국의 인민, 특히 청소년에게 조국의 역사(특히 근대 이래의 역사)를 학습하고 이해하게 하는 동시에 그것을 실천에 옮기도록 해야 한다는 점, 애국주의는 협애(狹隘)한 민족주의가 아니라는 점, 그것은 중국의 실제에 입각해서 중화민족의 자력 갱생 능력을 증강시키고 세계 인민의 우수한 문명 성과를 배우고 흡수해야 하는 동시에 세계의 평화와 발전에 기여하는 것이라는 점을 역설했다.[8]

1994년 8월이 되면 중국 정부는 「愛國主義敎育實施綱要(이하에서는 「강요」라 약칭함)」(1994. 8. 23)를 공포하여 애국주의 교육을 사회 건설의 전략적 차원으로 끌어올려 애국주의 교육에 관한 이론·교재·조직·기지 선정 작업 방면에서 구체적인 사업을 벌였다. 중국 정부는 이 문건에서 애국주의는 중국의 오랜 역사발전 과정에서 중국 인민을 동원하고 고무시켜 단결·분투하도록 한 기치로써 사회 역사 발전을 추진한 거대한 동력이자 중국 인민의 정신적 지주임을 명기하였다. 이와 아울러 중국 정부는 애국주의 교육을 강화하고 애국주의 전통을 계승·발양하는 것이 민족 정신을 드높이고 민족의 응집력을 증강시키고 중국 인민을 단결시켜 자력 갱생케 하고 '중국적 특색을 지닌 사회주의'[9] 사업을 건설하기 위해 분투하는 데에 중요한 현실적·역사적 의의를 지니고 있음을 밝혔다. 또한 「강요」에서는 애국주의가 집체주의(集體主義)·사회주의와 더불어 사상 교육의 삼위일체로서 중국적 특색을 지닌 사회주의 건설 과정에 유기적으로 통일되어 있음[10]을 명확히 함과 아울러, 그것을 제일 앞부분에 놓음으로써 애국

---

8) 江澤民, 「愛國主義和我國知識分子的使命」(1990. 5. 3), 『中國精神文明建設20年』, 86~87쪽.
9) 여기에 관해서는 鄧小平, 「建設有中國特色的社會主義」(1984. 6. 30)(『鄧小平文選』 第三卷, 北京 : 人民出版社, 1994), 62~71쪽을 참조 바람.
10) 「中共中央關于引發＜愛國主義敎育實施綱要＞的通知」(1994. 8. 23), 『中國精神文

주의 교육이 사회주의 교육보다도 중요함을 간접적으로 시사하고 있다. 이 것은 동구 사회주의 체제가 붕괴된 이후 중국 내에서 사회주의 체제에 대한 회의감이 확산된 데에 따른 중국 정부의 사상 정치 공작의 전략적 수정으로 보인다. 동시에 그것은 사회주의 선전 논리에 한계가 있음을 말해준다.

1996년 10월에 접어들어 중국 정부는 사상 정치 공작의 핵심 과제로 사회주의 정신문명 건설을 본격화했는데, 이와 관련된 당 문건, 즉 「中共中央關于加强社會主義精神文明建設若干重要問題的決議(이하에서는 「결의」라 약칭함)」(1996. 10. 10)11)에서는, 애국주의 혹은 애국심이 사회주의 정신문명 건설 과정에서 도출하고자 하는 '사회주의 공민'12)이 습득해야 할 덕목, 즉 사회주의 현대화 과업에 적합한 사회주의 신념·이상·애국심·도덕·기율 및 현대 과학 문화 지식 가운데 하나임을 분명히 했다.13) 동 문건에서는 "애국주의 교육을 심도 있고 지속적으로 전개하여 인민들이 사회주의가 있어야 중국을 구할 수 있고, 사회주의가 있어야 自尊·自信·自强의 민족 정신을 드높일 수 있음을 인식하도록 해야 한다14)고 하여, 애국주의 교육이 사회주의 체제의 유지·강화를 위한 이데올로기임을 분명히 했다.

동년 10월 10일 「결의」와는 별도로, 국가 주석 장쩌민은 연설문을 통해 애국주의 교육의 중요성과 강화의 필요성을 다시 역설했다. 특히 그는 "중국 인민이 침략자 앞에서 머리를 조아린 적이 없었고 자유를 열렬히 사랑

明建設20年』, 919쪽, 922쪽.
11) 『人民日報』 1996년 10월 14일자 및 中共中央文獻研究室 編, 『十四大以來重要文獻選編』 下(北京 : 人民出版社)에 所收.
12) 사회주의 정신 문명(건설)의 함의·목적·문제점, 儒敎와의 관련성 등에 관해서는 尹輝鐸, 「中國의 社會主義 精神文明 建設과 儒家的 傳統文化」(『中國現代史研究』 제10집, 91~124쪽)를 참조 바람.
13) 이 사실을 보여주는 또다른 문헌으로는 앞의 「決議」이외에, 「加强學校黨建和精神文明建設」(『人民日報』 1997년 6월 12일자)을 참조 바람.
14) 「中共中央關于加强社會主義精神文明建設若干重要問題的決議」.

했고 진보를 추구해왔으며 민족의 존엄과 국가의 주권을 지켜온 빛나는 전통을 지녀왔다."15)고 하여, 애국주의를 중화민족의 오랜 전통의 산물로 간주했다.16) 중국 정부는 애국주의가 역사적 전통에 뿌리를 둔 중화민족 고유의 산물이라는 점을 역설함으로써 애국주의를 주창할 수 있는 역사적 정당성을 극대화하고 있는 것이다.

1990년대 중반에 접어들어 애국주의 교육은 '사회주의 정신문명 건설'의 중요한 사상적 덕목으로 자리잡게 되었다. 이것은 1996년 10월 행해진 장쩌민의 연설 내용17)에서도 알 수 있다. 특히 애국주의는 1999년에 접어들어 중국의 교육 목표 가운데 중심적인 위치를 차지하기 시작했으며, 집체주의·사회주의와 더불어 중국 교육의 가장 근본적인 정신으로 굳어져 가고 있다. 이것은 동년 6월 15일 북경에서 열린 '全國敎育工作會議'에서 행해진 장쩌민의 연설 내용에 의해 뒷받침되고 있다.18)

---

15) 江澤民,「關于加强愛國主義敎育」(1996. 10. 10),『人民日報』1997년 5월 11일자. 1면.
16) 이와 관련하여 중국 國家體改委 산하 연구소 등에서 組編한 책자에 의하면, 중국 인민의 '大一統' 의식 즉 조국 통일 의식은 뿌리가 깊어서 분열되었다가도 통일되는 등 분열과 통일이 반복되면서 5천여 년 간 중단 없는 역사를 지녀왔을 만큼 애국주의 전통이 중화민족의 의식이나 성격 속에 깊이 내재되어왔다는 것이다(『中國精神文明建設20年』, 88~89쪽).
17) "애국주의 교육은 사회주의 정신 문명 건설의 중요한 내용이다. 애국주의 교육을 강화하고 이것을 사회주의 현대화 건설의 모든 과정에 관철시켜야 한다."(「關于加强愛國主義敎育」)
18) 그는 이 회의에서 "교육을 사회주의와 인민을 위해 복무하도록 견지해야 한다는 점, 교육의 목표를 이상·도덕·문화·기율이 있고 德育·智育·體育·美育 등 모든 방면에서 발전적인 사회주의 사업 건설자와 그 계승자를 육성하는 데에 두어야 한다는 점, 소질 교육의 근본 정신이 학생과 국민의 애국주의·集體主義·사회주의 사상을 강화시키는 데에 있음"을 역설했다(「江澤民在全國敎育工作會議上發表重要講話强調 國運興衰系于敎育 敎育振興全民有責」,『人民日報』1999년 6월 16일자).

2. 애국주의(교육)의 함의

애국주의 교육의 다양한 함의, 즉 기본 원칙·목적·시대적 특징·주요 내용들은 상술한 중공 중앙의 「綱要」에 잘 정리되어 있다. 이 「강요」에 의하면 애국주의 교육의 기본 원칙은 ① 덩샤오핑(鄧小平)이 창안한 중국적 특색을 지닌 사회주의 건설 이론과 공산당의 기본 노선을 지침으로 삼아 사회주의 현대화 건설, 개혁 개방의 촉진, 국가와 민족의 명예·존엄·단결·이익의 수호, 조국통일 사업의 촉진에 이로워야 한다. ② 애국주의는 편협한 민족주의가 아니기 때문에 그 교육은 대외 개방의 원칙 속에서 중화민족의 우수한 성과를 계승하고 드높여야 하는 동시에 자본주의 선진국을 포함한 세계 모든 국가의 문명 성과를 배우고 흡수해야 한다. ③ 애국주의와 사회주의는 본질적으로 일치하므로 중국적 특색을 지닌 사회주의를 건설하는 것이 애국주의의 주제이다.[19] 「강요」에서 천명한 애국주의의 기본 특징을 살펴보면, 애국주의 교육은 사회주의 현대화 건설, 중국의 주권과 중화민족의 자존, 중국의 통일과 이론적으로 밀접하게 연관되어 있고 사회주의와 동질시되고 있다.

①의 원칙에서 애국주의가 중국의 통일 사업에 이로워야 한다는 것은, "애국주의 열정으로 중국의 각 민족이 일심으로 사회주의 현대화를 건설하고 민족 분열을 반대하고 각 민족 간의 평등과 단합을 강화하며 중국 대륙과 대만 등이 통일되어 중화민족의 통일 대업을 이룩하는 것"[20]을 의미하기도 한다. ②의 원칙은 "진정한 애국주의는 기타 민족의 평등을 존중하는 동시에 세계 인류의 우수한 이상이 자기 국가 내에서 실현되기를 희망

---

[19] 「中共中央關于印發＜愛國主義教育實施綱要＞的通知」, 920~921쪽.
[20] 鄭信哲(中國社會科學院), 「중국의 애국주의와 민족주의」, 『민족주의와 사회주의』, 경기대 민족문제연구소, 1996, 75쪽.

하며 각국 인민들의 친선과 단합을 주장한다"21)는 류싸오치(劉少奇)의 말과도 일맥상통한다. 즉 중국 정부가 표방하는 애국주의는 배타적인 민족주의가 아니라 다른 민족과의 평등·호혜·친선을 전제로 한 국제주의를 원칙으로 삼고 있음을 시사한다. 그렇지만 애국주의와 국제주의는 상호 모순적이다. 애국주의의 강조는 국제주의에 배치되기 때문이다. ③의 원칙, 애국주의가 곧 사회주의이고 중국적 특색을 지닌 사회주의를 건설하는 것이 애국주의의 핵심이라면, 이것은 민족주의를 기저에 깔고 있는 민족 국가 차원에서의 애국주의(즉 자산 계급 및 모든 착취 계급의 사상이 민족 관계에 반영된 결과)와는 이질적이다. 즉 중국의 애국주의는 체제의 유지·강화를 위한 이데올로기의 성격을 지니고 있다.

그렇다고 중국의 애국주의가 사회주의 체제의 유지·강화를 위한 이데올로기로만 활용되는 것은 아니다. 「강요」에서 제시하고 있는 애국주의 교육의 목적을 살펴보면, "민족 정신을 드높이고 민족 응집력을 증강시켜 중화민족의 자존심과 자부심을 확립함과 아울러 광범위한 애국통일 전선을 확고히 하고 발전시켜 중국적 특색을 지닌 사회주의 건설 사업과 중국의 통일·번영·부강을 위해 헌신하는 데로 중국 인민의 애국 열정을 결집시켜 이상·도덕·문화·기율이 있는 '사회주의 공민'을 배양함으로써22) 사개현대화(四個現代化, 농업·공업·과학 기술·국방의 현대화)와 중화의 진흥이라는 공동의 이상을 위해 단결·분투하도록 하는 데에 있음"23)을 명시하고 있기 때문이다. 이에 따르면 애국주의 교육의 궁극적인 목적은 중국 인민의 애국 열정을 고취시켜 사회주의 현대화(구체적으로 말하면 사개현대화)를 실현하는 동시에 중화(민족 국가)의 진흥을 위해 중국 인민을

---

21) 解放社 編, 『國際主義與民族主義』, 新華書店, 1949, 49쪽.
22) 참고로 중공 중앙의 「關于加強和改進思想政治工作的若干意見」이라는 문건에서도 사상 정치 공작의 원칙 가운데 하나로 이상·도덕·규율·문화를 지닌 公民의 배양을 강조하고 있다(「加強和改進思想政治工作」, 『人民日報』1999년 11월 9일자).
23) 「中共中央關于印發＜愛國主義教育實施綱要＞的通知」, 920~921쪽.

단결·분투·통일하도록 하는 데에 있다. 이 점을 고려해볼 때 중국 정부가 주창하는 애국주의에서 '愛'의 대상, 즉 '國'의 실체는 체제로서의 사회주의 국가(중국측 표현에 따르면 '조국')이자 민족 공동체로서의 중화민족 국가를 의미한다. 이처럼 중국 정부가 표방하는 애국주의는 민족주의와 사회주의의 가치관을 모두 공유하고 있는 것이다.

그런데 중국 정부의 애국주의 주창에서는 그들이 직면한 고뇌의 일단이 엿보인다. 우선 중국 정부는 자본주의 국민 국가 일반이 표방하고 있는 '민족주의'라는 용어보다도 '애국주의'라는 용어를 표방하고 있다는 점이다. 그 배경으로는 두 가지를 지적할 수 있을 것이다. 첫째 단일 민족 국가가 아니고 다민족 국가인 중국의 입장에서 볼 때, 민족주의의 제창은 자칫 중국 내 소수 민족끼리의, 혹은 大민족(즉 漢族)과 소수 민족 사이의 갈등·분열을 야기할 수가 있기 때문이다. 이러한 예로는 신장(新疆) 위구르(維吾爾) 자치구 및 시장(西藏) 자치구에서의 분리 독립 운동을 들 수 있다. 둘째 동구 사회주의 체제의 붕괴로 체제 위기에 직면한 중국의 입장에서 볼 때, 주로 민족 구성원의 안위나 정서에서 비롯된 민족주의에 호소하기보다는, 애국주의의 기치하에 그것을 사회주의와 일치시킴으로써[24] 체제에 대한 신념과 중화민족에 대한 열정을 동시에 고취시켜 중국 내 다수 민족을 사회주의 틀 속에 결집·단결시키는 것이 다각도로 유리하기 때문이다. 결국 중국의 애국주의는 사회주의 체제의 유지·강화와 중화민족의 통일·번영을 위한 국가주의적 통치 이데올로기인 셈이다.

한편 상술한 「강요」에서는 애국주의 교육의 내용들을 구체적으로 적시하고 있다. ① 중화민족의 역사에 관한 교육이다. 애국주의 정신이 중화민족의 유구한 역사 과정에서 형성·발전되어왔다는 전제하에 중국 역사,

---

[24] 이 문제와 관련하여 장쩌민은 「關于加强愛國主義教育」라는 연설문에서 "사회주의가 있어야만 중국을 구할 수 있고 사회주의가 있어야만 중국을 발전시킬 수 있으며 애국주의와 사회주의는 통일적"임을 역설하였다(『人民日報』 1997년 5월 11일자, 1면).

특히 중국 근·현대사를 통해 중화민족의 자강불식(自强不息)·백절불굴의 역정, 인류 문명에 대한 중국 인민의 탁월한 공헌, 역사상의 저명한 사건이나 인물, 외부의 침략·압박과 부패한 통치에 저항하고 민족의 독립과 해방을 쟁취해온 정신과 업적, 특히 중국 공산당이 중국 인민을 이끌고 신중국을 건립하기 위해 용감하게 분투한 숭고한 정신과 빛나는 업적 등을 교육시켜 중국 인민이 그것들을 이해하도록 해야 한다는 것이다. ② 중화민족의 우수한 전통 문화에 관한 교육이다. ③ 공산당의 기본 노선과 사회주의 현대화 건설의 성취에 관한 교육인데, 중국의 현 실정, 사회주의 현대화 건설의 목표와 전망, 중국과 세계 각국 사이의 대비를 통한 중국의 장·단점 및 유리한 조건과 불리한 조건 등을 파악하게 하여 사명감과 사회적 책임감을 증강시켜 창업 정신을 드높여야 한다는 것이다. ④ 사회주의의 민주와 법제, 즉 사회주의 체제에 대한 교육인데, 이를 통해 중국 인민의 국가관과 책임감을 증강시키고 법규를 준수하는 습관을 길러 공민의 의무를 이행케 하고 국가의 이익을 수호하도록 해야 한다는 것이다. ⑤ 국방 및 국가의 안전에 관한 교육인데, 이를 통해 軍·政·民의 단결을 강화하고 조국의 독립과 국가의 주권·영토를 지키겠다는 인민의 경각심을 불러일으켜야 한다는 것이다. ⑥ 중화민족이 다민족의 '大家庭'이라는 전제하에 마르크스주의의 민족관·종교관, 공산당의 민족 정책과 종교 정책에 관한 교육인데, 이를 통해 중국 내의 각 민족이 (중화)민족의 단결과 조국의 통일을 위해 바친 노력과 공헌을 대대적으로 선전해야 한다는 것이다.[25] ⑦ 평화 통일, '一國兩制'에 관한 교육인데, 이를 통해 공산당과 중국 정부의 통일 원칙과 정책을 선전하되, 홍콩·마카오·대만 동포들이 조국 통일을 위해 바친 공헌뿐만 아니라, 해외 교포들의 애국·애향 활동을 널리 선전해야 한다는 것이다.[26]

---

[25] 이와 관련해서 앞의 「決議」에서도 "민족 단결을 강화하고 조국 통일의 필요성을 교육하는 속에서 당의 민족 정책과 종교 정책을 견지하고 마르크스주의적 민족관과 종교관을 선전해야 한다는 점"이 강조되었다.

상술한 내용을 보면 애국주의 교육의 내용26)은 특징별로 크게 중국의 역사(특히 근·현대사와 공산당사)와 혁명·문화 전통(①,②), 중국 공산당의 역사적 업적과 공산당 지도하에 이룩된 사회주의 현대화(혹은 사회주의 체제)의 성과(②,③,④), 국방 및 국가의 안전, 민족의 평등과 단결을 중시한 공산당의 민족·종교·통일 정책(⑤,⑥,⑦)의 세 분야로 분류될 수 있다.

역사교육 분야에서 주목되는 부분은 교육 대상 시기가 중국의 전 역사라기보다는 근·현대사로 국한되어 있다는 점이다. 이것은 다민족 국가인 중국이 전통 시대(혹은 전근대)에 빚어진 각 소수 민족끼리의, 혹은 한족과 소수 민족 간의 싸움 가운데 어느 쪽을 편들 수 없는 데에서 비롯된 궁여지책이라고 할 수 있다. 이와 관련하여 중국측 이론가의 말을 옮기면, 중국의 기나긴 역사 과정에서 각 민족(혹은 종족)마다 영웅과 애국자들을 배출시켰지만, 그들은 그 당시에 속한 조대(朝代)와 민족의 영웅 또는 애국자일 뿐이기 때문에, 현재 중국에서 말하는 전체적인 중국사에서의 민족 영웅이나 애국자가 될 수는 없다는 것이다. 그 때문에 중국의 거국적인 민족 영웅 또는 애국자는 근·현대에 와서 외래 자본주의 및 제국주의의 침략과 압박에 반대하는 과정에서 처음으로 나타날 수밖에 없었다는 것이다.28) 이 말을 음미해보면, 오늘날 중국 정부가 표방하는 애국주의 혹은 애국자의 범주는 중국 내 각 민족의 평등을 전제로 모든 민족을 아우르는 중화민족이라는 개념이 도출되기 시작한 근대 이후의 시기나 인물로 국한되고 있음을 알 수 있다.

그러면 중국 역사에서 진정한 애국자는 누구인가? 1996년 10월에 행해진 장쩌민 주석의 다음 연설 내용을 살펴보면 중국 인민이 본받아야 할 애

---

26) 「中共中央關于印發＜愛國主義教育實施綱要＞的通知」, 922~924쪽.
27) 이것과 관련된 다른 참고 문건으로는 앞의 「決議」 외에, 中共中央 및 國務院이 공포한 「關于深化教育改革全面推進素質教育的決定」(1999. 6. 13)(『人民日報』 1999년 6월 17일자)을 참조 바람.
28) 鄭信哲, 앞의 글, 68쪽.

국주의의 전형이 누구인지가 분명해진다. "중국 공산당은 마르크스주의를 운용해서 국가와 민족의 운명을 직시해왔고 민족의 부흥, 국가의 부강을 위한 올바른 방향과 길을 가리켜왔으며, 모든 애국자를 단결시키고 끌어들여 공동으로 분투해왔다. 중국 공산당은 중화 민족의 우수한 전통을 계승하고 드높였으며 민족의 독립을 쟁취하고 국가의 주권을 지키려는 투쟁 속에서 최대의 희생과 공헌을 하였으며, 모든 각 민족 인민으로부터 충심의 사랑과 지지를 받아왔다. 중국 공산당원은 가장 굳건하고 가장 철저한 애국자이다. 중국 공산당의 애국주의는 중화민족, 중국 인민에게 있어서 애국주의의 최고의 모범이다."[29] 궁극적으로 중국 정부가 주창하는 애국주의의 최고 모범은 공산당이고 가장 철저한 애국자는 공산당원인 셈이다. 이것은 공산당의 기본 노선을 따르고 공산당원이 될 때 진정한 애국이고 애국자가 될 수 있다는 정부 차원의 메시지라고 할 수 있다.

애국주의 교육 내용 가운데 공산당 및 사회주의 관련 분야에서 주목되는 또다른 부분은 ④의 내용으로, "준법 습관을 길러 공민의 의무를 이행케 하고 국가의 이익을 수호하도록 해야 한다"는 점이다. 이것은 상술한 「결의」에서 표방한 "사상 도덕 건설의 기본 임무는 애국주의·집체주의·사회주의 교육을 견지하고 사회 질서와 예절, 사회적 봉사, 공공 기물과 환경의 보호, 준법을 내용으로 하는 사회적 공공 도덕 ; 맡은 바 일을 사랑하는 것, 성실하게 신의를 지키는 것, 민중을 위해 복무하고 사회에 봉헌하는 것을 내용으로 하는 직업 윤리 도덕 ; 노인을 존경하고 어린애를 사랑하는 것, 남녀 평등, 부부의 화목, 근검 절약, 이웃 간의 단결을 내용으로 하는 가정 미덕을 건설"[30]해서 사람들로 하여금 중국적 특색을 지닌 사회주의를 건설하는 데 필요한 정확한 세계관·인생관·가치관을 수립하도록 인도하는 것과도 일맥상통하는 내용이다. 또한 사회 질서의 유지와 준법은

---

29) 「關于加強愛國主義教育」.
30) 「中共中央關于加強社會主義精神文明建設若干重要問題的決議」, 2면.

최근 2008년 올림픽 개최권을 따낸 중국 정부가 더욱 강조하고 있는 분야이기도 하다.

끝으로 주목되는 부분은 중국 정부가 국방과 국가 안전 교육을 통한 군·정·민의 단결을 촉진하는 동시에, 홍콩·마카오·대만 동포들을 포함한 소위 중화민족의 애국·애향 활동을 널리 선전하거나 유도하여 그들의 애국 열정을 불러일으킴으로써 중국의 통일을 촉진하려고 한다는 점이다. 즉 애국주의는 중국 통일의 정신적 촉매제 역할을 하고 있는 것이다.

3. 애국주의 교육의 추진실태

한편 중국 정부에서는 다양한 방식을 통해 애국주의 교육을 실천하려고 노력하고 있다. 「강요」를 살펴보면, 중국의 애국주의 교육은 전체 인민(학교·군부대·향촌·도회지·정부 기관·기업체 등을 포함하여)을 대상으로 하고 있음을 알 수 있다. 각 기관·기업·향촌 등에서는 사회주의 정신 문명 건설에서 도출하고자 하는 이상적인 중국인상, 즉 이상·도덕·규율·문화를 지닌 '사회주의 新人'(혹은 공민)의 배양 책임을 지도록 요구받고 있다. 특히 청년 간부·직공·농민에 대한 애국주의 교육을 중시하고 문명 단위·문명촌진(文明村鎭)의 건설 활동이 강조되고 있다. 도회지의 가도거민위원회(街道居民委員會), 농촌의 촌민위원회(村民委員會), 각급 공회(工

會)·공청단(共靑團)·부녀연합회 등에서는 청소년 교육에서 차지하는 가정의 영향을 중시하여 애국을 좋은 가정과 문명적인 시(촌)민 교육의 중요한 내용으로 삼도록31) 요구받고 있다.

애국주의 교육과 관련하여 주목해야 할 점은 교육의 중점이 대학교·중고등학교·소학교 및 공산주의청년단·소년대(少年隊) 등의 청소년에게 집중되어 있다는 것이다. 이것은 청소년이 장차 중국을 이끌어나갈 중추적인 계층이기 때문이다. 현재 청소년에 대한 애국주의 교육의 중요한 장소로 주목받는 곳은 학교이다. 중국 국가교육위원회에서는「中小學加强中國近代,現代史及國情敎育的總體綱要」와「中學思想政治, 中小學語文,歷史, 地理, 學科敎育綱要」를 반포하여 중국의 각 성(省)·자치구·직할시의 교육 관련 기관으로 하여금 각 학과의 애국주의 교육의 분과 계획을 작성케 하고 애국주의 교육의 내용을 분류하여 이것을 관련 학과의 교실 수업 과정에 철저하게 반영하도록32) 지시를 내렸다. 더 나아가 학교 교육은『인민일보』에서도 지적하고 있듯이,33) 사회주의 정신문명 건설의 기초 작업으로 중요시되고 있고, 애국주의 정신의 배양은 학교 정신문명 건설의 중요한 목표로 자리잡아가고 있다.

애국주의 교육의 구체적인 실천 방안과 관련하여,「강요」에서는 명절(元旦, 春節=설날)·기념일 등을 이용하여 참관·청소·정리 활동을 하게 하거나 애국주의 교육 기지를 이용하여 黨·團의 조직 생활과 소년대의 활동을 벌이고, 교육 기지의 환경 미화 및 시설 보호를 위한 의무 노동을 벌이며, 참관·사찰 활동에 맞추어 백일장·강연회·강좌·퀴즈 등의 교육 활동을 벌이도록34) 지시하고 있다. 또한「강요」에서는 각종 박물관·기념

---

31)「中共中央關于印發<愛國主義敎育實施綱要>的通知」, 926쪽.
32) 위의 문건, 925쪽.
33) 人民日報評論員,「抓好社會主義精神文明建設的基礎工程」,『人民日報』1997년 6월 15일자, 1면.
34)「中共中央關于印發<愛國主義敎育實施綱要>的通知」, 928쪽.

관・열사 기념 건축물・혁명 전쟁의 중요 싸움터・전투 기념 시설・문물 보호 지역・역사 유적・명승지・전시관 등을 애국주의 교육 기지로 적극 활용하도록 했다.35) 그밖에「결의」에서는 대중 전달 매체・서적・잡지・영화・TV・각종 예술 활동・교실 수업뿐만 아니라, 중요한 기념일, 중대한 역사 사건이나 사회 활동, 국기나 국휘(國徽)의 게양, 국가 제창 등의 의식을 통해 애국주의 정신을 대대적으로 드높여야 한다는 점, 각 지역에서는 애국주의 교육 기지36) 건설을 강화하고 국가는 몇몇 중요 애국주의 교육 기지를 확정해야 한다는 점37)을 강조하였다. 여기에서 주목되는 점은 국기 게양이나 국가 제창 의식을 통한 애국주의의 고취 방식이다. 이 방식은 얼마 전 일본에서도 실시되었는데, 그때 중국 정부에서는 그러한 일본의 행태를 군국주의의 부활이라고 비난한 적이 있다. 그런데도 중국 정부 역시 그러한 방식을 통해 국가주의적 국민 통합을 시도하고 있는 것이다.

현재 각종 기념일을 활용한 애국주의 교육의 대표적인 사례로는 '5・4운동'38) 관련 각종 행사를 들 수 있다. 후진타오(胡錦濤)의 연설 내용에서도 알 수 있듯이, 5・4운동은 오늘날 "철저하고 비타협적으로 반제 반봉건의 애국 주제를 분명하게 관철시키고, 사상 해방을 적극적으로 추진한 신문화 운동으로서, 몇 천년 동안 이어져온 봉건적인 낡은 예교(禮敎)・낡은 도덕・낡은 사상・낡은 문화들에 충격을 가하고 씻어냄으로써 신문화가

---

35)「中共中央關于印發<愛國主義敎育實施綱要>的通知」, 927쪽. 또한「國民經濟和社會發展第十個五年計劃綱要」(2001. 3. 15)의 '제20장 思想道德建設'에서도 애국 열사 묘지 등 애국주의 교육 기지를 더욱더 보호하고 증설할 것을 명시하고 있다(『人民日報』 2001년 3월 19일자).
36) 현재 중국에서 애국주의 교육의 시범 기지 가운데 첫 번째로 손꼽히는 곳이 북경의 天安門廣場이라고 한다. 이곳에는 天安門城樓, 廣場國旗, 人民英雄記念碑, 毛澤東主席紀念堂 등이 있어서 자연히 청소년에게 애국주의 교육을 하고 있다는 것이다. 특히 국기 게양식은 중국 청소년에게 조국・인민・黨・사회주의에 대한 사랑이라는 숭고한 이념과 신념을 지니도록 격려하는 역할을 하게 된다는 것이다(「天安門廣場成爲愛國主義敎育大課堂」,『人民日報』 1999년 4월 26일자).
37)「中共中央關于加強社會主義精神文明建設若干重要問題的決議」.
38) 5・4운동에 대한 중국 정부의 공식적인 평가는「發揚五四精神, 推進改革和現代化事業」(社說)(『人民日報』 1989년 5월 4일자)을 참조 바람.

중국에서 광범위하게 전파될 수 있는 길을 열어놓은"39) 애국계몽운동으로 평가받고 있다. 이러한 평가에 입각하여 중국 정부는 공산당의 신민주주의 혁명 과정을 "5·4운동의 애국·진보·민주·과학 정신이 끊임없이 드높여진 과정"40)으로 등치시키고 자신들이 5·4운동의 전통을 계승하고 드높여왔음을 피력함으로써 공산당의 혁명을 정당화하고 사회주의 노선 추구가 역사적 전통에 바탕을 둔 것임을 분명히 하고 있다.

그런데 여기에서 주목되는 점은 5·4운동이 지닌 두 가지 측면 - 반제 반봉건의 애국운동과 사상의 계몽·해방을 위한 신문화 운동 - 가운데 애국운동에 중점을 두고 있다는 것이다. 그 결과 5·4운동이 지닌 계몽 운동, 특히 자유 민주주의 사상의 실현이라는 측면은 애국운동의 그늘에 가려져 있다. 이것은 후술하겠지만, 리저허우(李澤厚)가 지적한 것처럼 '구망(救亡)'의 논리 속에 '계몽'이 매몰되어온 중국의 역사적 현실이 반영된 결과로서, 애국주의가 지닌 한계의 일면을 보여주는 것이다.

그렇다면 몇몇 사례들을 통해 최근 중국에서 애국주의 교육이 실제로 어떻게 이루어지고 있는지를 알아보자. 먼저 애국주의 교육 기지를 활용한 교육 사례로서, 1992년 베이징시(北京市) 정부는 청소년의 애국주의 열정을 촉발시키기 위해 중국인민항일전쟁기념관(盧溝橋 부근 宛平城內에 소재)을 '북경청소년애국주의교육기지'로 정하였다. 이 기념관에서는 영향력을 확대하고 기념관의 선전 교육 기능을 발휘하기 위해 주도적으로 북경시, 중앙 기관, 군 부대, 기업체, 학교 등지에 기념관의 소개 책자를 발송했고 연락 팀을 만들어 각 전문학교, 대규모 공장, 광산, 기관에 가서 기념관의 업무 사항 등을 소개했다. 그 결과 최근 수백 개의 북경시·중앙 기관·군 부대·교육 기관·공산주의청년단·공회·부녀연합회·민병·기업체

---

39) 胡錦濤, 「發揚偉大的愛國主義精神爲建設有中國特色社會主義努力奮鬪---在五四運動八十周年紀念大會上的講話」(1999. 5. 4),『人民日報』1999년 5월 5일자.
40) 趙紫陽, 「在建設和改革的新時代進一步發揚五四精神」(1989. 5. 3),『人民日報』1989년 5월 4일자.

가 정기적으로 이 기념관에 와서 각종 형식의 입당·입단 선서 의식, 신병 입대 의식, 노병 제대의식 등을 거행했다.[41] 특히 영국과 프랑스 연합군 및 8국 연합군에 의해 훼손되고 불태워진 웬밍웬(圓明園)은 제국주의 열강의 침략 만행을 상징하는 애국주의 교육의 산실로 활용되고 있다.[42] 또한 1996년 후베이성(湖北省) 홍후시(洪湖市)에서는 애국주의 교육을 사회주의 정신문명 건설을 강화하는 중요한 내용으로 삼아 10여 년 간에 걸쳐 대중들을 상대로 애국주의 교육을 실시하였다. 이 과정에서 15만 명의 청소년들에게 사료조사, 사적지 답사, 혁명가 30수, 혁명 열사의 유언 500여 개, 혁명 이야기 1,000여 편 등을 수집·정리하게 했다. 또한 홍후시에서는 애국주의 교육을 일상화하기 위해 "시급(市級) 문명단위 330개, 쌍문명(雙文明, 사회주의 물질문명과 정신문명)호 170호, 십성문명농가(十星文明農家) 5,000여 호, 지방급(地方級) 문명 단위 23개, 성급(省級) 문명단위 3개를 지정하여"[43] 이들을 애국의 실천 본보기로 삼아 애국주의 열정을 고취시키고 있다.

다음 학교에서의 애국주의 교육 사례로서, 허난성(河南省)의 실험 소학교의 경우 학생들의 연령이나 수준에 따라 다양한 형식의 애국주의 교육을 펼쳤다. 저학년의 경우 수도·국기·국휘(國徽)를 인식시키는 것에 중점을 두었고, 중간급 학생에게는 조국의 풍부한 물산, 명승 고적 등을 이해하게

---

41) 「抗戰館成爲愛國主義敎育基地」, 『人民日報』 1992년 12월 18일자. 이러한 의식의 결과가 어떻게 현실화되고 있는지를 보여주는 사례를 열거하면 다음과 같다. 이 행사에 참가한 어느 학생은 눈물을 머금으면서, "나는 오늘 비로소 중화민족이 대단히 위대한 민족이라는 사실을 깨달았다. 나는 중화민족을 위해 살 것이고 중화민족을 위해 일생을 바칠 것이다."라고 했다고 한다(「抗戰館成爲愛國主義敎育基地」, 『人民日報』 1992년 12월 18일자). 또한 1999년 7월 1일부터 톈안먼(天安門) 광장의 혁명 역사 박물관에서 열린 '혁명 열사 사적 전시회'에서, 장밍(張明)이라는 사람은 관람자들이 방문 소감을 남기도록 전시관에 비치된 노트에 이렇게 썼다고 한다. "중국인은 어느 민족보다 강하다. 중국은 영원히 전진할 것이다"(『동아일보』 1999년 7월 19일자).
42) 「圓明園成爲愛國主義敎育大課堂」, 『人民日報』 1992년 12월 21일자.
43) 「洪湖愛國主義敎育持之以恒」, 『人民日報』 1996년 10월 27일자.

했다. 고학년에게는 교실 수업을 통해 학생들로 하여금 조국의 판도, 고금의 과학자의 업적과 민족 영웅의 애국 활동 등을 이해하게 했다.44) 또한 1996년 11월 국가교육위원회와 관련 기관은 중·소학교에 100편의 애국주의 관련 영화 필름, 100곡의 애국주의 관련 가곡, 100종의 애국주의 교육 도서 등을 추천해서45) 이것들을 애국주의 교육의 중요한 자료로 활용하도록 했다.

끝으로 「강요」에서도 지시하고 있듯이,46) 애국적인 인물의 발굴과 선전을 통한 애국주의 교육의 확산 방식은 중국 정부에 의해 자주 활용되는 방식이다.47) 특히 각급 당·정 지도 선전 부문에서는 개혁 개방 이래 각 분야에서 애국심을 가지고 특출한 공헌을 한 모범 인물들을 배양·발굴·선전해서 사회의 견본으로 삼도록 하는 동시에 청소년들의 숭배 대상 혹은 학습의 본보기로 삼도록 지시했다.48) 그밖에 대학·중고등학교·소학교의 교실·도서관·강당에는 중화민족의 발전을 위해 공헌을 한 지도자·선열·유명 인사의 초상화·시·격언 등을, 기업체나 도회지 농촌의 공동 장소에는 해당 지구·업체·기관·부문별로 모범적인 노동자의 초상화나 사진을 걸어두게 함으로써 애국자의 활동을 추종하도록 했다.49)

중국에서의 애국주의 열풍은 홍콩 반환을 계기로 더욱더 고양되기 시작

---

44) 「河南實驗小學採取多種有趣形式 對學生進行愛黨愛國敎育」, 『人民日報』 1992년 12월 25일자.
45) 「百個中小學愛國主義敎育基地命名」, 『人民日報』 1996년 11월 2일자.
46) 「中共中央關于印發<愛國主義敎育實施綱要>的通知」, 932쪽.
47) 가령 『人民日報』 1996년 5월 5일자에서는 南沙群島 守備隊의 어느 참모장을 영웅적인 애국자로(「愛國守礁模範幹部龔允冲」, 『人民日報』 1996년 5월 5일자), 1996년 11월 1일자 『인민일보』에서는 3대에 걸친 애국자 집안을 1면 톱기사로 소개하고 있었고(傅强·杜樹人, 「愛國奉獻三代英模」, 『人民日報』 1996년 11월 1일자), 1999년 6월 20일자 『인민일보』에서는 모범적인 부부 왕이(王益)와 장롱(張榮)에 관한 애국적인 활동상을 소개하였다(「愛心同譜奉獻歌」, 『人民日報』 1999년 6월 20일자).
48) 「中共中央關于印發<愛國主義敎育實施綱要>的通知」, 932쪽.
49) 위와 같음.

했는데, 이때는 애국주의를 주제로 한 연극·가무·교향악·영화·TV·
경극·월극(越劇)·전람회·영어연설대회 등이 활발하게 전개되었으며,50)
애국주의 교육의 시범 기지에서도 각종의 보고 대회가 열리기도 했다.51)
1999년에는 마카오의 반환과 유고슬라비아 주재 중국 대사관에 대한 미국
의 오폭 사건을 계기로 애국 열풍이 일어났다. 최근에는 하이난섬(海南島)
에서의 미군 정찰기 불시착 사건을 계기로 중국 내에서의 애국 열풍이 고
조된 적이 있다. 이제 '애국'이라는 '상상의 공동체 정서'가 중국에서 현실
화되고 가시화되고 있음을 피부로 느낄 수 있다.

4. 중·고교 역사교과서와 애국주의

그렇다면 전술한 것처럼 중국의 애국주의(혹은 민족 영웅이나 애국자)가
근·현대 시기만을 적용 대상으로 삼고 있다는 점을 염두에 두고, 중국의
근·현대 시기 중·고교 역사교과서와 애국주의의 상관성을 고찰해보자.
다만 본고에서는 5·4운동 이후의 현대사 시기는 배제하고 근대 시기의
역사교과서 내용만을 분석 대상으로 삼으려고 한다. 왜냐하면 5·4운동과
공산당사에 관한 중국 정부의 공식적인 평가는 전술한 대로 교과서에 그

---

50) 「回歸凝集愛國心」, 『人民日報』 1997년 6월 2일자.
51) 「回歸不忘國恥 致力振興中華---來自愛國主義教育示範基地的報告」, 『人民日報』
    1997년 6월 28일자.

대로 반영되어 있기 때문이다. 그리고 5·4운동 이후의 현대사 시기는 중국 공산당과 직접 관련된 부분인 만큼, 중국의 국정 교과서에서는 신민주주의 혁명이 역사적인 필연이었고 그것을 달성하기 위해 중국 공산당은 가장 철저하고 영웅적으로 투쟁해왔다고 하여 공산당을 애국주의의 전형으로 묘사하고 있다. 따라서 애국주의가 역사교과서의 현대사 부분에 어떻게 투영되고 있는지는 불문가지이다. 단지 현대사 분야에서 언급하고 싶은 부분은 『고교 근·현대사』52)에서 1982년 중국 공산당이 애국통일전선의 결성을 제기한 뒤, 조국 통일을 지지하는 대만·홍콩·마카오 동포와 해외의 화교들 대다수가 조국 통일, 중화의 진흥이라는 애국주의 깃발을 높이 치켜들고 조국의 통일과 건설을 위하여 노력하고 있다는 점을 부각시키고 있다는 점이다(142쪽).

아편전쟁과 관련해서 『중학 역사』53)에서는 아편 소각 행위를 금연 투쟁에서의 중국 인민의 위대한 승리이자 외국의 침략에 반대한 중화민족의 굳건한 의지를 과시한 것으로, 그리고 이 투쟁을 이끈 린저쉬(林則徐)는 중화민족의 영웅으로 평가하고 있다(31쪽). 『고교 근·현대사』 역시 비슷한 평가를 내리고 있다(4쪽). 특히 『중학 역사』에서는 산위엔리(三元里)에서의 중국 인민의 항영투쟁 사실이, 그들의 깃발·무기, 영국군으로부터 노획한 군복·무기에 관한 사진과 더불어 자세히 기술되어 있고, 흑수당(黑水黨)의 항영투쟁 과정과 이 전쟁에서 전사한 거윈훼이(葛雲飛) 및 강남제독(江南提督) 천화청(陳化成)의 투쟁 상황이 지나치다 싶을 정도로 길고도(반쪽 가량) 상세하게 묘사되어 있다. 이와 아울러 영국군의 야만성과 부도덕성, 난징(南京)조약의 내용 등이 상세하게 기술되어 있다(34~36쪽). 교사용 『教學

---

52) 人民教育出版社歷史室 編著, 『高級中學課本 中國近代現代史(이하에서는 『고교 근·현대사』라 약칭)』 上冊(必修), 人民教育出版社, 1999.
53) 人民教育出版社歷史室 編著, 『九年義務教育三年制初級中學教科書 中國歷史』 第三冊(이하에서는 『중학 역사』라 약칭), 瀋陽 : 人民教育出版社, 1997, 31쪽, 34~36쪽.

書』54)에서는 중국 군민의 완강한 저항과 청조의 타협적이고 투항적인 자세를 대조시킨 가운데, 아편전쟁은 중국 군민이 침략에 반대한 굳건한 의지와 애국주의의 숭고한 정신을 표현한 것이라는 점을 학생들에게 인식시키도록 강조하고 있다(52쪽).

제2차 아편전쟁과 관련해서『중학 역사』에서는 난하이현(南海縣)과 환위현(番禺縣) 인민의 투쟁 상황이 약 반쪽에 걸쳐 상세하게 소개되어 있고,『고교 근・현대사』(15～16쪽)와 마찬가지로, 영・불 연합군의 만행과 약탈 행위, 이 전쟁 결과 체결된 각종 조약의 내용과 제정 러시아의 중국 영토 침탈 현황 및 판도 등이 상세하게 기술되어 있다(52～55쪽). 또한『고교 근・현대사』에서는 아편전쟁 과정에서 순직한 청조의 애국장령들의 일람표를 적시함으로써 애국자들을 일일이 밝힌 반면, 영・불 양국에 의해 순무로 임명되어 4년 간 광동을 식민 통치한 바이꾸이(柏貴) 정권을 중국 근대사상 최초로 출현한 지방 괴뢰 정권으로 평가하여(13쪽) 애국과 매국을 극명하게 대조시키고 있다. 교사용『교학서』에서는 웬밍웬을 불태운 것은 침략자의 만행이고 중화민족의 국치라는 점, 그것이 영원히 중화민족의 분발과 진흥을 자극하고 있다는 점을 부각시키도록 지시하고 있다(81쪽).

『중학 역사』에서는 태평천국운동을 "중국 근대사에서 가장 위대한 반봉건 반침략의 농민 운동으로서 중외의 반동 세력에게 심각한 타격을 준 중국 농민 전쟁의 최고봉"으로 평가하고 있다(49쪽). 교사용『교학서』에서는 '天朝田畝制度'가 토지 혁명 강령으로서 수많은 농민들의 토지 획득 열망이 반영된 것이라는 점, 태평천국 영웅들의 불굴의 투쟁 정신을 배우고 계승하고 드높여야 한다는 점을 학생들에게 인식시키도록 명시하고 있다(63쪽).

양무운동에 관해서『중학 역사』에서는 중국을 부강한 길로 이끌지는 못

---

54) 人民教育出版社歷史室 編著,『九年義務教育三年制初級中學 中國歷史第三册 教師教學用書(이하에서는『教學書』라 약칭)』, 瀋陽 : 人民教育出版社, 1997.

했지만 중국 자본주의의 발전을 자극하고 외국 경제 세력의 확장을 저지하는 데에 일정한 작용을 한 것이라 하여 경제적 측면에서의 애국성을 평가하고 있다(61쪽).

변강(邊疆)의 위기와 관련하여, 『중학 역사』에서는 영국군의 시짱(西藏) 침략에 맞서 싸워 이곳을 탈환한 쭤종탕(左宗棠)의 투쟁 사실과 그의 초상화가 관련 지도와 더불어 근 한쪽에 걸쳐 서술되어 있다(63~64쪽). 청불전쟁(中法戰爭)과 관련해서는 리훙쟝(李鴻章)의 매판성이 부각됨과 아울러 훵쯔차이(馮子材)의 영웅적인 투쟁 사실이 그림과 더불어 2/3쪽에 걸쳐 상세하게 기술되어 있다(66~67쪽). 교사용 『교학서』에서는 그 위기 과정에서 중국 군민이 벌인 투쟁이 침략에 반대하고 조국의 변강을 보위하려는 정의의 투쟁이라는 점, 청 정부의 유약성, 특히 청불전쟁에서 승리했음에도 침략자와 매국 조약을 체결하여 중국을 반식민지 반봉건 사회로 전락시킨 행위를 부각시키도록 명시하고 있다(101쪽). 이 부분에서도 애국과 매국의 극명한 대조를 통해 학생들에게 앞으로 취해야 할 방향이나 각오가 무엇이어야 하는지를 명확하게 제시해주고 있다.

청일전쟁(中日甲午戰爭)과 관련해서『중학 역사』에서는 회족(回族) 출신의 청군 장군 쭤빠오꾸이(左寶貴)의 항일 투쟁 상황과, 덩쓰창(鄧世昌)이 이끈 북양함대의 장렬한 죽음, 정루창(丁汝昌)의 자살 상황 등이 연극 대본처럼 상세하게 기술되어 있다(69~71쪽). 교사용 『교학서』에서도 그들이 민족의 영웅이라는 점과 그들의 투쟁 상황을 학생들에게 주입시키도록 지시하고 있다(110쪽). 이와는 달리 『중학 역사』에서는 일본군의 만행, 이 전쟁의 결과 맺어진 조약 내용과 각국 열강의 제국주의적 침탈 상황을 그림·도표·지도와 함께 몇 쪽에 걸쳐 기술함으로써 외래 침략자의 침략성을 폭로하고 그들의 행위에 대해 적개심을 품도록 유도하고 있다(72~74쪽).

무술변법(維新變法運動)과 관련해서『중학 역사』에서는 츠시태후(慈禧太后)와 위엔스카이(袁世凱)의 매국성을 부각시킨 반면에, 변법 과정에서 목숨을 잃은 무술육군자(戊戌六君子), 특히 탄쓰퉁(譚嗣同)을 애국적인 인물로 평가하고 있고 그가 장렬하게 죽어가는 상황을 자세히 묘사하고 있다(84~85쪽).

의화단운동과 관련해서『중학 역사』에서는 의화단이 8국 연합군과 용감하게 싸운 내용과 과정, 8국 연합군의 만행과 조약 내용 등이 그림·지도 등과 같이 상세하게 기술되어 있고, 침략군의 만행이 상세하게 기술되어 있다(88~91쪽). 교사용『교학서』에서는 그들의 무자비한 침략과 약탈·만행을 알리는 동시에 중국 인민은 1900년 그 해의 국치와 국난을 잊어서는 안 된다는 점, 의화단과 애국적인 청군의 굳센 투쟁은 중국 인민의 불요불굴의 투쟁 정신이었다는 점을 부각시키도록 지시하고 있다(137쪽).

신해혁명과 관련해서『중학 역사』에서는 혁명파들의 활동과 이상, 각종 무장 봉기 상황 등을 높이 평가한 반면에, 위엔스카이(袁世凱)의 반동성·매국성 등을 상세하게 기술하여 이 양자의 극명한 대조를 유도하고 있다(94~98쪽). 교사용『교학서』에는 신해혁명이 중국 근대사상 가장 위대한 반제 반봉건의 자산 계급 민주혁명으로서 위대한 역사적 의미를 지니고 있다는 점을 학생들에게 인식시키도록 명시하고 있다(169쪽).

상술한 근·현대 시기 중국의 중·고교 역사교과서 내용의 특징들을 살펴보면 다음과 같다. 첫 번째 특징은 애국자(혹은 애국 행위)와 매국자(혹은 매국 행위)를 극명하게 대조시켜 학생들로 하여금 애국자(혹은 애국 행위)에 대해서는 찬사와 칭송을, 매국자(혹은 매국 행위)에 대해서는 비난과 분노를 퍼붓도록 자연스럽게 유도함으로써 그들이 앞으로 취해야 할 행동이 어떤 것이어야 하는지를 분명하게 제시하고 있다는 점이다. 두 번째 특징은 중국의 애국 인사나 군민들의 굳건한 반침략 투쟁 사실과 제국주의 열강의 침략 및 각종 만행 등을 마치 영화의 시나리오처럼 지나칠 정도로 상세하게(때로는 장렬하게, 때로는 잔인하게) 그리고 대조적으로 묘사함으로써, 중국 인민의 애국주의가 역사적인 전통에 기반을 두고 있다는 점, 제국주의 열강의 잔학성과 침략성을 부각시킴으로써 학생들로 하여금 조국과 민족의 주권을 수호해야 하고 그렇게 하기 위해서는 단결해야 한다는 점을 은연중에 암시하고 있다는 점이다. 마지막 특징은 근·현대 시기의 최대 과제가 반제 반봉건의 신민주주의 혁명으로써 이것은 공산당의 영도하에 실현되었으므로, 공산당은 가장 애국적인 영웅이라는 것을 학생들에게 자연스럽게 부각시키고 있다는 점이다. 이와 아울러 근·현대 시기 중국의 모든 모순은 공산당과 사회주의 조국에 의해 해소되었다는 것을 학생들에게 각인시키고 있다는 점이다.

이처럼 근·현대 시기 중국의 중·고교 역사교과서에는 침략(혹은 수탈) ↔ 반침략(혹은 저항), 매국 ↔ 애국이라는 선악의 이분법적인 역사관이 관철되고 있다. 또한 거기에는 제국주의 침략에 대한 강한 적개심과 반발 혹은 민족적 배타성이 강하게 분출되고 있다. 분명 중국은 근대 이후 다른 어떤 민족이나 국가보다도 장기간 그리고 무자비한 외국의 침략을 경험했고 그에 맞서 지난한 투쟁을 전개해왔다. 그렇기 때문에 중국인이 그러한 역사인식이나 민족정서를 지니고 있다는 점은 쉽게 이해할 수 있다. 또한 중국의 근·현대 역사 속에서 침략(혹은 수탈) ↔ 반침략(혹은 저항)의 충돌 국면이 많은 비중을 차지한 것도 사실이다. 그리고 애국주의를 체제 이데올로기보다 앞에 내세운 채 민족적 정서에 호소해서 민족의 단결과 통일을 실현하려는 중국식의 애국주의 교육은, 지역간·계층간 갈등의 골이 점점 깊어지고 남북간 분단 현실에 직면해 있는 우리나라에게도 필요한 국가적 과제일지도 모른다.

그러나 이제 미국에 대해 'NO!'라고 할 수 있는 유일한 강대국임을 자처하는 중국이, 여전히 식민지 시기의 저항 이데올로기인 배타적 민족주의(중국에서는 '민족주의'라는 표현을 쓰지 않고 있지만)를 지나칠 정도로 어린 학생들에게 주입시키고 있다는 사실은, 세계화 시대에 걸맞은 중국의 능동적인 역할을 기대하는 우리에게는 '구원(舊怨)에 사로잡힌 속 좁은 거인'을 연상시켜주고 있다. 더욱이 중국의 근·현대사가 침략 ↔ 반침략의 민족 대결 양상이 빈번했다는 점을 충분히 인정한다고 해도, 인간의 생활 양식이나 심리 구조를 상술한 두 범주로만 획분(劃分)하는 역사관 속에서는, 자칫 이 양자의 어느 쪽에도 있지 않은, 동물적인 생존 자체에 매달릴 수밖에 없었던 당시의 보통 인간들(적어도 이런 범주의 사람들이 가장 많았으리라고 추측되지만)은 배제될 수밖에 없고, 그들은 중국인의 역사의식 구조 속에 자리잡지 못하는 '역사적 미아' 혹은 '비국민'으로 남게 될 것이다. 중국의 역사교과서에서는 '침략(혹은 수탈) ↔ 反침략(혹은 저항) 사이의 회색지대' 혹은 거기에 놓여진 보통 사람들의 이야기를 찾아볼 수가 없다. 그러한 역사관이 주입된 중국 청소년들의 눈에는 자칫 적과 아군이라는 단순한 적대적 세계 질서만이 비쳐질지도 모른다. 이러한 상황에서 역사적 경험이 말해주듯이, 침략 ↔ 반침략의 이분법적 역사 구도 속에서 저항 이데올로기가 지배(혹은 억압) 이데올로기로 전화될 개연성이 충분하다는 점을 염두에 둔다면, 중국에서 불고 있는 애국주의 열풍은 자칫 주변국에 대한 잠재적 위협으로 비쳐질 수도 있다. "식민화의 과정은 저항 민족주의의 형성과 함께 식민주의·제국주의의 이미지를 식민지인에게 내면화시켰다. 그래서 민족주의와 근대의 이면에는 식민주의와 제국주의라는 또 하나의 얼굴이 있다"[55])는 지적이 새삼 뇌리를 스친다.

---

55) 윤택림, 「탈식민 역사쓰기를 향하여 - '탈근대론'적 역사해석 비판」, 『역사비평』 2002년 봄, 역사문제연구소, 84쪽.

맺음말 : 애국주의(교육)의 한계

한편 앞에서 고찰했듯이, 중국의 애국주의(교육)는 대내적으로는 개혁 개방과 더불어 중국 인민들 사이에 서구 열강에 대한 동경심과 아울러 자국에 대한 회의감·비하감이 확산되면서 야기된 사회적 이완을 저지하고 중화민족의 단결과 통일을 고취하여 부흥을 실현시키려는 데에 목표를 두고 있다. 대외적으로는 동구 사회주의 체제의 붕괴로 사회주의 체제에 대한 회의감이 확산되는 가운데 미국을 필두로 하는 서구 열강들의 중국 견제와 체제 붕괴 의도에 맞서, 인민의 애국 열정을 사회주의에 대한 신념 고취로 유도하여 체제를 유지·강화시키려는 것이다. 이러한 교육 목표에 따라 중국 정부에서는 1990년대에 접어들어 국가적 차원에서 전국적으로 그리고 전체 인민(학교·군부대·향촌·도회지·정부 기관·기업체 등을 포함하여)을 대상으로 다양한 방식을 동원하여 애국주의를 고취하는 동시에 그 교육을 강화하고 있는 실정이다. 특히 애국주의 교육의 중점은 학교의 청소년 학생들에게 두어지고 있으며, 국정의 역사교과서에는 침략(혹은 수탈) ↔ 반침략(혹은 저항), 매국 ↔ 애국이라는 선악의 이분법적인 역사관이 관철되어 있고 애국주의가 강렬하게 반영되어 있다.

그런데 중국의 애국주의 교육은 다음과 같은 점에서 여러 가지 문제점을 안고 있다. 우선 중국 정부의 최대 당면 과제인 사회주의 현대화 건설의 중요한 사상적 토대가 애국주의·집체주의·사회주의라는 데에서 말해주듯이, 그리고 이제까지 살펴본 것처럼 애국주의에서 '愛'의 대상(즉 '國')이 중화민족의 국가, 사회주의 조국을 의미하듯이, 애국주의(교육)에는 민족·국가·조국·집체·사회에 대한 충성·사랑·배려 등이 최우선적인 가치로 여겨지고 있다는 점이다. 그 결과 인민에게는 과거의 전통 왕조에서 백성들에게 그랬던 것처럼 수직적으로 바쳐져야 할 충성만이 요구되고 있다. 거기에서 수평화된 자유와 개성·인권·민주주의가 자리잡을 수 있는 공간을 찾아보기는 어렵다. 「공산당 선언」에 "각 개인의 자유로운 발전이 모든 인간의 자유로운 발전의 조건"이라는 기본 명제가 포함되어 있음에도 불구하고, 사회주의 중국 정부가 주창하는 애국주의에는 민족·국가·조국·집체·사회는 있을지언정 개인은 묻혀져 있다. 이처럼 중국 정부가 인민들에게 중화민족과 사회주의 조국에 대한 무조건적인 사랑과 충성을 고취함으로써 중국 내 소수 민족·계급·성·세대·종교 등 인간의 다양하고 복합적인 정체성을 '애국' 하나로 환원시키려고 한다면, 결과적으로 애국주의는 인민 개개인의 개성·자유·욕망 등을 억압하거나 '집체 지상주의'가 지닌 사회적 병폐를 은폐하는 기능을 하게 될지도 모른다. 또한 인민의 자발성에 입각한 것이 아니라 통치 집단의 의도에 따라 윤색된 애국주의는, 애초에 중국 정부가 의도한 통합의 기능을 벗어나 배제와 억압의 도구로 작용할 여지도 충분히 있다.

이처럼 집체적 가치만이 난무하고 개체적 가치가 도외시되는 '국가주의적 민족의식'으로서의 애국주의는 개인의 이성이나 개성 혹은 합리적 가치 판단 속에서 자연스럽게 도출되어 집약된 상향적 집단 의식이 아니다. 애국주의는 사회주의 체제의 붕괴 위기에 직면한 중국 정부(구체적으로 말하면 중국 공산당)가 그들만이 느끼는 구망(救亡)의 절박감 속에서 체제의 유지·강화, 민족의 단결과 그것을 바탕으로 한 중국의 통일 실현을 위해 위로부터 과장하고 유포시킨 관제적인 통치 이데올로기이다. 이 점을 고려해본다면, 중국의 애국주의는 자칫 허위의식(false consciousness)으로 그쳐버릴 수도 있다. 이러한 측면은 이미 중국의 저명한 철학자 리저허우(李澤厚)가 냉철하게 꿰뚫어보고 있다.

> 1949년 중국 혁명의 성공은 …… 진부한 습속들을 얼마간 제거하였다. …… 하지만 사회 발전사의 필연적 법칙과 마르크스주의의 집단주의적 세계

관과 행위 규범이 전통적인 낡은 이데올로기를 대신하던 당시에, 봉건주의적 '집단주의'가 이미 상당히 뒤바뀐 모습으로 유유히 여기에 침투하기 시작하였다. 차이를 부정하고 개성을 말살하는 평균주의, …… 서구 자본주의 문화에 대한 배척 등은 '실질적으로는 농민 혁명'의 거대한 승리에 수반하여 마르크스주의적 사회주의나 프롤레타리아트 집단주의라는 명목으로 의식적 무의식적으로 전체 사회 및 지식인 사이에서 만연하기 시작하였으며 사람들의 생활과 의식을 다스리게 되었다. '부르주아지·소부르주아지의 개인주의를 비판'하는 것을 특징으로 하는 정풍운동이나 사상개조운동은 혁명전쟁 시기에 큰 효과를 거두었지만 평화적 건설 시기에 다시 진행되자 오히려 자본주의보다 더 낙후된 봉건주의에 대한 경계와 반대를 가로막거나 아니면 느슨하게 만들었다. 특히 1950년대 중·후기에서 문화혁명에 이르기까지 봉건주의는 사회주의의 명의를 빌려 더욱더 기승을 떨치면서 자본주의를 반대하고 …… 이것은 마침내 중국의 의식을 봉건적인 전통의 전면적인 부활이라는 경지로까지 몰아넣었다.56)

결국 개인주의·서구적 민주주의가 배제된 채 집단주의적 사회주의 원리만을 사회적 진리로 받아들이도록 요구되는 상황 속에서, 사회주의 체제에 대한 반대나 회의감을 표명하거나 중국 정부의 국책에 따르지 않는 사람들은 비공민(非公民, 중국에서는 국민이라는 용어를 거의 사용하지 않고 있다)으로 매도될 여지가 많다. 이것은 국민 국가가 지닌 해방의 기능보다도 억압의 기능이 강화될 수 있음을 의미한다. 니시카와 나가오(西川長夫)가 지적한 것처럼, 국민(중국측 표현을 빌린다면 인민)은 또다시 국가에 의해 만들어지고 강제된 조국애에 의해 강요당하고 있는 것이다.57) 리저허우의 지적처럼, 근대 이후의 중국 역사에서 계몽 차원에서의 자유와 개성·민주의

---

56) 李澤厚,「啓蒙과 救亡의 이중 변주」, 김형종 역,『중국 현대사상사의 굴절』, 지식산업사, 1998, 47~48쪽.
57) 西川長夫,『國民國家論の射程』(尹大石 역,『국민이라는 괴물』, 소명출판, 2002, 54쪽).

실현이 번번이 '구망(救亡) - 혁명'의 기치하에 좌절되었듯이,58) 사회주의·집단주의·민족주의·국가주의를 가치의 근간으로 삼은 '중국적' 애국주의의 주창은 근대적 자유 민주주의와 개인주의의 실현을 또다시 요원한 과제로 남기게 될지도 모른다.

한편 중국에서는 일찍이 "진정한 애국주의는 기타 민족의 평등을 존중하고 동시에 세계 인류의 우수한 이상이 자기 국가 내에서 실현되기를 희망하며 각국 인민들의 친선과 단합을 주장한다."59)고 하여 중국의 애국주의가 국제주의에 입각하고 있음을 분명히 하였다. 또한 최근 장쩌민도 중국의 애국주의가 '협애(狹隘)한 민족주의'와 근본적으로 다르다는 전제하에 대외 개방을 견지하고 세계 각 민족의 장점을 배우고 선진적인 과학기술과 경영관리 경험을 적극적으로 받아들일 것을 역설했다.60)

그러나 어느 민족 어떠한 형태의 민족 국가이든지 민족주의는 다른 민족 혹은 다른 국가와의 '구별'을 전제로 한 민족 감정을 바탕으로 형성되었다는 점을 고려해볼 때, 그리고 중국의 애국주의 역시 기본적으로 다민족의 국민국가를 토대로 한 민족주의를 한 축으로 삼고 있다는 점을 염두에 둘 때, 그것이 배타성을 띠고 있다는 점을 부정할 수는 없다. 비록 다른 민족, 다른 국가와의 호혜 평등을 전제로 하고 있다고 할지라도, 민족적 배타성과 차별적 의식이 완전히 극복되지 못한 민족적 애국 열정이 원래의 틀을 벗어나 솟구칠 때, 그 열정에서 비롯된 애국주의는 단순한 저항 이데올로기를 넘어서 패권적이고 지배적인 억압 이데올로기로 전화될 개연성마저 띠게 된다. 이러한 측면과 관련하여, "식민지 지배에서 해방된 신흥 국가가 국민 국가를 만들면서 (과거에) 비판을 가했던 지배적인 열강의 국민 국가와 동일한 기능을 수행하는 국가로 변질되어버렸다."61)는 니시카와 나가

---

58) 李澤厚, 앞의 글, 56~57쪽.
59) 解放社編, 『國際主義與民族主義』, 新華書店, 1949, 49쪽.
60) 「關于加强愛國主義敎育」. 이 점과 관련하여 人民日報評論員, 「把愛國主義敎育 搞得更扎實更有效」(『人民日報』 1996년 9월 28일자, 1면)를 참조 바람.

오의 지적은 깊이 음미해볼 필요가 있다.

중국에서의 지나친 애국주의의 고취는 비국민을 배제하고 다양성·이질성을 억압하는 획일화된 '국민'을 양산해낼지도 모른다는 우려감을 우리에게 안겨주고 있다. 뒤르켕(Durkheim, E.)의 말처럼 국가가 현존하는 최고의 사회 조직 형태[62]로서 여전히 중요하다고 할지라도, '지구촌' '세계화'라는 용어가 범람하는 현실에서 애국주의라는 이름으로 포장된 국가주의 이데올로기의 만연은, 최근 애국주의의 열기 속에 일방적으로 추진되는 미국의 대외 정책에서도 엿볼 수 있듯이, 자칫 다른 민족(혹은 다른 국가)에 대한 배타적 억압조차도 정당화시킬 위험성을 초래할 수 있다.

결론적으로 중국의 애국주의는 단일민족 국가의 민족주의가 아니라 중국 역사를 형성해온 중국 내 다수 민족 모두(즉 중화민족)의 민족주의라는 점에서 '중국적 특색을 지닌 민족주의'이다. 또한 중국의 애국주의는 국민국가적 민족주의 이외에 집단주의적 사회주의에 대한 애정까지도 포괄하고 있다는 점에서 '중국적 특색을 지닌 국가주의'이기도 하다. 그리고 중국의 애국주의는 중국적 특색을 지닌 사회주의와 중화민족의 민족주의가 결합되어 표출된 체제 이데올로기로서 중국 전통의 문화적 우월성을 전제로 민족적 배타성을 지니고 있다는 점에서 '신중화주의'라고도 할 수 있다.

어느 국가나 민족의 애국주의는 주변 민족이나 국가와의 조화 속에서 해당 민족이나 국가의 이상 실현을 위한 절제된 정신 동력으로 작용하도록 해야 한다. 애국주의로 포장된 중국의 관제 민족주의는 개인주의와 자유주의를 포함한 민주주의 혹은 시민적 범주와 결합될 때 비로소 균형 잡힌 민족(혹은 국가)의 발전 동력으로 작용할 수 있고 그것의 배타성(혹은 억압성)

---

61) 西川長夫, 『國民國家論の射程』(尹大石 역, 『국민이라는 괴물』, 소명출판, 2002, 저자 서문 8쪽).
62) *Professional Ethics and Civic Morals*. tr. by C. Brookfield, N.Y.: The Fress Press, 1958, p.72.

을 견제할 수 있는 절제력을 지닐 수 있는 것이다. 절제된 애국주의는 민주주의・자유주의・시민사회를 필요로 한다.

하종문 (한신대학교 국제학부 교수)

교과서문제와 천황·천황제

머리말

2001년 한일관계를 어지럽히던 후소샤(扶桑社)의 역사교과서는 저조한 채택률을 기록하는 것으로 막을 내렸고, '새 역사교과서를 만드는 모임(이하 새역모)'은 4년 후의 '복수'를 천명했다. 이 일련의 과정에서 한국정부와 시민사회가 보인 반응에서 가장 마음에 걸리는 것은 교과서문제를 지극히 한국적인 시각에서 바라보고 대처했다는 점이다. 물론 '내정간섭'의 화살을 피해가야 했다는 점도 고려될 수 있다. 하지만 교과서문제의 핵심은 '중일전쟁·태평양전쟁=침략전쟁'으로 대표되는 '부(負)의 역사'를 복원하는 것이고, 그 수단의 하나로 동원된 것은 천황·천황제의 주술이었다.

그럼에도 불구하고 한국정부의 재수정 요구는 물론이고, 매스컴에서 이슈로 등장했던 항목 중에 천황 및 천황제는 거의 주목을 받지 못했다. 이는 교과서문제로 들끓었던 여론이 뒤이은 자위대의 아프가니스탄 파견에는 너무나 둔감했던 현실과 무관하지 않다. 과거사를 둘러싸고 우리에게 형성된 스테레오타입처럼 고착화된 반응경로가 확연히 눈에 들어온다.

후소샤 교과서에서 그리고 있는 천황과 천황제는 찬란한 역사적 전통, 유구한 문화를 대표하는 존재이자 제도로 윤색되며, 그 현실적 기능은 군림하되 통치하지 않으며 일본 통합의 상징으로 있어왔다는 기술로 집약될 수 있다. 현재 보통의 일본인이 안고 있는 이미지와 대부분 상통하는 내용들이다. 따라서 왜 지금 문제를 삼느냐라는 반론이 있을 수 있다.

하지만 전후 반세기 동안의 역사를 돌이켜보면, 군국주의 청산과 '전후보상'의 실현, 그리고 올바른 역사인식의 확립이 유야무야되고 뒤틀리게 된 데에는 천황제의 온존이 무엇보다 큰 역할을 했다는 것은 자명한 사실이다. 따라서 향후의 한일관계에서 천황제가 어떻게 자리매김될 것인가는 일본의 보수파에게는 무엇보다 중차대한 사안이 되며, 과거사와 관련한 문제제기를 비껴가는 천황제의 '연착륙'은 곧 한일관계의 퇴행을 의미하게 된다. 천황의 방한이 있기 전에 철저히 짚어나가야 할 긴급현안인 것이다.

구체적으로 본고에서는 먼저 후소샤 교과서의 분석을 중심으로 하여, 집필자들의 관련 저술을 동원하면서 그 본질과 저의에 대한 심층적인 고찰을 시도하고자 한다. 더불어 천황·천황제의 위상과 관련한 근대 일본의 제논의를 기초로 하여 현재의 상징천황제와 역사인식의 이슈가 어떻게 결부되어왔고 어떤 대립 구도를 형성해왔는가에 대한 나름대로의 분석과 비전을 밝히고자 한다. 그것은 천황제라는 다소 껄끄러운 테마를 둘러싼 일본 내 각 집단의 이념적 스펙트럼을 확정하는 일이 될 것이다.

1. 전쟁책임과 천황·천황제

1) 히로히토 천황과 전쟁책임

교과서에 나타난 '평화주의자' 히로히토 천황

새역모는 자신들이 만든 중학교 역사교과서가 5가지 특징을 갖고 있다고 자찬했다.[1] 그 중에서 '대표적 일본인'의 인물 칼럼은 10항목을 다루고

---

1) '일본의 미'의 재발견, '대표적 일본인'의 인물 칼럼, 문명·문화에 관한 일본의 독자성, 메이지 이후의 일본의 고뇌에 대한 공감과 이해, 읽어서 알기 쉽고 또 재미있다 등이다. 새역모의 야마가타(山形) 현 지부의 홈페이지 www.geocities.co.jp/Neverland/8947.

있는데,[2] 제일 마지막이 우리가 잊을 수 없는 히로히토(裕仁), 즉 쇼와(昭和) 천황이다.

제목부터 "쇼와 천황―국민과 같이 걸어오신 생애"로 되어 있으며, 오로지 이 부분에서만 경어가 사용되고 있다는 점만으로도 그 집필 의도를 짐작하기 어렵지 않다. 타국에 대한 강점과 침략전쟁의 광기가 횡행했던 지난 세기 전반의 역사를 떠올릴 것까지도 없이, 지금까지 위인의 반열에 올려진 적이 없는 히로히토 천황이었기에 어떻게 썼는지가 궁금해진다. 이하에서 그 중요한 부분을 일독하면서 본고의 과제를 명확히 하고자 한다.

쇼와 천황이 즉위하신 시기는 일본이 큰 위기를 맞고 있던 때였다. 천황은 각국과의 우호와 친선을 바라고 있었지만, 시대는 그것과는 다른 방향으로 나아갔다. 그러나 <u>천황은 입헌군주로서 정부나 군의 지도자가 결정한 일에 개입해서는 안 된다는 생각에서, 의지에 반해 그것들을 인정하신 경우도 있었다.</u>
단지 천황이 자신이 생각하신 것을 강하게 표명하고 사태를 수습한 적이 두 번 있었다. 하나는 1936(쇼와 11)년의 2·26사건 때였다. 사건으로 인해 <u>정부와 군은 혼란상태에 빠졌다.</u> 그런 가운데 천황은 반란을 단호하게 진압해야 한다고 주장하여 사건은 신속히 해결되었다. 또 하나는 1945(쇼와 20)년 8월 종전 때였다. 포츠담 선언을 수락할 것인가를 놓고 <u>정부와 군의 수뇌 간에 의견이 엇갈려 성단(천황이 내리는 판단)을 요구받으신 천황은,</u> "이 이상 전쟁을 계속할 수 없다고 생각한다. 비록 내 몸이 어떻게 되더라도 포츠담 선언을 수락해야 한다"고 말해, 전쟁은 종결되었다(밑줄은 인용자, 이하 마찬가지).[3]

내용의 골자는 지극히 간단하다. 히로히토 천황은 "정부나 군의 지도자가 결정한 일에 개입해서는 안 된다"는 입헌군주로서의 입장을 고수했다

---

[2] 이 인물 칼럼에서 다음의 세 가지 특징을 관찰할 수 있다고 한다. 즉 "빈약한 어휘로 엮은 위인·영웅 예찬", "자의적으로 요리된 인물, 여성에 대한 기술의 부족, 인물의 선택에서 보이는 천황중심사관"이 그것이다(『歷史敎科書大論爭』, <別冊歷史讀本>, 新人物往來社, 2001, 37~39쪽).
[3] 『市販本 新しい歷史敎科書』, 扶桑社, 2001, 306~307쪽. 이하 '시판본'으로 약칭.

고 쓰면서, 지난 침략전쟁을 비롯한 중요한 국책의 오류에 대해 천황은 책임이 없다고 강변하려는 것이다.[4] 나아가 쿠데타의 진압과 태평양전쟁의 종결에 즈음한 천황의 '성단'을 언급하면서, 위기에서 벗어나게 해준 영웅·위인으로서 히로히토 천황을 미화하고 있다. 특히 '성단'에 관해서는 이미 본문에서 같은 논지의 서술이 있었는데도 재차 삽입하여 강조하고 있다.

자신의 안위를 돌보지 않고 전쟁을 종결시킨 '평화주의자' 히로히토 천황은 패전 후의 상황에서 재확인된다. 다음의 부분이 그것이다.

'나는 국민이 전쟁수행에 임하여 행한 모든 결정과 행동에 대해 전 책임을 지는 사람으로서, 나 자신을 당신이 대표하는 각국의 재결에 맡기기 위해 찾아왔다'. 큰 감동이 나를 뒤흔들었다. 죽음을 수반할 정도의 책임, 명백히 천황에게 있지 않은 책임을 떠맡으려고 하는, 이 용기에 찬 태도는 내 뼛속까지 흔들었다.[5]

'성단'의 진상

교과서 집필자들은 대일본제국과 그 국민을 누란의 위기에서 구한 '성단'으로 히로히토 천황을 치장하고 있지만, '성단'은 기초적인 역사적 사실을 사상한 비과학적이고도 일면적인 해석에 지나지 않는다. 즉 '성단'의 전후 맥락을 차분히 들여다보면 '성단'의 다른 측면이 드러난다는 것이고, 역사수정주의자들이 칭송해 마지않는 '성단'은 그 이전에도 몇 차례나 있었다는 사실이다.

먼저 후자에 대해 확인하기로 하자. '성단'을 알기 쉽게 '친정적(親政的) 권력행사'로 정의한다면,[6] 기존 연구에 의해 밝혀진 바로도 이전에 몇 차

---

4) 이러한 주장은 사실 『쇼와천황독백록(昭和天皇独白録)』(文芸春秋社, 1991)에 나오는 히로히토 천황의 논조를 그대로 옮겨 적은 것에 불과하다. 물론 애초 『쇼와천황독백록』 자체가 그런 기본틀을 깔고 기술된 것이지만.
5) 시판본, 307쪽.

례 더 있었다. 대표적으로 1929년 만주의 친일군벌이던 장작림을 폭살시킨 사건의 뒤처리와 관련하여, 히로히토 천황이 당시의 다나카 기이치(田中義一) 수상의 언행을 질책하면서 결국 사직하게 만든 것을 들 수 있다. 이를 염려해서인지 후소샤의 교과서에는 다나카 내각에 관한 기술이 아예 빠져 있다. 그리고 만주사변의 와중에서 감행된 '열하 작전'(1933년)의 일시 정지, 중일전쟁의 이듬해 '장고봉 사건'(1938년) 때 현지군의 진격을 중지시킨 조치 등은, 대일본제국헌법에서 명문화된 군 통수권자로서의 히로히토 천황의 지시·발언이 직접 사건의 향배에 영향을 끼친 '성단=친정적 권력행사'로 봐야 한다는 것이다.

따라서 히로히토 천황이 진정으로 평화를 염원하고 신민의 희생을 가슴 아파하는 좋은 군주라면, 당연히 '성단'을 내려 무모한 중일전쟁을 조기에 멈추게 했어야 했다. 아니면 적어도 1941년 12월 8일 "짐 이제 미국 및 영국에 대해 전쟁을 선언"하는 조서를 발하지 말고, 대원수로서 군부를 설득하는 일에 진력했어야 했다. 그러나 그 중요한 시기에 히로히토 천황의 '성단'은 없었다.

그러면 '성단'의 실체는 무엇인가에 대해 정리하기로 하자. 그 해답을 일본의 한 연구자는 아래와 같이 제시한다.

'성단'의 목적은 국민을 지키기 위한 것이 아니라, 국체를 지키기 위해서였다. '성단'의 발동은 대립하는 두 개의 세력에 히로히토가 내린 심판이 아니라, 히로시마의 원폭을 계기로 본토결전파에서 화평파로 변신한 히로히토가 강력하게 행한 정치지도의 최후의 장이었다.[7]

히로히토 천황은 원래 1945년 2월 전쟁 종결을 촉구하던 고노에 후미마

---

6) 이하의 내용은 별도의 언급이 없는 한 『歷史敎科書大論爭』, 50쪽을 참조했다.
7) 千本秀樹, 『天皇制の侵略責任と戰後責任』, 靑木書店, 1990, 120쪽. 히로히토 천황의 전쟁지도와 '성단'의 경과에 관해서는 위의 책, 83~120쪽이 참고가 된다.

로(近衛文麿)와의 면담에서 "다시 한 번 전과를 올리고나서가 아니면 얘기가 어렵다고 생각한다"고 밝힌 바 있는 '본토결전파'였다.8) "포츠담 선언을 수락할 것인가를 놓고 정부와 군의 수뇌 간에 의견이 엇갈려 성단을 요구받"기 직전까지 히로히토 천황은 '일격 후에 외교교섭'이라는 군부의 생각에 동조하고 있었던 것이다. 그가 전쟁 종결을 결정한 것은 분명한 사실이지만, 그것은 너무나 때늦은 조치였다. 게다가 "내가 어떻게 되더라도 만민의 생명을 돕고 싶다"는 부분만을 들어 부각되는 '성군'의 이미지 이면에는, 마지막 순간까지 "(국체 문제의) 요는 우리 국민 전체의 신념과 각오의 문제라고 생각한다"는 기대를 버리지 않은 '보통의 군주상'이 자리하고 있었다.9)

군부에의 책임 전가

"정부나 군의 지도자가 결정한 일에 개입해서는 안 된다"는 입헌군주의 이미지를 강조하는 기술도 그러하거니와, 정부와 군 대 천황의 대립을 의도적으로 강조하고 있다는 점에서도 다른 속내가 엿보인다. 이는 침략전쟁의 책임을 직접적으로는 군, 대표적으로는 육군의 수뇌부에 지게 한다는 것이다.

이런 발상은 이미 전쟁중에도 있었다. 가령 고노에 후미마로는 1944년 4월 황족인 히가시쿠니노미야나루히코(東久邇宮稔彦)에게 보낸 편지에서, "도조(東條英樹 - 인용자 주)가 히틀러와 더불어 세계의 증오를 받고 있으므로 그에게 모든 책임을 지게 하는 편이 좋다고 생각한다"고 쓰고 있다.10) 요컨대 전쟁책임 문제와 관련하여 도조로 대표되는 군부, 그 중에서도 육

---

8) 山田朗, 『大元帥昭和天皇』, 新日本出版社, 1994, 294쪽.
9) 下村海南, 『終戰秘史』, 講談社學術文庫, 1985, 140쪽 ; 千本秀樹, 앞의 책, 118쪽에서 재인용.
10) 細川護貞, 『細川日記』, 中央公論社, 1978. ; 吉田裕, "近衛文麿—'革新'派宮廷政治家の誤算", 『敗戰前夜 昭和天皇と五人の指導者』, 靑木書店, 1995, 32쪽에서 재인용.

군을 희생양으로 삼는 전략이 보수지배층 사이에서 논의되었던 것이다. 주지하다시피 현실은 고노에의 구상에서 크게 벗어나지 않았다.

이와 관련한 포석은 본문의 도처에 깔려 있다. 1930년 런던군축조약의 비준을 놓고 논란이 벌어졌을 때, "군인이 정치에 관여하는 것은 메이지 헌법에 위반되며, 군인칙유(1882년, 메이지 천황이 군인에게 수여한 가르침)에서도 금하고 있었다"[11]고 명기하는 식이다. 그러나 메이지 헌법에는 군법·군기에 저촉되지 않는 범위에서 신민의 권리의무 조항을 군인에게 준행(準行)한다는 조문은 있지만, 군인의 정치관여를 금지하는 조항은 없다고 한다.[12] 또 군인칙유는 군인의 정치개입을 금하고 있지만, 그 주안점은 어디까지나 내각과 분리되는 군 통수권의 독립에 있었으며, 더불어 대원수로서의 천황의 위상을 확립하려는 데 있었다.

이에 비해 군 통수권자가 천황이라는 사실은 메이지 헌법에 관한 설명에서 누락시키고 있는바(후술), 여기에서 우리는 전쟁책임은 모두 군의 폭주 내지 정부의 문제이며 천황은 관련이 없다는 이미지 등을 선전하려는 저의를 간파할 수 있다. 그리고 태평양전쟁의 개시도 천황의 선전포고가 아니고 "사람들은 일본군이 미영군과 전투상태에 들어갔다는 것을 임시 뉴스로 알았다"는 식으로 처리하고, 대신에 패전의 부분은 "성단 내려지다"라는 독립 항목을 할애해 자세히 기술하는 이유도 여기에 있다.

2) 대일본제국헌법과 천황제

대일본제국헌법에 관한 기술

흔히 메이지 헌법으로 불리는 대일본제국헌법(1889년 반포)에 대해 역사

---

11) 시판본, 267쪽.
12) 『歷史敎科書大論爭』, 50쪽.

수정주의자들은 '아시아에서의 최초의 근대헌법' 운운하며 추어올린다. 하지만 그 획기적인 메이지 헌법의 내용에 대한 기술은 의외로 적을 뿐만 아니라 내용 자체도 형평성이 결여되어 있다.

> 국가의 통치권은 천황에게 있다고 하고, 그 위에서 실제의 정치는 각 대신의 보필(조언)에 따라 이루어진다고 정했다. 또 천황에게 정치적 책임을 지게 하지 않는다고 정해졌다. 국민은 법률의 범위 내에서 각종 권리를 보장받았고, …(하략)…13)

이 내용에서 무엇이 빠져 있는가는 다른 교과서를 살펴보면 알 수 있다. 아래의 내용은 "문부과학성의 낙하산 인사 대상으로 알려진 교과서 회사"이자 "무난한 내용"으로 일관하고 있는 도쿄서적(東京書籍)조차 교과서에 싣고 있다.14)

> 헌법에서는 천황이 국가의 원수로서 통치한다고 정해졌고, 의회의 소집・해산, 군대의 지휘, 조약의 체결과 전쟁을 시작하는 일 등은 천황의 권한이 되었습니다.15)

후소샤의 교과서가 통치권이 천황에게 있다는 추상적인 문구만 언급하고 구체적인 내용을 기술하지 않는 데 비해, 그렇게 '자학적'이지 않다고 평가되는 교과서조차 의회의 소집・해산, 군대의 지휘, 조약의 체결과 선전포고 등은 천황의 권한이었다고 밝히고 있다. 군 통수권은 국무대신의 보필 범위 밖의 사안이며, 군부는 군의 운용에 관한 한 내각에서 완전히 독립된 존재로 천황이야말로 최고지휘자＝대원수라는 사실을 의도적으로

---

13) 시판본, 214쪽.
14) 上杉聰, 「文部科学省にとって「つくる会」教科書問題とは何だったのか」. 교과서정보센터의 홈페이지 www.h2.dion.ne.jp/~kyokasho/에서 인용.
15) 『歷史教科書大論爭』, 51쪽에서 재인용.

감추고 있는 것이다.

따라서 후소샤 교과서의 서술로는 2·26사건에서 "'짐이 친히 근위 사단을 이끌고 이를 진압하겠다'고 단호한 결의를 표시"한 히로히토 천황이 왜 만주사변 발발시 관동군의 '폭주'를 저지하지 않았는가에 대해 설명할 수 없다.16) 다소 과장해서 표현하자면, 어쩔 수 없이 2·26 사건과 종전의 결정에 임해 "천황이 자신이 생각하신 것을 강하게 표명하고 사태를 수습한" 것이었지만, 그것은 입헌군주로서의 입장에 충실해야 하는 메이지 헌법의 규정을 스스로 '위반'한 셈이 되고 만다.

메이지 천황의 누락

이렇게 메이지 헌법이 소극적인 천황상을 규정하고 있다면, 살아서는 솔선수범해서 부국강병의 길에 매진하고 사후에 '대제(大帝)'라고 추어올려졌던 메이지 천황에 대해서는 어떻게 서술되고 있는가? 당장 후소샤의 교과서에는 메이지 천황에 관한 서술이 매우 드물다. 그 이유가 무엇인가?

먼저 결론부터 말하자면 메이지 천황을 다루게 된다면 "천황대권의 강대함이라는 메이지 헌법체제·입헌국가의 특수성을 건드리지 않을 수 없게 되고, 대신 보필의 입헌국가라는 기술과 정합하지 않게 되기 때문"이다.17) 즉 메이지 헌법하에서 원칙적으로는 대신의 보필에 의해 국가의 의사결정이 이루어지지만, 대신들 간에 의견일치를 보지 못하거나 내각과 의회가 충돌하게 된 경우에는 천황의 개인의사에 의해 최종 결정이 내려질 수밖에 없었다는 역사적 사실을 감추어야 했던 것이다.

---

16) 2·26사건에 대한 적극적인 '성단'의 배경에는, 1930년대 이후 군부에서 히로히토 천황에 대한 비판이 공공연히 행해지고 있었다는 사실과, 쿠데타 세력이 히로히토 천황의 동생으로 황위 계승 1순위였던 지치부노미야(秩父宮)에게 접근했던 것을 알고 있었기에 '황족 쿠데타'가 아닌가라고 판단했던 데서 기인했다는 지적이 설득력이 있어 보인다(安田浩, 『天皇の政治史―睦仁·嘉仁·裕仁の時代』, 靑木書店, 1998, 237~248쪽).
17) 『歷史敎科書大論爭』, 50쪽.

사실 메이지 천황의 '성단'이 내려진 예는 상당히 많다. 대표적으로는 1893년 이토 히로부미 내각과 중의원이 예산안을 놓고 격돌했을 때 메이지 천황이 내린 '화협(和協)의 조칙'이 그러하며, 1898년 '일본이 공화제였다면'이라 연설한 오자키 유키오(尾崎行雄) 문부상을 파면하도록 수상에게 지시하여 사직시킨 사건 등을 들 수 있다.[18]

이렇게 메이지 헌법하에서도 강력한 군주권을 행사했던 메이지 천황의 족적은 후소샤 교과서가 유도하고 있는 소극적인 히로히토 천황의 이미지와 충돌하게 된다. 당연히 메이지 천황에 대한 직접적인 기술은 삭감되거나 관여도가 낮은 쪽으로 처리되는바, 즉위·5개조의 서문·도쿄 천도·메이지 헌법의 수여 등의 부분에서 언급될 뿐이다. 특히 정치적인 사건과 관련을 갖는 부분에서 메이지 천황이 일체 등장하지 않는 것은 바로 전쟁 책임과 무관한 '히로히토 천황 신화'를 만들기 위해서였던 것이다.

2. 권위와 권력의 분립

1) 전근대의 천황상

고대에 확립된 권위로서의 천황제

그러면 입헌군주제가 아니라 보통의 군주제로 존재했던 전근대 시기에

---

18) 자세한 내용은 安田浩, 앞의 책, 118~120쪽·143~148쪽을 참조.

천황제의 모습은 과연 어떻게 설명되고 있는가가 궁금해지지 않을 수 없다. 일본에서의 고대국가의 성립은 '다이카(大化) 개신'을 기점으로 시도되어 대략 8세기 초에 그 통치체계로서의 '율령제'가 완성된 것으로 이야기된다. 이 와중에 처음으로 천황이라는 호칭과 위상이 체계화되었던바, 이를 후소샤 교과서는 다음과 같이 기술하고 있다.

> 이것은 중국의 황제와는 달리 일본의 천황이 야마토(大和) 조정 이래 이어지던 호족들의 균형 위에 서 있었다는 사정을 보여주고 있다. 천황은 여전히 그들에게 나름대로의 입장을 부여함으로써 그 권력을 발휘하고 있었다. 한편 <u>천황에게는 권력을 능가하는 권위가 이미 있었다.</u>[19]

이를 간단히 정리하면, 율령제하의 천황은 '권위'의 정점으로서 이는 태정관 내지 호족들에게 부여된 '권력'을 능가했다고 되어 있다. 권위와 권력이 분리되었다는 것이 논지의 핵심이겠다. 하지만 권위와 권력이라는 추상적인 개념을 정확히 이해할 수 있는 중학생이 얼마나 될까라는 의문이 자연스럽게 든다.

이렇게 권위로 존재했던 천황이었지만, 위기 상황에서는 권력의 주체로서 적극적으로 나섰다. 다음에서 보이는 간무(桓武) 천황의 행적이 그것이다.

> 8세기 중반 무렵부터 귀족 간의 세력다툼이 격렬해졌다. …(중략)… 이런 <u>국정의 혼란</u>에 대해 간무 천황은 수도를 옮김으로써 정치를 쇄신하고자 결심했다. …(중략)… 간무 천황은 <u>강력한 지도력</u>을 보이며 귀족을 누르고 적극적으로 정치의 개혁을 추진했다.[20]

---

19) 시판본, 55쪽.
20) 시판본, 68쪽.

귀족 간의 다툼으로 혼란에 빠진 국정의 수호자로서 간무 천황을 그리고 있다. 하지만 여기에는 또다른 의도가 숨어 있다. 권력을 둘러싼 귀족 대 천황이라는 대립 구도를 은폐시키며, 권력다툼과 무관한 초월자로서의 천황의 존재를 부각시키고 있는 것이다.

이를 전형적으로 보여주는 것이 '섭관정치'에 관한 기술이다. 간무 천황 이후 일본열도는 권력의 측면에서 천황이라는 존재가 미미해지고 외척으로서 천황을 능가하는 권력을 자랑했던 후지와라(藤原) 씨가 섭관정치를 펴게 되는데, 이에 대해 후소샤 교과서는 다음과 같이 쓰고 있다.

> 수도가 헤이안쿄로 옮아가고 조정의 체제가 정비되며 <u>천황의 권위가 더욱 안정되자, 천황이 직접 정치의 장에서 의견을 표시할 필요가 적어졌다.</u> …(중략)… 섭관정치는 후지와라 씨라는 귀족이 천황의 외척(어머니 쪽 친척)이 됨으로써, <u>천황의 권위를 이용하여 행한 귀족정치이다.</u>[21]

과연 섭관정치를 "천황의 권위를 이용하여 행한 귀족정치"라고 정의하게 되면, 형식적으로는 수미일관한 전개를 보이게 된다. 다만 정치의 장에서 의견을 표시하지 않아도 될 정도로 안정된 천황의 권위의 실체가 무엇인지는 여전히 오리무중이다.

중세·근세의 막부와 천황의 관계

12세기 말 도쿄 남쪽의 가마쿠라(鎌倉)에 쇼군(將軍)을 정점으로 하는 무사들의 독립정권이 세워지면서, 일본열도는 교토를 중심으로 하는 서쪽의 조정과 관동(關東) 지역을 중심으로 하는 동쪽의 막부 세력이 양립하게 된다. 이렇게 해서 막이 열린 무사의 시대는 14세기 중반 무로마치(室町) 막부로 이어지면서 교토의 조정=천황을 압박해나갔고, 16세기의 전국(戰國)

---

21) 시판본, 69~70쪽.

시대를 거쳐 도쿠가와 이에야스(德川家康)가 에도(江戶), 즉 도쿄에 막부를 세움으로써, 일본열도는 완전히 무사의 수중에 들어갔다. 무사의 득세와 천황의 몰락으로 대표되는 중세와 근세의 지배체제에 대한 후소샤 교과서의 서술은 다음과 같다.

<u>막부는 그 후에도 조정을 국가체제의 정점으로 하는 형식은 변경하지 않았다.</u> 막부가 실력을 신장시켜도 <u>국가통치의 정통성을 유지하기 위해 조정을 업신여길 수는 없었기 때문이다.</u>22)

무로마치 막부는 조정의 권한의 대부분을 흡수하여 전국적인 통일정권으로서의 성격을 강화했다. 그러나 <u>쇼군이 천황으로부터 임명을 받아 그 지위에 앉는다는 원칙에 변경은 없었다.</u>23)

에도 막부의 통치의 근원은 <u>도쿠가와 가가 조정으로부터 얻은 정이대장군</u>이라는 칭호였다.24)

중세와 근세를 통해 무사가 교토의 천황과 조정을 대신하여 새로운 통치계급으로서 군림하게 되었지만, 천황과 조정이 '국가체제의 정점'이라는 점에는 변화가 없었고 '국가통치의 정통성'은 천황과 조정에서 제공된다는 것이다. 이 점은 앞에서 섭관정치가 천황의 권위에 의해 비로소 근거를 가질 수 있었다는 기술과 맞닿아 있다. 그런 면에서 무사 정권의 정점인 '쇼군'이 천황에 의해 '임명'되는 '정이대장군'의 약칭이었다는 사실은 역사수정주의자들에게 천황의 우위를 입증해주는 움직일 수 없는 증거인 셈이다.

---

22) 시판본, 85쪽.
23) 시판본, 97쪽.
24) 시판본, 126쪽.

2) 권위로서의 천황제의 절대 우위

쇼군에 대한 천황의 절대적 우위라는 도식을 강조하기 위한 비장의 무기로 동원된 두 인물이 있다. 가마쿠라 막부의 시조 미나모토노 요리토모(源賴朝)와 무로마치 막부의 3대 쇼군인 아시카가 요시미쓰(足利義滿)를 다룬 인물 칼럼이 그것이다.[25]

'미나모토노 요리토모와 아시카가 요시미쓰'라는 제목 뒤에 '천황과 무가의 관계'라는 부제가 이어지는 데서 그 의중을 짐작할 수 있으니, 무로마치 막부의 시조인 아시카가 다카우지(足利尊氏)가 아니라 3대 쇼군인 아시카가 요시미쓰를 대비시키는 필연성도 거기에 있다. 배치도 절묘하여 중세의 끝에 삽입하여 중학생에게 마지막 정리로서 주의를 환기시키고 있다는 점도 놓칠 수 없다.

"무가에서 최초의 정이대장군" 미나모토노 요리토모와 천황의 관계에 대한 묘사는 아래와 같다.

> 요리토모는 헤이시(平氏)가 도망갈 때 추대한 안토쿠(安德) 천황의 신변을 염려하여 무사들에게 안전을 도모하도록 지시했다. 가마쿠라 막부를 열고 나서도 교토의 조정을 공경하고 천황을 존중하는 자세를 바꾸지 않았다. …(중략)… <u>요리토모의 이러한 태도는 뒤이은 무가 권력자에게도 영향을 미쳐 조정과 막부의 관계의 기본이 되는 틀을 오랫동안 규정했다.</u>

이에 비해 "천황 권위에의 도전"이라는 타이틀하에 아시카가 요시미쓰는 다음과 같이 표현되어 있다.

> 요시미쓰는 쇼군을 넘어서는 지위를 원하여, 쇼군의 자리를 아들인 요시모

---
[25] 시판본, 108~109쪽. 이하의 교과서 내용 인용도 마찬가지이다.

치에게 물려주고, 천황의 신하로서 조정에서 가장 높은 지위인 태정대신에 올랐다. 나아가 그 태정대신도 곧 그만두고, 전 쇼군에다 전 태정대신이라는 전례 없는 입장에서, 무가와 공가(公家, 조정을 뜻함 - 인용자 주) 양쪽에 마음대로 권력을 발휘하고자 했다. 이윽고 상황(전 천황 - 인용자 주)에 필적하는 권위와 권력을 겸비하는 것을 목표로 하고 있었다고 보인다.

그러나 갑자기 병에 걸려 허무하게 세상을 떠났다. 그 후 대대로 쇼군 중에서 요시미쓰를 본받으려는 사람은 나타나지 않았다.

무엄하게 천황과 조정의 권위에 도전하려고 하면 '천벌'을 받는다는 교훈을 어린 중학생들에게 전달하려는 것일까. 더구나 군국주의 시대에 요시미쓰가 '역적'의 대표격으로 다루어졌던 것을 떠올리면, 후소샤의 역사교과서는 '존왕'의 메시지로 채색된 낡은 황국사관의 레코드를 반복해서 틀고 있다고 할 것이다. 이를 위해 그들은 머리말에서 이미 "역사는 과학이 아니"[26]고 '이야기'라는 과감한 태제를 준비해둔 것이겠다.

이 천황숭배론자들이 내리는 결론은 이미 칼럼의 서두에 당당하게 피력되어 있다.

무가는 정권을 잡을 때 천황으로부터 정이대장군에 임명되어 막부를 열어 이를 권력의 기반으로 삼았다. 그렇지 않은 경우에는 조정의 높은 지위를 점하여 정권을 획득했다(도요토미 히데요시의 경우는 관백 - 인용자 주). 어느 쪽이든지 <u>천황의 권위에 의지하고</u> 있다. 이것이 <u>무가 권력의 한계</u>였다.

---

26) 후소샤 검정신청본, 6쪽. 이 부분은 검정에서 "설명부족이며, 전후의 문장과의 관련도 불명확해서 이해하기 어렵다"는 지적사유가 부쳐져 결국 삭제되었다.

3. 부유하는 상징천황제

1) 권위로서의 천황제=상징천황제

니시오 간지의 언설

교과서 집필에 관여한 사람들은 대개 이러한 우익적 천황관을 그대로 답습하고 있어 특별히 천황제에 대해 언급하는 사람은 필자가 아는 한 드물다. 다만 전 새역모 회장 니시오 간지(西尾幹二)의 경우, 역사교과서의 가이드라인으로 썼다고 하는 『국민의 역사』에서 그 일단을 보여주고 있다. 먼저 아래의 구절을 살펴보자.

> 일본의 천황제도가 구체적인 정치권한으로부터 어느 정도 거리를 둔다는 성격 내지는 제사적 역할을 최초의 형태에서 이미 갖고 있었다는 것은, 이윽고 시작되는 일본사의 <u>권력과 권위의 분립체제</u>를 선취한 것이라고 해석되며 오히려 적극적인 면을 거기에서 발견할 수 있다. 12세기의 가마쿠라 막부 성립 이래 <u>권위의 중심으로서의 조정과 실제 정치 권력의 중심으로서의 막부를 공존시킨 일본형 '정교분리'</u>의 지혜를 일찍부터 전개하고 있었다. …(중략)… 이것은 <u>메이지 유신 때도 지난 대전의 패배 때도 잘 기능한</u> 세계에 유례가 없는 극히 고도의 선견성 있는 "문명의 지혜"의 유산이라고 해도 좋겠다.[27]

앞서 교과서 내용에서 확인한 '권력과 권위의 분립체제', '권위의 중심으로서의 조정 내지 천황'과 '정치권력의 중심으로서의 귀족(호족) 내지 막부' 등의 서술의 기본틀은 니시오의 견해에서 출발한 것임을 알 수 있다.

권위로서의 천황제에 대해서는 "정치적 권력과 분리된 형태로 천황제라

---

[27] 西尾幹二, 『国民の歴史』, 産経新聞社, 1999, 196쪽.

는 권위가 한순간이라도 존재한 적이 있었는가"28)라는 질문을 던지는 것만으로 그 허구성은 자명해지지만, 문제는 그리 단순하지 않다. 니시오가 "천황은 처음부터 신이었고, 지금도 신이다. 신의 개념은 서양과는 다르다"고 하면서, "(일본의 신의 세계의 다채로운 모습을, 일본인이라면 어디에서나 생활 주변에서 접해왔던 전통을 소박한 느낌으로 뒤돌아보면서 - 인용자 주) 천황도 또한 그런 흐름 속의 한 갈래에 지나지 않는다"고까지 대담한 주장을 펼친다는 사실을 어떻게 판단해야 하는가?29) 무엇보다 "삼라만상이 천황에서 생겨났다고 믿고 있는 정통 천황주의적인 우익 쪽에서 보면, 니시오의 이런 관점은 천황을 과소평가한 것이라는 불만이 나옴직도 하다"30)는 지적이 있기에 더욱 그러하다. 이 점을 좀더 파고들어가보자.

물론 니시오의 핵심은 '친숙한 전통'으로서 천황을 설명하고 싶은 것이겠지만, 거기에는 또다른 의도도 숨어 있다. 그것은 "god이 '가미'로 번역되면서 야기된 최대의 혼란은 전후의 천황에 대한 것"31)이라는 데서 알 수 있듯이 현재의 천황제에 관한 인식을 타격 대상으로 삼고 있다. 아래의 문장을 꼼꼼히 읽어보자.

1946년 정월의 조서로 소위 '인간선언'이라는 것이 행해졌다. 새삼 천황이 스스로를 신비적인 존재가 아니라고 칭한 것으로, 천황은 신이었을 리가 없다는 배경을 알고 있는 상식적인 지식층은 새로이 그런 선언이 나왔다는 사실

---

28) 宮地正人, 「『国民の歴史』の歴史観」(「教科書に真実と自由を」連絡会編, 『徹底批判 『国民の歴史』』), 大月書店, 2000, 40쪽.
29) 西尾幹二, 앞의 책, 401쪽.
30) 이연숙, 「(진단) 왜곡 일본역사 '국민의 역사', 정신을 마비시키는 마취약」, 『한겨레21』, 2000년 2월 24일호. 실제로 그런 사실을 찾는 것은 지난한 일이지만, '신우익'을 자처하는 잇스이카이(一水会)의 경우 1999년 9월, "(잇스이카이는 - 인용자 주) '자유주의사관연구회' 및 '새 역사교과서를 만드는 모임' 일파의 움직임에 대해, 그 역사관에 대해서는 우선 찬성하면서도, 실제 활동과 관련하여 모임의 주도자인 니시오 간지 및 고바야시 요시노리 양인이 '인간적으로 신용할 수 없다'는 이유에 따라 어느 정도의 거리를 둔다는 방침으로 임해왔다"고 주장했던 점은 참고가 될 수 있겠다(잇스이카이의 홈페이지 www2.neweb.ne.jp/wc/issuikai/shucho007에서 인용).
31) 西尾幹二, 앞의 책, 399쪽.

에 기이한 느낌을 가졌다. …(중략)…

　천황을 '현어신'으로 말하는 것은 만요(萬葉) 이래의 표현으로 …(중략)… 메이지의 근대국가가 특별히 신격화한 것은 아니다. 예로부터 일본에서는 다양한 형태로 전해져온 사상과 감정의 하나이다. …(중략)… <u>천황의 신격화라는 것에는 전후 만들어진 거대한 오해가 있다.</u>[32)]

　이상의 기술이 '신격화'라는 용어에서 연상되는 무소불위의 정치권력을 지닌 절대군주로서의 천황과 천황제의 이미지를 차단하려는 것임은 두말할 나위도 없다. 대신에 전쟁책임과 무관한 권위, 전통으로서의 천황·천황제를 '매국적 자학사관'에 오염된 일본의 보통사람들에게 주입하고자 한다. 이런 생각의 연장선에서 니시오는 일본의 천황제는 고대의 율령제에서부터 이미 상징천황제였다고 강변한다.

　정치적 행정의 대부분의 권한을 황제에게 집중하고 있던 중국과는 달리, 독자적인 제정 분리, 현대식으로 말하자면 정교분리를 일찍이 실행하고 있던 시스템으로 …(중략)… <u>이미 오늘날의 상징천황을 예견하고 있는 것 같은 혹은 상징천황에서부터 과거를 거슬러올라가는 것 같은 느낌도 있다.</u>[33)]

　권위로서의 천황제라는 언설은 결국 상징천황제를 끌어내기 위한 포석이었던 것이다.

본질로서의 상징천황제의 연속

　고대 일본열도에서 율령제를 도입하고 일본이라는 국가가 만들어지면서부터 천황제는 줄곧 상징천황제로서 존재했다는 주장을 압축적으로 드러내고 있는 것이 새역모의 쌍서 중 하나인 『새로운 공민교과서』이다.

---

32) 위의 책, 399~401쪽.
33) 위의 책, 194쪽.

천황은 예로부터 국가의 평온과 국민의 행복을 기원하는 민족의 제주(祭主)로서 국민의 경애의 대상이 되어왔다. 또 그 정신적·종교적 권위에 의해 스스로는 권력을 휘두르지 않지만, 각 시기에 권력을 장악한 막부 등에 권한을 부여하는 입장에 있었다. 예를 들면 막부의 쇼군도 정이대장군으로서 천황의 임명을 받는 형태를 취함으로써 정통 권력이 되었다. 우리나라의 역사에는 천황을 정신적인 중심으로 삼아 국민이 일치단결해서 국가적인 위기를 극복한 시기가 몇 번이나 있었다. 메이지 유신이나 제2차 세계대전의 잿더미에서 부흥한 것은 그 대표적인 예이다. 대일본제국헌법에서도 천황은 원수이며 통치권의 총람자였지만, 직접 정치를 행한 것은 아니었다. 일본국헌법에서는 천황에 대해 '일본의 상징이며 일본 국민 통합의 상징으로서, 그 지위는 주권이 존재하는 일본 국민의 총의에 의거한다'(1조)라고 표현하여, 국민주권하에서 전통적인 천황제도를 유지하는 것을 확인하고 있다. …(중략)…
　천황은 정치에 직접적으로는 관여하지 않고 중립·공평·무사(無私)한 입장에 있음으로써, 일본국을 대표하고 일본 국민을 통합하고 있다.[34]

　일본국헌법은 물론이고 대일본제국헌법조차 그 본질은 '상징천황제'이며, 그것은 일본의 전통으로서 역사적으로 계속 존재해왔다는 것을 증명하기 위해 권위와 권력의 분리라는 틀을 설정하고 있는 것이다.
　여기서 이런 궁금증이 생긴다. 새역모 관계자들은 분명 현행 일본국헌법을 '강압 헌법(押し付け憲法)'이라 비난하며 개헌을 외치면서도 상징천황제에 대한 규정에만은 긍정적인 평가를 내리고 있다. 하지만 전전에 대일본제국헌법을 헌법학의 논리에 입각하여 상징천황제로 규정했던 천황기관설 내지 미노베 다쓰키치(美濃部達吉)는 자신들에게 유리한데도 왜 누락시켰을까?
　먼저 천황의 정치적 면책을 헌법 이론의 측면에서 밝히고 있는 천황기관설이 천황주권설보다 역사수정주의자들에게 유리하다는 사실은 자명하

---

34) 『新しい公民教科書』, 扶桑社, 2001, 59~60쪽.

다.35) 그럼에도 불구하고 굳이 누락시킨 저의에 대해서는 보다 심층적인 천착이 필요하겠지만, 당장은 미노베를 '반국체적'이라 매도하고 귀족원 의원을 사직하게 만든 '국체명징운동'의 경과와 내용이 자신들에게 불리하다고 판단했기 때문일 것으로 여겨진다. "국민도 서서히 군부에 기대를 하게 되었다"36)라고 썼듯이 군부 파시즘·침략전쟁으로의 길을 긍정적으로 묘사하기 위해서는 미노베에 대한 군부와 우익의 박해와 천황기관설의 분서갱유는 감추어져야 할 부정적인 기억이겠다.

그럼에도 불구하고 근대 일본의 저명한 헌법학자 미노베를 거론하지 않을 수는 없어 엉뚱한 곳에서 등장시킨다. 즉 다음의 문장이 그것이다.

> 일본측에서는 전전에 군의 탄압을 받았던 헌법학자 미노베 다쓰키치를 비롯하여 일본의 군국주의의 원인은 헌법과는 무관하며, 또 그때까지의 헌법으로도 민주화가 가능했다는 의견이 강해서, 정부도 거기에 다소의 수정을 가하면 된다고 생각하고 있었다.37)

위 문장은 패전 직후 대일본제국헌법의 개정과 관련한 GHQ와의 대립 상황을 묘사하기 위해 쓰여졌다. 하지만 '군국주의'라는 용어가 사전에 전혀 언급이 되지 않고 있다는 점은 물론이고, 미노베가 왜 군의 탄압을 받았는가에 대한 사전 설명이 없이 갑자기 등장하는 것은 학생들을 당황하게

---

35) 가령 다음 글이 참고가 된다.
"메이지 헌법의 최대의 특징은 국체(国体)와 정체(政体)를 분리한 데 있다. 즉 만세일계(아마테라스오미카미로부터의 혈연적 연속성)를 유일한 근거로 삼아 천황의 지위에 앉아(국민은 천황의 상속에 대해 간섭할 수 없다), 자신의 수중에 모든 대권을 장악한 천황이 정치적 책임을 모면하는 체제이다. 이것은 국체·정체를 각각 하나의 "독립된" 국가기관으로 위치시키는 것으로 헌법이론에서 보자면 천황기관설이 되지만, …(중략)… 헌법이론에서 말하자면 천황주권설보다 민주적이라고 얘기되는 천황기관설이 아이러니컬하게도 천황의 전제성과 신격화를 보증하는 법적 틀이 되었던 것이다(猪飼隆明, 「黙殺された近代の民衆運動」, 『徹底批判 国民の歴史』, 223쪽)."
36) 시판본, 265쪽.
37) 시판본, 291쪽.

만들기에 충분하다. 물론 탁월한 헌법학자였던 미노베의 권위를 빌어 헌법 개정을 압박하는 미국과 GHQ의 존재, 그리고 일본국헌법의 태생적 한계를 부각시키고 싶은 생각이 앞선 나머지 발생한 초보적 실수라고 보면 이해가 가지만 기술의 일관성조차 담보하지 못하는 '모자이크' 교과서임을 증명해주는 전형적인 예 중의 하나이다.

그보다 더 중요한 것은 과연 이 부분에 대한 보충 설명에서도 당시 시데하라 기주로(幣原喜重郎) 내각에서 자발적으로 성안했던 '마쓰모토(松本) 초안'이 천황주권의 원칙에는 아무런 수정을 가하지 않았다는 사실을 언급하지 않을 것이라는 점이다. '강압 헌법'이라 비난을 퍼붓는 현행 일본국헌법이지만, 그들이 강조하고 싶은 제1조 상징천황제의 규정 또한 바로 그 '강압'에 의해 삽입될 수 있었다는 역사적 사실을 스스로 밝히지는 못한다.[38] 실로 자가당착의 모순이 아닐 수 없다.

2) 상징천황제의 원류

후쿠자와 유키치와 천황제

주지하듯이 니시오나 새역모의 집필자들이 그리고 있는 천황과 천황제의 틀은 그들이 처음으로 창안해낸 것이 아니다. 니시오가 주장하듯이 이미 고대에 『일본서기』와 『고사기』, 그리고 『만요슈(萬葉集)』에서 그 원형을 찾을 수 있고, 모토오리 노리나가(本居宣長)를 비롯한 근세의 국학자의 저술들과도 밀접하게 연결된다. 그러나 천황과 천황제를 둘러싼 모순이 근

---

[38] 이런 궁금증도 있다. 새역모 관계자들이 개헌을 소리 높여 외치고 있는데, 과연 상징천황제가 명기된 제1조도 바꿔야 한다는 것일까? 이 점은 앞서 언급한 '천황친정'을 절대원칙으로 삼고 있는 정통우익과의 차이를 극명하게 보여주는 대목이기도 하지만, 현재로서는 오로지 제9조(군사력의 보유와 전쟁의 포기)를 바꾸자는 목소리만 들려온다. '자위대를 국군으로'의 슬로건 아래 한시적인 공동 전선을 형성하고 있다고 보면 납득은 가지만.

대 국민국가의 성립과 더불어 현재화되어갔다는 사실을 염두에 둔다면, 역시 근대 이후의 천황제 논의를 주목할 필요가 있다. 바로 이 점에서 근대일본을 대표하는 사상가인 후쿠자와 유키치(福澤諭吉)가 형상화한 천황제에 대해 재음미해보기로 하자.

니시오와 후소샤의 교과서에서 천황제를 푸는 열쇠로 제시된 권위와 권력의 분립은 기실 후쿠자와 유키치의 『문명론의 개략(文明論之槪略, 이하 문명론)』에 그 뿌리를 두고 있다고 생각된다.[39] 즉 『문명론』의 2장에서 중국을 예로 들면서 일본 문명의 우수성을 역설하는 대목이 그것이다. 간단히 요약하면 이렇다. 중국은 '지존(至尊)의 위(位)'와 '지강(至强)의 힘'을 한꺼번에 장악하여 인민을 완전히 지배했기 때문에, 자유의 기운이 생기지 않았다. 하지만 일본은 중세 이후 "지존은 반드시 지강이지 않으며, 지강도 반드시 지존이지 않는 형세", 즉 지존과 지강이 분리됨으로써, 중국과 같은 완전 지배가 불가능했다. 이로 인해 서양의 문명을 흡수하기에 이르러, 중국과 같은 '일원국'은 대응이 어려우며, 일본과 같은 '이원국'은 유연한 대처가 가능했다는 논리로 귀결된다. 여기서 지존과 지강은 각각 권위와 권력을 가리킨다.

이러한 『문명론』의 논리를 바탕으로 새로운 시대의 천황제 상을 본격적으로 정리한 것이 『제실론(帝室論)』이다.[40] 『제실론』은 "제실은 정치사외(政治社外)의 존재이다"라는 유명한 구절로 시작되어, "제실은 만사를 관장(統る)하며 만사를 감당(當る)하지 않는다. 관장과 감당은 크게 구별된다"고 규정되며, "우리 제실은 일본 인민의 정신을 수람(收攬)하는 중심이다"라고 자리매김된다. 제실은 정치에 대해 다음과 같은 관계를 갖는다.

(제실은 - 인용자 주) 직접 국민의 형체에 접하지 않고 그 정신을 수람하신

---

[39] 이하의 내용은 石田圭介 編著, 『近代知識人の天皇論』, 日本教文社, 1987, 92~93쪽을 참조했다.
[40] 『제실론』은 위의 책, 104~135쪽에서 인용했다.

다. 전제독재의 정체에서는 군주가 친히 만사를 감당하여 직접 인민의 형체에 접하지만, 입헌국회의 정부에서 그 정부는 단지 <u>전국 형체의 질서를 유지하기</u>만 할 뿐, <u>정신의 집중을</u> 결여하기 때문에 제실에 의뢰하는 것이 필요하다. 인생의 정신과 형체 어느 것이 중요한가. 정신은 형체의 통솔자이다. 제실은 그 정신을 제어하는 한편 형체도 관장 …(하략)…

그래서 후쿠자와에게 천황제는 "정치의 열계(熱界)를 벗어나 유유히 멀어질수록 그 존엄 신성의 덕이 유유히 높아지고, 그 완해(緩解) 조화의 힘도 또한 커진다"고 정의된다.[41] '형체'와 '정신'이라는 용어는 두뇌와 수족의 이미지와 조응하여 상하관계에 대한 긴장감을 은폐시키고 있지만, '군림하되 통치하지 않는다'는 입헌군주제의 골간을 잘 표현하고 있다고 할 것이다. 이것이 바로 후쿠자와가 국민국가 형성기에 전망하고 있던 천황제의 근대적 위상이었다.

상징천황제의 법제화와 '후쿠자와 쟁탈전'

근대일본의 걸출한 사상가로서만 아니라 천황제와 관련해 체계적인 정리를 시도했다는 점에서 후쿠자와의 존재는 패전 후 일본의 좌파와 우파 모두에게 중차대한 사안이 된다. 결론부터 말하자면 전전의 메이지헌법이 개정되고 상징천황제가 출현하게 된 상황에서, 후쿠자와의 일련의 저작에서 묘사된 천황제는 자신들이 그리는 '바람직한 전후 천황제'의 상과 연결된다는 것을 공인받기 위한 '후쿠자와 쟁탈전'이 벌어진 것이다.

먼저 '전후민주주의의 기수'라 추앙되는 마루야마 마사오(丸山眞男)의 경우를 보자. 마루야마는 『「문명론의 개략」을 읽고(「文明論槪略」を讀む)』에서 "아무리 후쿠자와가 여기에서 일본의 황실에 대해 과찬의 말을 펴고 있더라도 그 논의의 핵심은 일체의 정치적 세계에서의 천황의 유보(たなあ

---

41) 『福沢諭吉全集』 제6권 10쪽 ; 安川寿之輔, 『福沢諭吉のアジア認識』, 高文研, 2000, 279쪽에서 재인용.

げ)에 있습니다"42)라는 결론을 내렸다. 전전 파시즘의 극복이라는 역사적 과제를 부여받은 전후민주주의의 한 축으로서의 상징천황제의 맹아가 후쿠자와에게서도 발견된다는 주장이다. 과장해서 표현하자면 후쿠자와가 정립한 상징천황제로의 길이 이후의 군국주의 파시즘의 대두에 의해 왜곡되었고 천황제도 '오용'되었다는 의미가 들어 있지 않을까.

이에나가 사부로(家永三郎)도 비슷한 주장을 한다.

> 그에게 존왕론이 있다는 것을 두고 그를 세간의 보통의 존왕사상가라 생각한다면 큰 실수다. 그에게는 황실을 자기목적으로 숭경하는 생각은 전혀 없으며, 단지 이를 국가 통일의 수단으로써 최대한으로 이용하려고 했던 데 지나지 않는다.43)

이에 비해 우익의 언설 속에서 후쿠자와의 평가는 미묘하게 엇갈리고 있다. 먼저 "신사본청(神社本廳)의 이데올로그"44) 아시즈 우즈히코(葦津珍彦)는 흥미 있는 논점을 제공해주고 있다. 먼저 그는 『제실론』을 예로 들면서45) "입헌시대의 새로운 정황하에서 천황제의 의미를 체계적 이론적으로 계몽한 것으로 역사적인 의미를 지닌다"고 결론지으면서도, 천황을 '정치사외'라 보는 후쿠자와의 천황제 상은 천황을 정치에서 배제하는 일본국헌법과 유사하게 보일지 모르지만 실질적으로는 상당한 격차가 있다는 주장을 강조했다. 즉 일본국헌법은 천황제가 갖는 적극적인 역할을 인정하지 않고 단지 천황의 행위를 제한하고 제약하는 데 급급하지만, 후쿠자와는 '정치사외'에서의 황실의 적극적인 역할을 인정하고 있으며, 그 때문에 황실재산을 풍부하게 만들어야 한다고 이야기했다는 것이다.

---

42) 安川寿之輔, 앞의 책, 11쪽.
43) 『現代日本思想大系 福沢諭吉』; 石田圭介 編著, 앞의 책, 99쪽에서 재인용.
44) 堀幸雄, 『増補 戦後の右翼勢力』, 勁草書房, 1993, 115쪽.
45) 이하의 내용은 별도의 언급이 없는 한 石田圭介 編著, 앞의 책, 98~99쪽에서 재인용.

그럼에도 불구하고 아시즈의 천황론은 "개개의 일상의 법령 득실판단 등은 각각의 국가기관에 맡기셔도 지장이 있을 리 없다"고 한 데서 알 수 있듯이 기능적으로는 천황기관설에 가깝다고 보여진다.46) '신우익'의 대표적 논객으로 지목되는 스즈키 구니오(鈴木邦男)도 지난 전쟁은 "그들(군의 상층부 - 인용자 주)이 일으킨 전쟁"으로 히로히토 천황은 "입헌군주제의 분을 지키고 내각의 결정에는 따르셨"으며, "(전전의 - 인용자 주) '광란의 민주주의'의 폭주를 저지한 것은 천황 폐하의 '무사(無私)의 기도'였다"47)고 외친다.

이런 '전후형 우익'과는 반대로 "전전형의 천황제"를 지향하며 "언제나 '천황'과의 관계 속에서" 스스로의 방향성을 결정하는 대동숙(大東塾)48) 등의 '정통우익'은 현행 상징천황제 내지 일본국헌법에 대해 적대적인 태도를 견지하고 있다.49) 『제실론』에 대해 입헌군주제의 기능을 명확히 밝혀낸 것은 공적이지만, 그것은 서양의 왕실론이며 "군주제를 지키는 근저에 있는 충애의 정신에 대해서는 박력 있는 논의를 전개하고 있지 않다"고 비판을 가한 아라카와 구스오(荒川久壽男)의 주장50)이야말로 '천황주의'를 제일의 가치로 두는 정통우익의 정서를 보다 더 잘 대변하고 있다고 보인다.

---

46) 堀幸雄, 앞의 책, 118쪽.
47) 鈴木邦男, 『新右翼 民族派の歷史と現在』, 彩流社, 1988, 123쪽.
48) 堀幸雄, 앞의 책, 145쪽.
49) 이 점에 대해서는 각각의 우익단체들이 헌법 개정에 관해 어떤 내용을 갖고 있는지를 확인하고나서 결론이 내려질 수 있을 것이다. 게다가 아라하라 보쿠스이(荒原朴水)는 우익이 헌법개정의 절차와 관련하여 안고 있는 딜레마의 존재를 짐작하게 해준다.
"개정 현 헌법은 칙어를 받았다. 물론 나 개인이라면 결코 그것이 옳았다고는 할 수 없다. 오히려 잘못되었다. 국체법규의 변혁이며 일본국체의 단절이라고밖에 할 수 없는 현 일본국헌법 같은 것에, 아무리 그렇더라도 칙어를 내리셨다는 것은 잘못된 것이다. 그러나 잘못되었든 아니든 천황은 천황이시다. 그 칙어가 헛된 것으로 취급되어도 되는 것은 아니다. 그렇기 때문에 우리는 폐기론, 무효론의 충분한 논거를 가지면서도, 한 발 물러나 개정이라는 이름을 감수하는 것이다(荒原朴水, 『大右翼史』, 大日本國民黨, 1966, 670쪽 ; 堀幸雄, 앞의 책, 110쪽에서 재인용)."
50) 石田圭介 編著, 앞의 책, 99쪽에서 재인용.

이상에서 살펴본 바와 같이 전후 사상 공간에서는 좌우를 막론하고 후쿠자와를 적극적으로 평가하는 분위기가 기묘한 '공감대'로 존재했다고 생각되며, 이런 혼전 상황이야말로 상징천황제의 실상이 과연 무엇인가 아니면 무엇이어야 하는가에 대한 확고한 비전이 없었다는 것을 역으로 증명해준다. 어떻게 생각하면 패전과 점령개혁이라는 '외압'에 의해 갑자스럽게 등장한 상징천황제의 정확한 자리매김이라는 과제는 좌우 모두에게 주어진 새로운 '전후적 과제'였던 것이다.

미시마 유키오와 '문화로서의 천황'

상징천황제를 둘러싼 이런 혼란을 간파하고 전후 천황제의 위상에 대한 독자적인 논리체계를 세운 사람은 다름 아닌 작가로서도 탁월한 능력을 발휘했던 미시마 유키오(三島由紀夫)이다. 미시마는 '동대 전공투'와의 대담에서 "여러분들이 단지 한 마디, 천황폐하 만세라고 얘기해준다면 나는 같이 싸우겠다"는 논지의 말을 했다고 할 정도의 열렬한 천황숭배자였다.51) 그가 설파한 '문화로서의 천황'은 전후라는 시대와 상징천황제라는 제도 현실에 근거한 '전후형' 천황·천황제를 체계화했다는 점에서 1970년대 이후의 천황·천황제에 관한 논의의 지평을 이해하는 데 귀중한 시사점을 제시해준다.

미시마의 천황관의 골자는 아래와 같다.52) 『주오코론(中央公論)』에 발표된 「문화방위론」에서 그는 전후의 상징천황제는 "전후의 소위 '문화국가' 일본이 미 점령하에서 간신히 유지"했지만, "천황과 문화의 연관성은 없어져, 좌우의 전체주의에 대항하는 유일한 이념으로서의 '문화 개념인 천황' '문화의 전체성의 통괄자로서의 천황'의 이미지의 부활과 정립은 결국 시도되지 못한 채 끝이 났"음에도 불구하고, "복고주의자는 단지 정치

---

51) 鈴木邦男, 『新右翼 民族派の歴史と現在』, 彩流社, 1988, 100쪽.
52) 이하의 내용은 별도의 언급이 없는 한 堀幸雄, 앞의 책, 77~86쪽에서 재인용했다.

개념인 천황의 부활만을 희망해왔다"고 비판을 가했다.

강력한 반공주의자로서 그는 안보투쟁하의 일본에서 "문화 개념으로서의 천황제"가 붕괴할 것을 염려하여 "천황과 군대를 영예의 유대로 이어 두는 것"이 현재의 급무이며, 그 작업도 "정치 개념으로서의 천황이 아니라 문화 개념으로서의 천황의 부활을 촉구"하는 것이어야 한다고 강조했다. 왜냐하면 "문화의 전체성을 대표하는 이런 천황만이 궁극의 가치 자체이기 때문이며, 천황이 부정되거나 혹은 전체주의의 정치 개념에 포괄될 때야말로 일본의 또는 일본문화의 진정한 위기"이기 때문에 그렇다는 것이다. 다른 글에서 그는 천황이란 "우리의 역사적 연속성·문화적 통일성·민족적 동일성에서 달리 대체할 수 없는 유일한 상징"이며, 스스로에 대해서는 "일본의 미의 전통을 체현하는 사람"으로 규정하고 있다.

패전의 잿더미 위에서 이룩한 경제성장이었지만, "전후의 '문화국가' 일본"의 확립은 미시마에게 절망적이었다. 게다가 우군이어야 할 '복고주의자'는 '정치 개념으로서의 천황'에만 몰두하고 있었고, 안보투쟁의 폭발적인 에너지는 그가 원하는 방향과는 반대였다. 이런 전후적, 정확히는 1960년대의 제반 정황을 염두에 두고 그는 '역사적 연속성·문화적 통일성·민족적 동일성'을 상징하는 '천황'에 대한 절대 귀의를 주창한 것이었고, 이것은 전후의 애매모호한 상징천황제와 천황주의의 위상에 대한 미시마 자신의 확신에 찬 성찰이었다고 봐야 한다.

천황제와 관련한 미시마의 사고체계의 특징은 소설 『영령의 목소리(英靈の聲)』에서 더욱 명확히 나타나 있다. 소설을 빌어 그는 히로히토 천황이 2·26 사건의 주모자 청년장교를 '반란군'이라 규정하여 진압을 명령한 것과 '인간 선언'을 발한 행위에 대해 비판적인 견해를 감추지 않았다. 소설에 따르면 "처음에는 군의 혼을 잃어버리게 하셨고, 두 번째는 나라의 혼을 잃어버리게 하셨다"는 것이다. 이를 미시마는 재차 다음의 문장에서 명확하게 내뱉는다.

쇼와의 역사는 패전에 의해 완전히 전기 후기로 갈라졌지만, 그 속에 연속해서 살아온 나에게는 자신의 연속성의 근거와 논리적 일관성의 근거를 어떻게 해서라도 찾아내야 할 욕구가 생겨났다. 이것은 문사(文士)이건 아니건 상관없이 생의 자연스런 욕구로 생각된다. 그때 아무리 해도 마음에 걸리는 것은 '상징'으로서 천황을 규정한 신헌법보다도 천황이 몸소 하신 '인간선언'이며, 이 의문은 자연히 2·26 사건까지 한 줄기 그림자를 던졌고, 그 그림자를 좇아 『영령의 목소리』를 써야 한다는 쪽으로 나 자신을 내몰았다. …(중략)… 일본에서 근대적 입헌군주제는 진정으로 가능했는가? …(중략)… 저 서구파 중신들과 젊고 앞뒤 가리지 않는 청년장교들 중 어느 쪽이 궁극적으로 옳았던 것인가? 세속의 서구화에는 완전히 성공한 것처럼 보이는 일본이 '신성'의 서구화에는 앞으로도 성공할 수 있을 것인가?

미시마가 제기한 '문화 개념으로서의 천황제'는 무엇보다 '천황의 탈정치화'에서 출발한다. 이는 역사적으로 정치적인 의미에서의 '근대적 입헌군주제' 실험이 실패했다는 사실을 고려한 것이며, 전후 일본사회가 창출한 제도로서의 상징천황제에 대한 우익의 문제제기도 천황제의 본질을 꿰뚫고 있지 못하다는 인식과 연결된다. 바로 이 전후 천황제의 위기상황을 해소하기 위해 부르짖은 대안이 '문화 천황제'였던 것이다.

4. '천황이용론'으로서의 상징천황제

1) 전후의 보수정치와 상징천황제

1945년 8월 15일 마지막까지 '국체 호지'를 약속받지 못한 채 일본의 지배층은 패전을 맞이했다. 그리고 점령개혁의 획기적 변화 중 하나로 천황은 신성불가침한 유일한 주권자에서 일본국과 일본국민의 상징으로 '격하' 되었다. 이런 격변을 계기로 일본의 보수정치는 스스로의 천황·천황제관을 재정립해야 했겠지만, 그 방향이 일치한 것은 아니었다. 이를 극명하게 보여주는 것이 아래의 두 정치가이다.

먼저 전후에도 충실한 천황 숭배의 염을 바꾸지 않았다고 이야기되는 시게미쓰 마모루(重光葵)는 전범으로 스가모(巢鴨) 감옥에 갇혀 있으면서 개헌의 소식을 접하고 다음과 같은 소감을 남겼다.

> 이것은 시세에 따른 하나의 진보에 다름 아니지만, 실질에서는 <u>천황제에 관한 한 종래와 다른 점이 적다</u>. 무엇보다 종래에도 천황은 신하의 보필에 의해서만 통치권을 행사하고 있었기 때문이다. 중요한 개정점은 오히려 보필의 책임을 육해 양 통수부 및 내각의 3자에서 의회 한 곳으로 통일한 점에 있다. 이것이 개선이고 커다란 진보인 것이다.[53]

이에 비해 같은 시기 옥중에 있었으면서도 전후에도 살아남아 수상의 자리에까지 오른 기시 노부스케(岸信介)의 경우는 다른 표현을 한다.

---

53) 「天皇と平和」, 『重光葵関係文書』1B—50 ; 武田知己, 「重光葵の戦時外交認識と政治戦略—宮中·天皇とのかかわりにおいて」, 近代日本研究会, 『年報近代日本研究 20, 宮中·皇室と政治』, 山川出版社, 199쪽에서 재인용.

메이지 헌법하에서는 천황은 수를 초월해서 절대적이었다. 정치에서는 이것을 이용하기도 했다. 전후는 그럴 수 없다. 전혀 다른 것이다. 전전에는 상당한 수를 갖고 있더라도 위급한 순간에는 폐하의 성단에 의해 정해졌다. 전후는 수가 중요하다.[54]

　천황제와 정치와의 관계에 한정해서 본다면, 시게미쓰와 기시의 차이는 확연하다. 시게미쓰는 전전이나 전후나 변함 없이 천황기관설에 입각하고 있으며, 기시는 천황주권설에서 천황기관설=상징천황제로 '전향'을 표명했다. 바로 이 천황관의 차이가 두 사람의 정치운명을 갈랐다고 해도 과언이 아닐 것이다.

　이렇게 만들어진 보수정치의 천황관은 자민당의 장기집권과 함께 확고하게 자리를 잡았다. 가령 우리 귀에도 친숙한 보수정치가의 거목 나카소네 야스히로(中曾根康弘)의 변화도 흥미롭게 와 닿을 것이다. 나카소네는 야당인 국민민주당 소속의 국회의원으로서 1952년 1월 31일 요시다 시게루(吉田茂) 수상에게 다음과 같은 질의를 던졌다.

　현 천황이 일관된 평화주의자였고 전쟁의 형식적 책임이 없다는 것은 세계 및 국민이 모두 인정하는 바입니다. 그러나 현재 구헌법 제3조 신성불가침의 신분에서 인간으로 해방되신 천황이 지상의 우리와 같은 일원으로서 과거의 전쟁에 대해 인간적 고뇌를 느끼고 계실 수도 있습니다.[55]

　이어 그의 입에서 천황의 자발적 퇴위를 권유한다는 주장이 나왔다.
　하지만 1955년 보수 합동으로 자민당이 탄생하고나서 안정적인 집권 기반이 마련된 1972년의 경우는 다른 논지의 발언이 나온다.

---

54) 原彬久, 『岸信介 権勢の政治家』, 岩波書店, 1995, 180쪽 ; 武田知己, 위의 논문, 199쪽에서 재인용.
55) 高濱贊, 『日本の戦争責任とは何か』, 株式会社アスキ, 2001, 221~222쪽.

나는 일본의 천황은 옛날부터 지금까지 본질적 성격은 지금의 상징천황적 존재였다고 생각하고 있다. 천황이 이천 수백 년의 역사 속에서 유지되어온 것은 실제는 정치권력을 갖지 않고, 그 정쟁이나 권력투쟁의 와중에 휩쓸리지 않고, 모든 권력의 위에 초연해 있었기 때문이라 생각한다. …(중략)… 말하자면 이것은 상징천황이다. 실권이 없는 정신적 구심력으로서의 천황이다.56)

이런 변신은 근본적으로 '과거사의 직시와 해결 노력'이 결여된 전후개혁 내지 전후민주주의의 출발에서 비롯된 것이다. 동시에 전후 자민당을 중심으로 형성된 보수정치는 '전전 천황제로의 회귀'를 주창하는 대신에 일본국헌법에서 명문화된 상징천황제를 철저하게 '이용'하는 전략을 채택했다. 요컨대 전후라는 정치·사회 공간에서 보수 우파 정치가와 우익(정통우익을 제외)과의 접점 내지 공통분모 중의 하나는 다름 아닌 상징천황제의 보호와 독점이었던 것이다.

사실 상징천황제의 실체는 미시마가 고민했듯이 불분명하다. 하지만 천황제에 대해 "오랜 옛날부터 면면히 이어져온 하나의 문화유산으로 자랑해도 좋"은 것으로 "황실은 면면히 제사 기타 지금의 일본에서는 거의 잃어버린 전통을 지켜온 '인간국보'"57)로 형상화하는 견해는 이미 합의된 바였다. 이런 정서에 기반하여 보수 우파 정치가와 '전후형 우익'은 기원절 부활과 원호법 제정 등으로 대표되듯이 상징천황제의 지평을 확대하려는 노력을 끊임없이 시도해왔다. 물론 그 의도는 상징천황제를 빌미로 한 정치적 이득의 획득에 있었지만.

반면에 천황의 전쟁책임은 보수 우파 전체의 책임으로 비화될 수밖에 없기에 이를 적극적으로 저지해왔다. '55년 체제'의 출범과 함께 불거지고 확대일로를 걸어온 교과서문제의 경과는 이를 잘 대변해준다.

---

56) 中曾根康弘, 「中曾根康弘氏の 'わが天皇論'」, 『サンデー毎日』 1974년 6월 24일호.
57) 자유주의사관연구회의 홈페이지 www.jiyuu-shikan.org. 동 회원인 노구치 히카루(野口ひかる)의 견해로 스기모토 미키오(杉本幹夫) 이사도 동감이라는 의견을 피력하고 있다.

2) 과거청산과 상징천황제

역사교과서 문제와 천황의 결부

역사교과서 문제의 대두를 중심으로 전후의 천황제 논의를 돌이켜본다면, 두 개의 시기로 대별할 수 있을 것 같다. 즉 1982년의 '교과서파동'을 경계로 1970년대까지의 시기와 1980년대 이후로 나눌 수 있다. 물론 이러한 구분은 역사교과서의 문제화나 과거사청산의 이슈화가 국제적으로 비화되어갔다는 현실에 수반하여 천황제의 '관여 체계'도 변해나갔다는 의미를 내포한다. 1980년대 이후 히로히토 천황의 존재는 역사인식과 과거사 청산의 과제와 무관할 수 없게 되어버렸고, 그런 압박은 새로 즉위한 아키히토 천황에게도 마찬가지로 작동했다.

1970년대까지 한국과 중국은 일본과 정치적인 '역사 화해'를 성사시켰지만, 한일협정(1965)에서도 중일공동선언(1972)에서도 천황에 대한 언급은 일체 없었다. 하지만 1982년의 '교과서파동'이 의외로 큰 파문을 던지게 되면서 과거사의 미진한 처리로 인해 쌓여온 '앙금'의 깊이를 한중일 3국에 각인시켰고, 외국으로부터의 압박과 무관하게 안주해왔던 천황으로서도 20세기 전반의 침략사에 대한 인식 표명을 하지 않을 수 없게 된 것이다.

주지의 사실이지만 1984년 9월 당시 전두환 대통령의 방일 때 히로히토 천황은 만찬 석상에서 아래의 발언을 했다.

> 이 같은 사이임에도 불구하고 금세기의 한 시기에 양국 간에 불행한 과거가 존재했다는 것은 정말로 유감이며 다시 되풀이되어서는 안 된다고 생각합니다.

'불행한 과거'와 '유감'의 두 단어가 확연하게 보여주는 애매함으로 인해 한국 내에서는 비판적인 논조가 지배적이었지만, 어쨌든 강제로 '황국신민의 서사'를 외우게 했던 그 히로히토 천황이 표명한 처음이자 마지막 '과거사 인식'이었다. 나카소네 수상이 배턴을 받아 '다대한 고난'과 '과오'라는 단어를 넣은 인사말을 이튿날 오찬 석상에서 한 것도 히로히토 천황의 미진함을 채우려는 데서 비롯된 '립 서비스'에 지나지 않았다.

1989년 과거사로부터 결코 자유로울 수 없었던 히로히토 천황이 사망함으로써 새삼 그 동안 억눌려져왔던 천황제 논의는 백가쟁명의 상황을 연출했다. 이듬해 1990년 5월 바뀐 새 천황을 방문한 노태우 대통령은 아래와 같이 '통석(痛惜)의 염'이라는 생소한 단어까지 들어야 했다.

우리나라에 의해 초래된 불행한 시기에 귀국의 국민이 체험한 고통을 생각하고, 나는 통석의 염을 금치 못합니다.

'우리나라에 의해 초래된 불행한 시기'와 같이 가해의 주체가 명백히 밝혀져 있으며, '유감'에서 '통석의 염'으로 진일보했다는 평가가 지배적이었다. 하지만 외견상으로도 '반성'이라는 표현은 들어 있지 않으며, 무엇보다 피해자에게 다가서는 적극적인 자세가 결여되어 있다는 점을 한계로 짚어두고 싶다.

아키히토 천황의 방중과 점증하는 '과거'의 압박

이런 와중에서 1992년 10월 아키히토 천황은 일중 수교 20주년을 기념하여 중국을 처음으로 방문했다. 그러나 이 천황의 중국 방문은 일본 내에서 굉장한 논란 속에 성사된 것이었다. 방중의 뉴스가 전해지기 시작하면서 가을에 방문이 성사되기까지, 일본 내에서는 그야말로 "국론 양분이라는 상태"[58]로 표현될 정도로 격론에 격론을 거듭하는 사태가 벌어졌다. 이

---

58) 佐道明宏, 「'皇室外交'に見る皇室と政治」; 近代日本研究会, 앞의 책, 222쪽.

천황의 방중과 관련해 벌어진 제반 움직임은 새삼 20세기 막바지에 이르러 상징천황제라고 하더라도 과거사문제로부터 결코 자유로울 수 없음을 내외에 부각시켰다. 이하에서 그 내용을 훑어보면서 논의를 전개해가기로 한다.

  방중과 관련한 소식이 전해지면서 반대의 목소리도 본격화했다. 그 논리는 망언으로 이름 높은 후지오 마사유키(藤尾正行)의 말을 빌리면, "천황폐하가 정치에 말려들 염려가 있지 않은가"였다.[59] 여기서 '정치'라고 한 것은 천황의 방문에 즈음하여 중국 쪽에서 전쟁책임의 논의가 일 것을 염려해서였다. 유족회를 정치적 기반으로 삼고 있던 이타가키 다다시(板垣正)도 반대 대열에 합류했다. 한편 방중 반대의 목소리는 좌파 쪽에도 나왔다. 공산당 역시 '천황의 정치적 이용'을 이유로 중국 방문을 반대하고 나선 것이다.

  이런 상황은 천황 내지 황실의 정치적 이용이라는 이슈에 관한 기존의 대립구도를 완전히 뒤엎는 것이었다. 무엇보다 "정부·여당 자민당·보수세력 대 야당·혁신 측"[60]이라는 도식보다는 보수세력이 찬반으로 양분되는 쪽이 더 격렬하게 비쳐졌다. 그때까지 1971년과 1975년, 히로히토 천황은 각각 유럽과 미국을 방문했는데, 그때마다 좌파 쪽은 '천황의 정치 이용'이라는 구호를 내걸고 반대 운동을 조직했다.

  히로히토 천황이 유럽을 방문했을 때의 '뼈아픈 기억'도 방중 반대 보수파의 기세를 높였다. 즉 히틀러·무솔리니와 비견되면서도 유일하게 살아남은 'Emperor Hirohito'가 전쟁의 해묵은 상처를 건드렸고, 이에 대한 유럽인들의 반발이 직접 행동으로 표출되었던 터였다.[61] 때마침 중국에서도

---

59) 와카미야 요시부미(若宮啓文), 『일본정치의 아시아관』, 동아일보사, 1996, 247쪽. 이하 별도의 언급이 없는 한 마찬가지이다.
60) 佐道明宏, 앞의 글, 222쪽.
61) 영국에서는 천황이 기념 식수한 나무가 뽑혔고, 네덜란드에서는 물병이 날아와 자동차 앞유리에 금이 가는 사건이 발생했다고 한다(『朝日新聞』 1971년 10월 9일 석간 ; 佐道明宏, 앞의 글, 213쪽에서 재인용).

1992년 2월 주일 중국대사가 기자회견 석상에서 "양국의 한 시기의 불행한 역사에 대해 명확한 태도 표명을 기대한다"는 발언을 흘렸으며, 민간배상을 추진한다는 움직임도 전해졌다.62) 이상을 종합하면 "정치와는 관계가 없는 데서 구상되어 실현된 유럽 방문에서, 천황을 정치에 끌어들이지 않도록 고심했던 미국 방문을 거쳐, 중국 방문에 의해 황실은 정치적 논의의 한가운데에 내던져지게 되었"63)다는 평가는 실로 적확한 지적이다.

방중에 즈음하여 불거진 논란을 지켜본 한 외무성 출신 궁내청 관리는 '황실 외교'와 관련하여 아래와 같이 쓰고 있다.

> 친선을 넘어선 황실외교는 본래 있어서는 안 된다. <u>우리는 명문에도 없는데도 천황과 황실에 정치적 의미를 갖는 공적 행위를 인정해서는 안 된다. 그것은 국가이성을 잃게 하는 위험을 동반하기 때문이다.</u> …(중략)… 이 문제에 관한 정부, 외무성의 자세는 매우 안이하다. 지난번 두 폐하의 중국 방문에서 찬반 양론이 있었던 것도 이 때문이다. 또 한때 비공식적으로 검토된 <u>두 폐하의 한국 방문은 그 이상으로 위험한 성격을 지니고 있다.</u>
>
> 이것들은 모두 <u>당시 정권의 무리한 정치적 의도에 황실이 이용되었고 또 이용되려고 한</u> 예이다. …(중략)… 외무성은 천황, 황실을 가볍게 생각해서는 안 된다. 그것은 <u>천황에 대한 인식과 이해를 둘러싼 안팎의 격차를 생각할 때,</u> 더욱 경계를 요하게 된다. …(중략)… 외국에서 본다면 천황은 여전히 대부분 '카이저'인 것이다. …(중략)… 개발도상국 방문에서 천황에게 직접 원조를 요청하는 것도 그 때문이다. 다른 한편 일본대사의 신임장의 문장은 마치 천황이 원수인 것처럼 쓰여 있다.64)

위에서 "명문에도 없는"이라는 구절이 '상징'으로만 표현된 일본국헌법

---

62) 若宮啓文, 앞의 책, 248쪽.
63) 佐道明宏, 앞의 글, 223쪽.
64) 武田龍夫, 『宮中物語―元式部官の回想』, 中公文庫版, 1997, 330~331쪽 ; 佐道明宏, 앞의 글, 227쪽에서 재인용.

의 제1조와 대응하고 있음은 물론이다. 과거사 문제와 관련한 중국과 한국의 비중을 생각할 때, 미시마가 상징천황제의 실체에 대해 고민했던 것과 마찬가지로 궁내청을 비롯한 천황의 측근들도 상징천황제의 정치적 이용의 일환으로서 방중과 방한에 대해 특별한 경계의 목소리를 높여왔을 것으로 판단된다.

맺음말

이상에서 후소샤 역사교과서에 나타난 천황·천황제는 과연 어떤 저의를 감추고 있으며, 그들이 반복해서 주장하는 권위로서의 천황제가 어떤 역사적 맥락을 갖는가에 대해 살펴보았다. 그리고 전후 일본국헌법에 의해 비로소 그 제도적 틀이 확정된 상징천황제가 역사인식과 과거사문제의 이슈화에 휩쓸리면서 보수정치권과 어떤 관계를 형성해왔는가에 대해서도 분석을 했다.

본고에 따르면 니시오를 위시한 역사수정주의자들은 역사교과서를 통해 히로히토 천황은 전쟁책임의 문제와 전혀 상관이 없다고 손사래를 치고 있으며, 그 역사적 증거로서, 중학생에게는 난해하기 짝이 없는 현실 정치권력과 무관한 권위로서의 천황제라는 개념을 주입하려 했다는 것이 드러났다. 그리고 그 역사적 연원을 정확하게 밝히기 위해서는 전전과 전후를 관통하는 권위로서의 천황제=상징천황제에 착목하는 것이 긴요하다는 것을 확인했다. 후쿠자와 유키치에 대한 보다 깊은 천착이 필요하며, 미시마 유키오의 재해석이 시급하다는 인식도 공유하게 되었다.

한편으로 역사인식을 둘러싼 싸움에 지속적으로 관여도를 높여온, 바꿔 말하면 '이용'의 정도가 높여져간 상징천황제의 족적을 짚어볼 수 있었다. 이 부분에서 21세기를 바라보는 시점에서 우리는 일본 수상인 모리 요시로(森喜朗)의 입에서 화석화된 '신의 나라'와 '국체', '교육칙어는 좋은 점도 있다'는 발언이 나왔다는 현실을 뼈아프게 받아들이지 않으면 안 된다. 구체적으로 기회 있을 때마다 거론되는 천황의 방한 문제에 대해 지금이라도 심도 있게 논의할 수 있는 장을 만들어나가야 할 것이다.

권위로서의 천황제＝상징천황제가 전쟁책임의 면죄부로 출현하고 자리잡게 된 배경으로는 패전 후 전후개혁과 전후민주주의의 한계를 지적하는 일이 무엇보다 중요하다. 요컨대 '천황의 정치이용의 배제'라는 보수지배층의 주장 속에 잠재되어온 근대 이후 일본의 근본적 모순을 천착할 필요가 있는 것이다. 천황제는 분명 현재진행형이며, 지금도 그 적합한 생존을 향한 모색이 여러 각도에서 시도되고 있다. 그런 면에서 아래와 같은 성찰은 아시아의 진정한 '역사 화해'를 위해 천황제와의 '정면대결'을 이제 더 이상 방치할 수 없다는 것을 절감하게 한다.

천황 히로히토가 죽음의 병상에 있던 1988년 10월, 대만의 반일 데모의 플랜카드에 '천황이 한 마디도 사죄하지 않는 것은 일본인의 수치'라고 쓰여 있던 사실은, 전쟁책임 의식을 결락·방치한 전후 일본의 민주화 노선의 본질을 적확히 꿰뚫고 있다. 본래 전쟁책임 의식과 국민주권의 확립은 불가분의 관계인데도, 민주화 추진의 담지자들은 민주화가 자동적으로 과거의 극복·속죄로 연결되는 것으로 막연히 생각한 정도로 그치고 말았다. 게다가 전후 일본의 민주화라 하더라도 그것은 '황실전범'에서 신분차별·여성차별·장애자차별을 규정한 상징천황제와의 공존이었고, 이 일본사회의 차별의 근간에는 손가락 하나도 건드리지 못했다. 그뿐만 아니라 일본은 21세기를 향해

이 차별의 원천을 여전히 '천대에 만대에(기미가요의 한 구절 - 인용자 주)' 보존하려는 것이다.[65]

---

65) 安川寿之輔, 앞의 책, 8~9쪽.

이신철 (역사문제연구소 연구원)

일본교과서 역사왜곡과
21세기 아시아 평화

머리말

2001년 일본의 교과서 역사왜곡[1] 문제가 한·중·일 3국을 휩쓸고 지나갔다. 한국의 경우 시민차원의 여러 가지 운동과 정부차원의 대응이 그 어느 때보다 활발히 전개되었다. 중국에서도 정부차원의 수정요구가 있었다. 이러한 주변국가들의 항의와 일본 내의 시민운동 그리고 아시아 각국의 시민연대운동 등의 결과, 후소샤에서 만든 '새로운 역사교과서를 만드는 모임(이하 '새역모'로 줄임)'의 '위험한' 교과서(『새로운 역사교과서』)의 채택률은 0.039%에 그쳤다.

그런데 2002년 4월 9일 또다시 역사를 왜곡하고 있는, 고등학교용 역사교과서 『최신 일본사』가 검정통과되었다. 그리고 예상했던 대로 한국정부는 2001년의 대응에 비하면 아무런 대응도 하지 않는 것과 같은 태도를 취하고 있다. 그렇다고 『최신 일본사』가 후소샤의 '위험한' 교과서보다 역사왜곡이 적다거나 군국주의 경향이 덜한 것도 아니다. 오히려 천황에 대한 찬양이 더욱 노골적으로 나타났다. 굳이 긍정적인 면을 찾자면 '미미한 채택률'이 예상된다는 점 정도이다. 그렇지만 그것도 중학교 역사교과서 채택과정과의 제도적 차이에서 비롯되는 것에 불과하다.[2] 또한 우익측에

---

* 이 글은 2002년 3월 28~29일 양일 간 중국 남경에서 진행된 '「역사인식과 동아시아 평화포럼」 제1회 남경 국제학술대회'에서 발표한 논문과, 2002년 5월 3~4일 양일 간 평양에서 진행된 '일본의 과거청산을 요구하는 아시아지역 토론회'에서 발표한 논문을 총괄하여 수정 정리한 것이다.
1) 보통 '일본의 역사교과서 왜곡'이라는 말을 많이 쓴다. 그러나 '일본교과서의 역사왜곡'이라는 말이 더 포괄적이고 정확한 표현이다. 일본의 역사왜곡은 비단 '일본사 교과서'뿐만 아니라 '공민 교과서' 등에서도 심각하게 나타나기 때문이다.
2) 일본 중학교와 고등학교의 역사교과서 채택 방식의 차이에 대해서는 다음의 글을 참조. 「일본의 교과서제도와 문제점」, 일본교과서바로잡기운동본부 편, 『문답으로 읽는 일본교과서 역사왜곡』, 역사비평사, 2001, 27~33쪽.

서 자신들에게 유리한 쪽으로 제도를 개선하려는 움직임을 보이고 있어 매우 불안한 상황이다. 그리고 무엇보다 중요한 것은 채택률과 관계없이, 왜곡된 교과서가 고등학교에서 사용될 수 있는 법적인 지위를 획득했다는 점이라는 본질적인 문제를 생각한다면 '낮은 채택률'은 아무런 위안이 되지 않는다.

문제가 이러함에도 한국정부의 태도는 지극히 소극적이고 애매하기 짝이 없다. 『최신 일본사』에서 독도에 대한 일본의 영유권을 주장하고 있음에도 한국인들이 의외로 담담하게 반응하고 있는 것에 한국정부는 오히려 안도하는 듯한 태도를 취하고 있다. 한국정부는 표면적으로 월드컵의 성공적 개최라는 명분을 내걸었지만, 실상 그 이면은 매우 복잡해 보인다. 한일 간 교과서문제가 장기화될 경우 미칠 영향에 대해 무척 자신없어하는 모습이다.

한편, 대부분의 한국인들은 아직도 일본의 식민지지배 경험에서 생긴 일본에 대한 반감을 의식적으로 노출하고 있다. 그럼에도 불구하고 일본의 교과서 역사왜곡이 일본의 우경화나 군국주의 부활과 깊은 연관 속에 진행되고 있다는 인식을 심각하게 받아들이는 경우는 그리 많지 않아 보인다. 뿐만 아니라 한일 간의 교과서 논쟁을 '평화롭고 동등한 아시아를 만들기 위한 과거청산'이라는 문제로 바라보기보다는 '우호적인 한일관계라는 미래에 대한 발목잡기'로 바라보는 사람들이 점점 늘어나고 있는 실정이다.

한국인들의 이런 이중적인 인식은 1945년 한국의 해방 이후 50년 이상 지속되고 있는 한·미 군사동맹과, 1965년 한·일 국교정상화 이후 지속되고 있는 한·미·일 공조체제라는 구조적 요인과도 깊은 관련이 있다고 할 것이다. 즉 한국과 일본은 과거사에 있어서는 적대적 관계이지만, 현재 국제관계에서는 중국과 조선민주주의인민공화국[3]을 공동의 적으로 하는

---

3) 조선민주주의인민공화국에 대한 호칭은 내용에 따라 북한, 북조선, 조선 등을

공생의 관계로 이해되어왔던 경험이 일본의 재무장이나 군국주의화에 대한 우려를 희석시키는 역할을 해왔던 것이다.

이러한 인식의 한계를 극복하지 못한다면 일본 역사왜곡의 본질을 간파하지 못하게 되고, 결국 근본적인 문제해결을 불가능하게 하는 요인이 될 것이다. 이 점은 21세기 아시아의 평화를 모색해나가는 데에도 중요한 걸림돌로 작용하게 될 것이다. 결국 일본의 교과서 역사왜곡 문제는 '힘의 균형에 의존한 아시아 평화질서'라는 기존 틀을 유지 강화하는 길을 걸을 것인가, '평화와 인권 등 보편적 가치기준의 공유에 의한 탈냉전의 새로운 아시아 평화질서'로 이행할 것인가의 문제와 밀접히 연관되어 있다.

당연히 일본교과서 역사왜곡은 명확히 전자의 질서를 유지 온존 강화시키는 입장에 서 있다. 나아가 미국의 아시아에 대한 영향력을 인정한 상태에서 일본의 역할을 강화하여, 결국 일본을 중심으로 한 아시아 질서를 만들자는 주장을 노골적으로 담고 있다. 반면에 일본의 역사왜곡을 반대하는 한국과 일본의 시민단체나 아시아 각국의 평화세력이 지향하고 있는 바는 명백히 후자의 질서다.

이 글에서는 이러한 문제의식을 중심으로 일본의 교과서 역사왜곡이 지향하고 있는 본질적 위험성을 살펴보고, 그것에 대한 극복 방안을 제시함으로써 21세기 아시아의 평화를 모색해보고자 한다.

혼합하여 사용하였다. 공식명칭을 부르는 것이 객관적이고 합리적이기는 하지만 남북, 일본, 중국 등의 상황을 고려하면 어색한 경우가 많다. 따라서 여기서는 되도록 공식 국호를 사용하는 것이 원칙이라는 점을 밝히면서 여러 가지 호칭을 혼합하여 사용한다.

1. 교과서 역사왜곡에 숨어 있는 군국주의화의 욕망

1) 우익들의 꿈 : 전쟁할 수 있는 나라 일본

(1) 하나로 뭉친 교과서 공격세력

일본의 교과서 역사왜곡이 일본사회의 전반적인 우경화 경향을 바탕으로 하고 있다는 점은 일본 국내외의 많은 사람들에 의해 이미 여러 차례 지적되어왔다. 역사왜곡의 주체면에서나 연관조직 또는 그 구성원들의 주장면에서나 그들의 움직임은 확실히 연결되어 있고, '전쟁할 수 있는 나라'[4] 일본으로의 지향을 분명히 드러내고 있다.

일본에서 '제3차 교과서공격'으로 불리는 2001년과 2002년의 교과서 파동은 대체로 1996년 여름부터 시작되었다고 볼 수 있다. 그런데 이 공격은 이미 1993년 자민당 내 보수 정치인들에 의해 준비되고 시작되었다. 자민당은 1993년 8월부터 1995년 2월까지 '역사검토위원회'를 설치 운영했는데, 제3차 교과서 공격은 이들이 같은 해 8월 15일 발표한 활동보고서에 근거하고 있다고 해도 과언이 아니다. 당시 위원회의 총괄보고서 주요내용은 다음의 4가지였다.[5]

　① 대동아 전쟁은 침략전쟁이 아니라 자존・자위 전쟁이며 아시아 해방전쟁이었다.
　② 난징대학살, '위안부' 등의 가해는 날조이며 일본은 전쟁범죄를 범하지

---
[4] 역사왜곡 세력들은 이를 '보통국가'라는 용어로 군국주의 부활음모를 숨기려 한다. '보통국가'라는 용어 속에는 '전쟁할 수 있는 나라'라는 그들의 지향이 숨겨져 있는 것이다.
[5] 타와라 요시후미(俵義文) 저 / 일본교과서바로잡기운동본부 역,『철저검증 위험한 교과서』, 역사넷, 2001, 69쪽.

않았다.

③ 최근 교과서는 있지도 않은 침략이나 가해를 쓰고 있어 새로운 '교과서 분쟁'이 필요하다.

④ ①, ②와 같은 역사인식을 국민의 공통인식, 상식으로 하기 위해 학자로 하여금 국민운동을 전개하게 할 필요가 있다.

'역사검토위원회'의 보고서 발표 이후 그들의 네 번째 주장, 즉 학자들의 '국민운동'이 준비되었다. '운동'의 중심은 당시 '종군위안부'나 난징대학살을 비롯한 가해 사실을 '반일적·자학적·암흑적'이라고 비방하고 '교과서에서 삭제하라'는 주장을 하고 있던 '자유주의사관 연구회'가 되었다. 이들의 '운동'은 1997년 1월 '자학사관'을 '극복'한 새로운 교과서를 직접 발행하겠다는 목표를 내건 '새로운 역사 교과서를 만드는 모임'으로 귀결되었다.

'새역모'는 결성 이후, 전쟁을 수행할 수 있는 '보통국가'로의 헌법개정 운동을 벌이고 있는 '일본회의', 보수 우익의 대변지 '산케이신문' 등과 연합하여 자민당이 주장한 '국민운동'을 전개하는 전위부대로서 역할하기 시작했다. 자민당은 이미 1996년 '역사검토위원회'를 계승한 '밝은 일본 국회의원 연맹'을, 1997년에는 '일본의 앞날과 역사교육을 생각하는 젊은 의원모임'을 결성하여, 교과서에 실린 일본군 위안부 관련 서술을 삭제할 것을 요구하며 정부와 문부과학성에 압력을 가하고 있었다. 후자의 모임은 2001년 한국과 중국의 교과서 수정요구에 대하여 '내정간섭'이라며 강력 반발하며 '새역모'를 지원했다.

개별 정치인으로는 모리 요시로(森喜朗) 전 수장과 마치무라 노부타가(町村信孝) 전 문부과학상, 이시하라 신타로(石原愼太郎) 도쿄 도지사 등이 노골적으로 이들을 지원하고 있다. 특히 모리에 의해 2000년 12월 문부성(현 문부과학성) 장관에 임명된 마치무라는 우익성향이 강한 국무대신들로 구성된 모리 2차 내각에서 '새역모'의 검정 통과를 주도했다. 그는 2001년 4

월 기자회견에서 "일본은 패전의 잿더미에서 지금의 부흥을 이뤄냈다. 그런데도 우리는 너무 부정적인 면만 강조해오지 않았나, 좀더 긍정적이어도 좋은 게 아닌가 하는 생각을 지금도 갖고 있다"라고 발언했다.6)

이들 제3차 교과서공격 세력들은 교과서 채택과정에서 지방의회나 교육위원회에 압력을 효과적으로 가하기 위해 각종 우파조직들을 결집시켜 2000년 4월에는 '교과서 개선연락협의회'를 발족시켰다. 또 자민당 지방의원들은 이들을 지원하기 위해 '교과서의원연맹'을 조직했다.

한편 대표적 보수언론 산케이신문이 '새역모'를 노골적으로 지원해온 것은 다시 언급할 필요가 없을 정도로 잘 알려진 사실이다. 산케이신문은 1996년 1월부터 '자유주의사관 연구회' 회원들이 집필한 '교과서가 가르치지 않는 역사'시리즈를 연재하는 것을 필두로 온갖 지원을 아끼지 않았다. 또한 가시마 건설(鹿島建設), 스미모토(住友)계열 기업, 미쓰비시 중공업(三菱重工業), 가와사키 중공업(川崎重工業), 오사카 상선(大阪商船), 니혼타바코(日本たばこ) 등의 기업 간부들이 '새역모'에 가담하고 있다.

이처럼 제3차 교과서공격 세력은 '새역모'를 중심으로 정계, 재계, 언론계, 학계의 보수세력들이 조직적으로 연계되어 있다. 더욱 긴밀한 경우의 예를 들면 '새역모' 아오모리현 지부장은 일본회의 아오모리현 운영위원장을 겸임하고 있고, '새역모' 나카사키현 지부장은 일본회의 나카사키현 부회장을 겸임하는 등 양조직은 중앙에서 현본부에 이르기까지 불가분의 관계에 있다.7) 또 일본회의 대표는 전직 일본 상공회의소 회장 이나바(稻葉興作)이다. 결국 전 우익적 지원을 받는 '새역모'는 오래전부터 끊임없이 진행해오던 교과서공격을 진일보한 형태로 전개하기 위해 만든 핵심조직이면서, 최종적으로 일본헌법 개정을 통해 '전쟁할 수 있는 일본'을 만들어가는 핵심이기도 하다.

---

6) 일본교과서바로잡기운동본부 편, 『문답으로 읽는 일본교과서 역사왜곡』, 역사비평사, 2001, 103~104쪽.
7) 타와라 요시후미 저 / 일본교과서바로잡기운동본부 역, 앞의 책, 72쪽.

이와 같은 헌법개정운동 세력과 교과서 역사왜곡 세력 간의 긴밀한 관계는 『최신 일본사』의 검정과정에서 더욱 노골적으로 드러났다. 『최신 일본사』의 검정 신청 주체가 바로 일본회의인 것이다. 일본회의는 '일본을 지키는 국민회의'와 '일본을 지키는 회'가 1997년 5월 30일 통합하여 만들어진 단체이다. '일본을 지키는 국민회의'는 『최신 일본사』의 모태가 된 교과서인 『신편 일본사』를 만들었던 주체이다.[8] '새역모'가 이들에 대한 지원을 아끼지 않는 것은 물론이다.

(2) 왜곡 교과서에 드러난 군국주의

제3차 교과서공격 세력들의 군국주의적 지향은 '새역모'의 『새로운 역사교과서』나 일본회의의 『최신 일본사』의 서술에서 너무나 명확히 드러

---

[8] 『신편 일본사』는 '일본을 지키는 국민회의'가 1985년 쇼와천황 탄생 60주년을 축하하는 행사의 일환으로 만든 교과서이다. 원서방(原書房)에서 발행한 이 교과서는 1987년부터 교육현장에서 사용되었다. 그리고 이들은 1993년 출판사를 국서간행회(國書刊行會)로 바꾸고 교과서명을 『최신 일본사』로 고쳐 검정 신청하였다. 그 교과서가 2002년까지 사용되고 있는 교과서이다. '일본을 지키는 국민회의'가 결성될 당시 내건 목표는 다음과 같은 것들이다. ① 메이지(明治), 다이쇼(大正), 쇼와(昭和) 元號(연호)의 법제화 실현 ② 쇼와천황 즉위 60주년과 헤이세이(平成)천황 즉위 등 황실경사를 축하하는 국민운동 ③ 교육정상화와 역사교과서의 편찬사업 ④ 종전(終戰) 50주년에 즈음한 전몰자 추도행사 및 아시아공생제전 개최 ⑤ 자위대, PKO 활동 지원 ⑥ 전통에 기초한 국가이념을 제창한 신헌법의 제창(평화헌법 폐기) ⑦ 외국인 참정권 부여 반대

그리고 주요쟁점에 대한 일본회의의 인식은 다음과 같이 천명되고 있다.
◇ 영토문제 : 다케시마(竹島)와 센카쿠열도(尖閣列島)가 일본 고유의 영토인 것은 역사적 사실이다. ◇ 전후보상 : 1977년 4월에 일본은 아시아 각국과의 협정으로 정해진 배상·준배상을 완전히 종결했다. 배상에 사죄의 의미는 없었다. ◇ 남경대학살 : 중국정부 등의 남경대학살 주장에 대해서 '남경대학살이 있었다'는 증거가 없다. ◇ 야스쿠니신사 : 수상의 참배는 위헌이 아니다. 야스쿠니신사는 미국의 알링턴국립묘지나 영국의 웨스트민스터와 같다. ◇ 강제연행 : 전시중에 조선사람들도 똑같이 일본국민으로서 전시동원되어 징용과 징병 등을 받았을 뿐, 이것은 차별이라고 할 수 없다.

이상 일본교과서바로잡기운동본부의 '『최신 일본사』 검정통과에 따른 교과서운동본부 기자회견'(2002년 4월 9일) 보도자료 참조. 이들의 목표나 역사인식 등에 관한 더욱 자세한 내용은 일본회의의 홈페이지(http://www.nipponkaigi.org)에서 자세히 확인할 수 있다.

나고 있다. 이들의 교과서에서 공통적으로 나타나는 현상의 핵심은 ① '군국주의 일본 부활' 지향, ② 그를 위한 천황제의 찬양과 활용이라고 할 수 있다. 군국주의 부활을 정당화하기 위해 동원되는 역사왜곡과 주장은 ① 식민지 침략 미화, ② 태평양전쟁 미화, ③ 군국주의 법·제도 찬양, ④ 일본의 군사대국화 지향 등으로 나타나고 있다.

먼저 식민지 침략 사실에 대한 왜곡을 살펴보면, '새역모' 교과서의 경우 한국강점(또는 강제병합)에 대하여 다음과 같이 기술하고 있다.

> 일본정부는 한국을 병합하는 것이 일본의 안전과 만주의 권익을 방어하는 데에 필요하다고 생각하였다. 영국, 미국, 러시아의 삼국은 조선반도에 영향력을 확대하는 것을 서로 경계하고 있었으므로 여기에 이의를 제기하지 않았다. 이리하여 1910년 일본은 한국내의 반대를 무력을 배경으로 억누르고 병합을 단행하였다.9)

이 서술은 한국의 병합이 불가피했음에 중점이 두어져 있다. 그들에게 일본과 만주의 권익 방어는 중요하지만 한국의 권익은 중요하지 않은 것이다. 또한 당시 국제사회에서 아무런 문제제기가 없었기 때문에 한국인의 반대를 억누른 것이 큰 문제가 되지 않는다는 생각을 유도하고 있다. 이 교과서는 뒤이어 일본의 식민지 정책을 기술하면서 첫머리에 "조선에서 철도, 관개시설을 정비하는 등 개발을 행하고 토지조사를 개시하였다"고 기술하여 여러 가지 문제에도 불구하고 식민지는 개발되었음을 강조하고 있다. 『최신 일본사』의 기술은 더욱 노골적이다.

> 근대화한 일본은 아시아의 근린제국도 함께 근대화를 이룩하고 독립을 보전할 것을 갈망하여 조선에 권유하였으나 난항을 겪고, 오히려 종주국인 청국

---

9) 『市販本 新しい 歴史教科書』(이하 『시판본 새로운 역사교과서』), 扶桑社(후소샤), 2001, 240쪽.

과 대립하기에 이르렀다. 일본은 청을 격파하고 조선의 독립을 인정케 하였으나, 남하하면서 만주의 지배를 강화하고, 조선으로 진출을 도모하는 러시아와의 대립이 심화되어 전쟁을 하게 되었다. 아시아의 소국 일본이 일로전쟁에 승리하였다는 것은 세계각지의 민족독립운동에 강한 자극을 주었다.[10]
* 밑줄부분은 검정 통과 과정에서 다음과 같이 수정되었다 : 남하하면서(삭제) … 러시아에 승리하고, 마침내 한국을 병합하였다.

…… 다음해(1910년을 일컬음 - 역자) 8월, 일본과 한국은 병합조약에 조인하고, 조선총독부가 설치되고, 모든 정무를 통합하게 되었다. (일한병합)[11]
* 수정 후 : 다음해 8월, 일본은 한국에 강제로 병합조약을 조인시키고, 조선총독부를 두고, 모든 정무를 통합하게 되었다. (일한병합)

『최신 일본사』는 기본적으로 일본이 한국을 종주국인 청나라로부터 독립시켰고, 러시아의 식민지위협으로부터 지켜주기 위해 어쩔 수 없이 전쟁까지 하게 되었고, 결국 한국과 일본은 대등하게 '병합'하였다는 인식을 가지고 있다. 정부의 수정지시를 핑계삼아 마지못해 이러한 기술은 개악되기 이전의 『최신 일본사』의 기술로 되돌아갔다.[12] 그렇지만 '한국병합'이 아니라 '일한병합'이라는 용어를 그대로 사용함으로써 자신들의 의사를 드러내고 있다. 그런데 여기서 또 한 가지 중요한 문제는 일본정부가 내린 수정지시 이유가 한국에 대한 강제병합 사실 언급의 필요성 때문이 아니라는 점이다. 일본정부는 러일전쟁항목에 대한 수정(위 인용문 밑줄 부분)을 지시하며, 단지 '일한병합'과 일본, 한국의 관계가 전체적으로 이해하기 어렵게 서술되어 있다고 지적하고 있다.[13] 일본 정부의 시각을 분명히 확인할

---

10) 『最新 日本史』 검정 신청본, 明星社, 2002, 167쪽.
11) 위 같은 책, 207쪽.
12) 국서간행회, 『최신 일본사』, 1995년, 198쪽
13) 『수정표』 (고등학교・지리역사・일본사B 수리번호 12-330) : 일본정부의 검정 수정표.

수 있는 대목이다. 또 '일한병합'이라는 용어를 사용하고 있다는 점에서도 일본정부가 『최신 일본사』와 시각을 같이 하고 있음이 드러나고 있음을 주목해야 한다.

그리고 이 교과서에는 식민지 지배 정책과 그에 따른 피해상황에 대한 언급이 없다. 그리고 두 교과서 모두 국제적으로 반인륜적 전쟁범죄로 규정된 '일본군 위안부'에 대한 기술을 고의적으로 누락시킴으로써 사실을 은폐하고 있다.

두 번째로 두 교과서 모두 태평양전쟁을 '대동아 전쟁'으로 표기하여 아시아 침략전쟁이라는 본질을 호도하고 있다. 교과서에 굳이 전쟁 당시 일본의 주장인 '대동아 전쟁'이라는 용어를 사용한 것은 "일본의 전쟁목적은 자존자위와 아시아를 구미의 지배로부터 해방시키고 대동아 공영권을 건설하는 일"14)이라는 당시의 주장을 그대로 받아들이기 때문이다. 또한 독일의 폴란드와 소련에 대한 공격을 '침공'으로 표기하면서도 일본의 아시아 각국으로의 침략을 '진주'나 '진출' 등으로 표현하고 있다. 여기에는 두 전쟁의 성격을 구분하고자 하는 의도가 숨어 있다. 이런 역사왜곡은 일본이 미국을 비롯한 몇몇 나라의 봉쇄정책으로 어쩔 수 없이 전쟁을 일으켰다는 논리로 이어지고 있다. 또한 독일의 유태인 학살과 자신들의 학살을 구별하는 논리로 발전하고 있다. 예를 들어『최신 일본사』는 이러한 논리를 뒷받침하기 위해 일본군의 유태인 난민보호사례들을 특별히 칼럼으로 싣고 자신들이 인종평등을 실천했다고 강조하고 있다.15) 결국 두 교과서는 전쟁의 성격 차이, 또는 자신들의 정당성을 은연중 강조함으로써 자신들의 침략사실을 은폐하고, 일본은 전쟁보상의 책임이 없음을 주장하고 있다. 이러한 논리를 바탕으로 한, 두 교과서의 전쟁 미화는 '새역모' 교과서에 참고자료로 실린 특공대원의 유서에서 극명히 드러나고 있다.

---

14) 『시판본 새로운 역사교과서』, 277쪽.
15) 『最新 日本史』 검정 신청본, 248쪽.

출격에 즈음해서
그리운 거리, 그리운 사람
지금 나는 모든 것을 버리고
국가의 안위에
맡기려 한다.
유구한 대의에 살려고 하며
지금 나는 여기서 돌격을 개시한다
혼백 나라에 돌아가고
몸은 사꾸라 꽃처럼 진다 하더라도
유구히 호국의 귀신이 되어
위기 때에는
나는 번성하는 산사꾸라
어머니 옆에 돌아가 피어나리[16]

사적인 모든 것을 버리고 국가와 천황의 이름으로 죽어간 특공대원의 유서를 읽는 중학생들에게 전쟁의 참화나 침략전쟁의 부당함보다는 참전군인에 대한 추모와 애국의 힘이 솟구치는 것은 당연한 일이 될 것이다. 나아가 '새역모'의 교과서는 천황의 이름으로 살해당한 수많은 오키나와의 죽음마저 왜곡하고 있다.

오키나와에서는 철혈근황대(鐵血勤皇隊)의 소년과 히메유리(작은 백합) 부대의 소녀들마저 용감히 싸워서 일반 주민 약9만 4,000명이 생명을 잃고, 10만에 가까운 병사가 전사했다.[17]

그들의 서술 어디에도 천황의 이름 아래 빼앗긴 소년 소녀들의 꽃다운 청춘이나 그들의 꿈, 그리고 아무것도 모르고 군인이나 어른들에 의해 살

---

16) 『시판본 새로운 역사교과서』, 279쪽.
17) 위 같은 곳.

해당한 어린이들에 대한 반성의 기색은 찾아볼 수 없다. 물론 『최신 일본사』도 「오키나와의 학도대」라는 제목으로 비슷한 내용의 칼럼을 따로 실어서 같은 주장을 하고 있다.[18]

세 번째로 두 교과서는 대일본제국헌법(메이지헌법)을 미화하는 반면 '평화헌법'에 대한 개정을 강조함으로써 군국주의 법·제도를 찬양하고 있다. 두 교과서에 패전으로 개정되기 이전의 대일본제국헌법(메이지헌법)이 얼마나 인권을 억압했는가에 대한 기술은 없으며, 평화헌법 제9조에 대한 개정론을 기조로 하여 국방의 의무, 국가에 대한 봉사를 강조하는 기술만이 있다.[19] 예를 들어 대일본제국헌법에 대하여 '새역모'의 교과서는 '헌법을 칭찬한 내외의 소리'라는 글상자를 따로 두어 다음과 같이 칭찬하고 있다.

> 헌법이 발표되자 정부비판의 논진을 펼쳤던 신문도 '참으로 좋은 헌법'이라고 칭찬하였다. 또 신헌법은 번역되어서 세계 각국에 통고되었다. 영국 신문 『타임즈』는 '동양에서 주도 면밀한 준비 끝에 의회제 헌법이 성립한 것은 꿈같은 이야기다. 이는 위대한 시도이다'라고 썼다. 독일 법학자 예링은 '의회를 양원으로 나누어 귀족원을 설치한 것은 더욱 찬성하는 바이며 나의 지론을 실현하고 있다'고 칭찬하였다.[20]

반면 평화헌법에 대해서는 노골적인 반감을 드러내고 있다. 그들은 반군부적 성향을 띠었던 인사 미노베 다쓰키치(美濃部達吉)를 내세워 마치 일본인 전체가 처음부터 평화헌법을 반대한 것처럼 주장하고 있다.[21] 그리고 연합국총사령부가 일본인들이 원하지 않은 내용의 평화헌법을 강요한 것

---

18) 『最新 日本史』 검정 신청본, 252쪽.
19) 이경주, 「일본의 군사대국주의와 평화헌법 개정 논의」, 『역사비평』 2001년 여름, 35쪽.
20) 『시판본 새로운 역사교과서』, 291쪽.
21) 『최신 일본사』에도 동일한 논리와 주장이 실려 있다. 『최신 일본사』 검정신청본, 257쪽(각주 2).

으로 기술하고 있다.

　일본측에서는 전전 군부로부터 탄압을 받았던 헌법학자 미노베 다쓰키치를 위시해서 '일본 군국주의의 원인은 헌법에 있는 것이 아니고, 또 민주화는 그때까지의 헌법으로도 가능하다'는 의견이 강했고, 정부도 그것에 다소의 수정을 가하면 된다고 생각하고 있었다.
　이에 대해 1946(쇼와21)년 2월 GHQ는 스스로 작성한 헌법초안을 일본정부에 제시하여 헌법개정을 강력하게 압박했다.
　정부는 GHQ가 제시한 헌법초안의 내용에 충격을 받았지만, 그것을 거부할 경우 천황의 지위와 점령하의 일본에 보다 어려운 일이 예상되었다. 그래서 GHQ의 초안에 기반해서 정부는 헌법안을 만들고 제국의회의 심의를 거쳐 1946년 11월 3일 일본국 헌법이 공포되었다(시행은 1947년 5월 3일).[22]

　네 번째로 두 교과서는 일본이 국제사회에서 군사적 역할을 확대할 필요가 있다는 주장을 강조하고 있다. 그들은 1992년 '국제평화협력법'을 통과시키고 1992년 최초로 캄보디아와 골란고원에 자위대를 유엔평화유지군(PKO)의 일원으로 참여시킨 것을 자랑스럽게 여기고 있다. 그리고 자위대의 직접 파병을 택할 수밖에 없는 이유를 1990년 이라크전에서 일본이 거액의 재정원조를 했음에도 국제사회가 그것을 평가하지 않았기 때문이라고 설명하고 있다. 나아가 그것은 근본적으로 평화헌법 때문이라고 주장한다. '새역모'의 교과서는 "2000년부터 국회에 헌법조사회가 설치되어 일본국 헌법의 조사가 시작되었다"라며 헌법개정에 대한 자신들의 희망을 담아 정치부문에 대한 서술을 마감하고 있다.[23]
　그리고『최신 일본사』는 '새역모'의 교과서보다 훨씬 강도 높은 주장을 담고 있다. 이들은 일본의 군사대국화 주장뿐 아니라, 그것의 구체적인 임

---

22)『시판본 새로운 역사교과서』, 291~292쪽.
23) 위 같은 책, 314~315쪽.

무를 명확히 규정해놓고 있다. 이 부분에 대한 서술을 옮겨보면 다음과 같다.

일본은, 인원의 파견은 못했지만, 다국적군에 막대한 금액의 자금원조를 하게 되었다. 그 후 국제 공헌이라는 관점에서 전투종결지역으로의 전투목적 이외의 파견이 결정되고, 해상자위대의 소해정(掃海艇)이 페르시아만에 파견되어, 이라크군이 설치했던 기뢰를 제거했다.
<현대일본의 과제와 문화의 창조>
걸프전을 계기로 하여 세계평화를 유지하기 위해 일본의 국제공헌 방식이 문제화되었다. 헌법 제9조의 재검토 논의가 활발해지고, 헤이세이 12년(2000) 국회에 헌법조사회가 설치되었다.
영토문제에 대해서는 우리나라 고유의 영토가 다른 나라의 위협을 받고 있는 현실을 간과해서는 안 된다. 북방영토는 러시아에 점령되어 있는 상태이고, 한국이 시마네현(島根縣) 다케시마(竹島)의 영유권을, 또한 중국이 오키나와현(沖繩縣)의 센가쿠열도(尖閣諸島)의 영유권을 주장하고 있다.[24]

이처럼 『최신 일본사』는 일본의 군사대국화를 지향할 뿐 아니라 고등학생들에게 그 구체적 임무로 '영토의 회복'을 제시하고 있는 것이다. 이 교과서의 이런 문제의식은 다음과 같은 기술에서 보이는 것처럼 과거 식민지를 '잃어버린 국토'로 생각하는 시각과 긴밀히 연결되어 있다는 점에서 더욱 위험하다.

<칼럼 - 쇼와천황의 전국순행>
대동아 전쟁 종결시에 있어 일본의 인적피해는, 부상·행방불명자를 포함하여 250만 명이 넘고, 패전으로 인해, 국토의 45%이상을 잃었다.[25]

---

24) 『最新 日本史』 검정 신청본, 270쪽.
25) 위 같은 책, 260쪽.

왜곡교과서는 이처럼 노골적으로 군국주의를 찬양하고 부활을 획책하고 있다. 또한 이들 교과서는 자신들의 논리를 정당화하기 위해 다수 일본 국민의 지지를 받고 있는 천황제를 교묘히 미화하고 활용하고 있다.[26] 문제의 본질을 '반공주의'와 천황제에 대한 인식과 태도 문제로 호도하고 있는 것이다.

2) 교과서 역사왜곡과 한·미·일 공조관계

위에서 살펴본 바와 같이 '새역모'의 결성으로 본격화되기 시작한 제3차 교과서공격은 1998년을 전후한 일본사회의 급속한 우경화 분위기 속에서 조직적이고 계획적으로 진행되고 있다. 일본은 1999년 6월 25일 신가이드라인(미·일방위협력을 위한 지침)과 관련한 '주변사태법'을 국회에서 통과시켰다. 이 법으로 일본은 미국의 전쟁수행에 참여하는 길을 보장받게 되었다. 그런데 '주변'은 주요하게 한반도를 지칭하는 것이고, 유사시에 일본 국민의 보호를 위해 자위대가 한반도에 파병될 수 있음을 의미하는 것이다. 일본 국회는 곧이어 통신방수법(通信傍受法 : 도청법), 신주민기본대장법(주민표번호제도), '히노마루'와 '기미가요'를 국기·국가로 제정하는 법을 통과시켰다. 그리고 평화헌법 개정을 목표로 국회 내에 '헌법조사회'를 설치했다.

2001년 교과서 역사왜곡이 있은 이후로는 한 걸음 더 나아가 유사법제 통과를 시도하고 있다. 유사법제안은 「무력공격사태법안」, 「안전보장회의 설치법 개정안」, 「자위대법 개정안」으로 구성되어 있다. 이 법안들은 유사시 총리에게 지방자치단체와 공공기관에 대한 긴급지휘권을 부여하고, 국

---

26) 천황제와 교과서 왜곡의 문제에 관해서는 이 책에 실린 하종문의 글(「교과서문제와 천황·천황제」) 참조.

민은 이에 협력해야 할 의무를 지도록 하고 그 세세한 내용을 규정하고 있는 법안이다.27)

그런데 이 같은 일본의 급속한 우경화에는 1998년 8월 말의 북한 인공위성발사와 10월의 김대중 대통령의 일본 방문이 결정적 계기를 제공했다고 할 수 있다. 물론 그 외의 요인으로 ① 일본의 장기적인 경제성장의 결과, 경제대국이 된 일본이 '보통국가'로서의 배당을 요구하기 시작한 것, ② 사회주의권 붕괴에 따른 냉전 후의 전반적인 보수화와 일본 진보세력 내의 좌절감·무력감의 확산, ③ 장기 경제불황 속에서 좌절하여 초조해지기 시작한 일본 프티부르주아의 공격성 증가와, 젊은이들 사이의 무책임한 미이즘(Me-ism : 일본형 개인주의)을 배경으로 한 풀뿌리파시즘의 만연, ④ 냉전 후 미국의 신세계(패권)전략에 의한 일본에 대한 새로운 역할 부여와 이를 기화로 독자적 군사역할을 강화하려는 일본 보수·강경파의 대두 등이 지적되고 있다.28)

김대중 대통령은 '한일파트너십 공동선언'을 통해 일본과의 과거청산을 마무리지으려고 했다. 회담에서 역사인식문제, 일본군위안부 문제에 대한 언급은 회피되었다. 『산케이신문』은 이를 한국의 강한 희망 때문이었다고 보도했다. 또한 김대중 대통령은 자신의 납치사건, 독도문제 등의 중요 현안에 대해서도 언급하지 않았다. 그 대신 천황 호칭의 공식화, 일본의 대한국 경제역할 평가, 전후 일본의 평화와 민주주의·경제성장·대외지원 찬양 등의 내용을 담은 연설을 했다.29) 나아가 김대중 대통령은 공동선언과 함께 채택된 「21세기를 향한 한일 공동행동계획」에서 '한일 안보대화',

---

27) 고이즈미 총리는 2002년 6월 이들 법안을 처리할 예정이었으나 반대여론에 부딪쳐 2002년 가을 임시국회로 처리를 연기해놓은 상태이다. 『중일일보』 2002. 6. 14 (『朝日新聞』 2002. 6. 13)
28) 서승, 「일본의 우경화와 한·일군사동맹의 위험성」, 『역사비평』 1999 겨울, 68쪽.
29) 『産經新聞』 1998. 10. 9 ; 『每日新聞』 1998. 10. 9 ; 서승, 위의 글 70쪽에서 재인용.

'한일 방위교류', '대북한 정책에 대한 한일 협의의 강화', '북한의 핵개발 억제를 위한 협력' 등의 항목을 포함시켜 대북한 군사동맹의 방향을 설정했다. 이는 일본의 한반도에서의 군사적 역할까지도 암묵적으로 인정하는 것이었다.30)

김대중 대통령은 결국 한·미·일 공조라는 틀 속에서 일본의 군사적 역할 확대를 용인하면서, 과거 청산을 마무리지으려는 미국과 일본측의 요구를 승인하는 정책을 채택한 것이다. 이것은 IMF체제로 인한 경제위기 극복 문제, 50년 만의 정권교체를 이룩한 신생정권으로서 전통적 우방에 대한 부담과 예의, 그리고 노벨평화상으로 대변되는 김대중 대통령 개인의 평화적 이미지 부각 등의 복합적 요인에 의해 채택된 정책이라고 할 수 있다. 물론 이런 선택을 보다 쉽게 해준 것은 북한의 인공위성 발사와 그에 따른 일본열도의 정신적 공황상태나 다름없는 위기의식이었다. 당연히 일본의 보수파들은 김대중 대통령의 '용단'에 아낌없는 찬사를 보냈다.

김대중 정부의 이러한 '선택'은 한·미·일 공조로 표상되는 힘의 우위를 통한 동북아 평화유지, 즉 냉전체제하의 전쟁억지정책을 그대로 계승한 것이었다. 이러한 정책은 제2차 세계대전 이후 추진된 미국의 패권적 아시아 전략에 근거하고 있다. 당시 미국의 의도는 '태평양동맹'이라는 반공 지역동맹을 꿈꾸고 있던 이승만의 구도와 맞아떨어졌다. 1950년 일본을 방문한 이승만은 맥아더와 요시다(吉田茂) 수상 등과 면담했다. 이승만은 도착성명에서 "공산주의에 의한 공동의 위험에 직면하여, 공동의 안전을 도모하기 위하여 서로의 이해를 깊게 하는 일이 필요로 되었다"고 언급했다. 그리고 기자회견에서 "동양에 공산주의 위험이 존재하는 한, 한일양국은 과거를 잊고 밀접하게 협력하여야 한다"고 답변하고 있다.31)

일본측은 미국의 전략이 일본 군국주의 유산의 청산보다는 반공제일주

---

30) 서승, 위 같은 글, 71쪽.
31) 다카사키 소우지 저 / 김영진 역, 『검증 한일회담』, 시미즈서원, 1998(동경, 1996), 24쪽.

의로 전환되었음을 알고 있었다. 이를 위해 미국이 천황과 보수적 일본 지배층의 연속성을 보장하고 있다는 점도 잘 알고 있었다. 일본은 한국정부가 미국의 반공제일주의 세계전략의 강력한 지지자라는 점을 적극 활용했다. 더군다나 한국전쟁을 통하여 일본은 미국과 공식적인 동맹관계를 맺은 터였다. 결국 일본정부는 한국인들에게 과거사에 대해 사과할 필요가 없음을 간파했다. 그리고 회담에서 그 점을 십분 활용했다. 이승만 정부는 딜레마에 빠졌고, 문제의 해결은 박정희 정부에게로 넘어갔다. 권력의 취약성을 경제개발로 돌파하려던 박정희 정부는 일본측의 왜곡된 과거사 인식을 용인하는 굴욕을 무릅쓰고 한일관계를 정상화시켰다. 박정희가 회담성사를 서두른 또다른 이유는 그 자신이 "6·25동란 당시, 우리가 체험한 것처럼 일본을 후방기지로 확보한다는, 즉 안보적인 측면에서 반드시 타결시켜야만 한다"고 생각하고 있었기 때문이었다.[32]

김대중 정부의 대미·대일 정책은 위와 같은 과거의 큰 틀을 이어가고 있다고 할 수 있다. 김대중 대통령 취임 직후 일본 방문에서 IMF경제위기 극복을 위한 30억 달러 차관에 대한 대가로 과거사청산선언과 일본 재무장에 대한 동의라는 위험한 거래가 있었다는 점은 박정희 정권과 닮은꼴이었다. 김대중 정부의 큰 기조로 자리잡고 있는 한·미·일 공조체제는 여전히 북한에 대한 적대 관계를 기본으로 한 미국주도의 냉전적 평화유지(전쟁억지) 정책인 것이다. 그런데 문제는 냉전체제의 해체라는 새로운 국면에서 비롯된 변화의 필요성이다. 이런 변화에 발맞추어 김대중 정부는 한편으로 전통적인 한·미·일 공조체계를 유지하면서 한편으로 대북 포용정책(햇볕정책)이라는 새로운 모색을 시작했다.

그러나 미국이 아시아에서의 영향력 유지 및 확대정책에 변함이 없는 이상 대북 포용정책은 매우 제한적인 것이 될 수밖에 없다. 역대 어느 정권보

---

[32] 「정일권 인터뷰」,『한국일보』1985. 6. 25 ; 다카사키 소우지 저 / 김영진 역, 위 책, 135쪽에서 재인용.

다 대북 강경책을 부르짖는 부시정권의 등장과 9·11테러사건 이후 이 점은 명백히 드러났다. 미국은 아프가니스탄에 대한 공격이 어느 정도 마무리되는 시점에 새로운 공격목표로 설정한 '악의 축'에 북한을 포함시켰다. 뿐만 아니라 미국은 북한의 대량살상무기를 핑계삼아 MD정책의 정당성을 강조하고 있다. 2002년 3월 11일 미국 중앙정보국(CIA)은 "북한이 핵무기급 탄두를 장착한 채 미국 본토에 이를 수 있는 미사일발사 실험 준비단계에 있는지도 모른다"면서, "북한은 2단계 대포동 2호 미사일로 수백kg짜리 탄두를 1만km 거리로 보낼 능력을 갖추고 있어 3단계 미사일을 사용한다면 비행거리가 1만 5000km에 달해 북미 전역을 가격할 수 있을 것"이라고 강조했다.33) 또한 지난 3월 9일 미 언론에 공개된 미 국방부 문서 '핵태세 검토(NPR)'에는 북한, 중국을 포함한 7개국을 지정하여 유사시 핵무기를 사용할 것을 주장하고 있다. 이 문서는 1994년 이후 8년 만에 다시 작성된 것으로 미국의 핵공격 가능 대상 국가를 처음으로 명시했을 뿐만 아니라 냉전시기 이후 표방해왔던 핵 억지전략의 폐기를 의미하는 것으로 받아들여지고 있다.34)

이처럼 9·11테러 이후 미국의 대북한 정책은 강경책으로 일관하고 있다. 힘의 우위를 통한 미국의 아시아 개입전략이 더욱 분명히 드러나고 있는 것이다. 단지 그것의 명분이 이전에는 '반공'이었던 것이, 이제는 '반테러'로 바뀌었을 뿐이다. 일본은 그 틈을 이용해 이 지역에서의 군사적 영향력을 확대하기 위해 모든 노력을 기울이고 있다. 일본은 현재의 국제 정세가 막강한 경제력과 군사적 힘을 바탕으로 한 일본 중심의 아시아 질서 재창출이라는 욕망을 실현시킬 절호의 기회라고 여기고 있음이 분명하다.

일본의 이러한 욕망은 무척 오래된 것임이 이번의 교과서 역사왜곡에서도 여실히 드러나고 있다. 그런데 '새역모' 측은 교과서 역사왜곡이 노리고

---

33) 『동아일보』 2002. 3. 13.
34) 『경향신문』 2002년 3월 16일자 이삼성 교수의 인터뷰 기사 등 참조.

있는 이와 같은 욕망을 감추기 위해 구태의연한 '반공'의 명분을 내세우고 있기도 하다. 예를 들면 2001년 8월 15일 '새역모' 홋카이도 지부는 재일 한국계 기업들에 보낸 편지에서 반공적이며 패권적인 의식을 노골적으로 드러내고 있다. 그들은 역사교과서, 야스쿠니신사 참배문제가 "내셔널리즘의 문제라 쌍방이 비판을 시작하면 해결은 영원히 곤란하다"며 "한국의 일본 비판은 중공만 이롭게 할 뿐으로 자멸의 길에 다름 아니다"고 주장했다. 또 그들은 "중공은 한국을 이용해 심리전에 의한 일본침략을 행하는 것"이라며 "중공의 의도는 일본에서 내셔널리즘을 상실시켜 미일안전보장조약을 부정함으로써 미군을 일본에서 몰아내고 일본침략을 도모, 결국 한국을 동서에서 포위할 것"이라는 황당한 주장을 펴고 있다. 또 그들은 "중공의 대아시아 팽창야욕을 막으려면 한국과 일본 양국이 내셔널리즘으로 무장할 필요가 있다"며 "한국계 기업은 한국의 관민을 설득, 일본을 향한 심리공격을 중지하고 중공에 대해 반격을 가하라"고 주장하고 있다.[35] 이 편지는 비록 '새역모'의 한 지부에서 보낸 것이지만 역사교과서문제의 본질을 공산주의에 대한 대응으로 호도하려는 그들의 의도를 잘 보여주고 있다.

이런 입장은 후소샤 교과서에서도 잘 드러나고 있다. 이 교과서의 마지막 항목은 '역사의 전환기와 일본의 역할'이다. 여기서 20세기 후반의 40년을 '초강대국 대립의 시대, 자본주의와 공산주의 간의 대립의 시대'로 규정지으며, "소련이 소멸함으로써 자본주의와 공산주의의 대결은 청산되었다"고 기술하고 있다. 그러면서도 다음과 같이 21세기 일본의 임무를 규정하고 있다.

"공산주의의 잔재, 종교와 인종이 얽힌 대립으로 세계는 아직도 불안정하며, 선진국과 발전도상국 간의 격차도 여전히 크고 발전도상국에서는 지금도

---

[35] 이 편지는 일본 현지의 제보를 받은 '어린이와 교과서 전국네트워크 21' 측에서 한국의 일본교과서바로잡기운동본부 측에 전달함으로써 국내에 알려졌다. 국내에서는 연합통신과 주요 일간지에 2001년 8월 24일 보도되었다.

굶주림으로 고통받는 사람이 많다. 더욱이 20세기 말부터 살림의 소멸, 오존층의 파괴 등 지구 차원에서의 환경 악화가 문제시되어, 인류전체의 대응이 요구되고 있다. 이와 같이 21세기에 남아 있는 문제는 크며, 그런 의미에서 일본이 해야 할 일은 결코 적지 않다."36)(밑줄 강조는 필자)

21세기 각종 일본의 임무 중 첫번째로 제시되고 있는 것이 공산주의 잔재의 청산으로 설정되어 있는 후소샤 교과서는 역사왜곡 문제를 반공의 시각으로 무마시키려는 의도를 종합적으로 보여주고 있다고 할 것이다.

2. 21세기 아시아 평화를 위한 모색

1) 과거청산을 위한 아시아국가연대

일본의 교과서 공격세력 측의 의도는 분명하다. 역사왜곡을 반공의 문제로 치환시킴으로서 한국의 대응을 분열시키고, 전선을 흐려놓으려는 것이다. 그들의 의도는 일정하게 먹혀들고 있다. 한국에서 이미 그러한 주장에 호응하는 목소리가 나오고 있다. 한·미·일 공조를 위협하는 교과서문제는 더이상 문제삼아서는 안 된다는 주장이 그것이다.37) 한국정부도 한·미·일 공조와 과거사 청산의 갈림길에서 주춤거리고 있다.

---

36) 『시판본 새로운 역사교과서』, 317쪽.
37) 김정강, 「한·일 양국은 자유를 위한 동맹의 길로 들어서야 한다」, 『한국논단』 149호, 2002. 3.

그런데 한·미·일 공조체계 유지를 불변의 원칙으로 가지고 있는 김대중 정부가 추진하는 대북 포용정책은, 미국과 일본이 냉전질서 유지 강화 의도를 숨기지 않는 대북 정책을 구사함으로 인하여 심각한 도전을 받고 있다. 그럼에도 김대중 정부의 포용정책은 중요한 시사점을 보여주고 있다. 즉, 한반도 평화문제의 주도권을 미국 중심에서 남북 중심으로 이전시킬 수 있는 가능성을 시사한 것이다.

앞에서 이미 언급하였듯이 미국과 일본은 과거 냉전질서하의 아시아 정책을 유지하기 위하여 표면적으로는 대공산주의 정책을 대테러정책이라는 명목으로 전환시키고 있다. 냉전해체라는 새로운 시대에 9·11테러가 제공해준 새로운 명분이었다. 그러나 그 본질은 미국 주도하의 아시아 전략의 관철에 있음은 분명하다.

그러나 21세기 아시아의 평화유지를 위해서는 힘의 정책에서 공존의 정책으로 바뀌어야 함도 분명한 사실이다. 이를 위해서는 자본주의와 공산주의(사회주의)라는 이념의 벽을 뛰어넘는 새로운 인식이 필요하다. 다시 말해 역사왜곡 문제, 또는 과거청산의 문제와 반공의 문제는 분명 다른 문제임을 새삼 인식해야 하는 것이다. 이는 곧 탈냉전 시대에 걸맞는 의식의 전환을 의미한다. 이런 점에서 아시아 공동의 역사인식의 모색은 매우 중요한 가능성을 열어주고 있다.

후소샤 교과서에서도 '20세기는 최초의 반이 19세기로부터 계속된 식민지의 시대'였음을 인정하고 있다.[38] 세계 어느 나라도 이 점을 부인하지는 않을 것이다. 마찬가지로 그것이 잘못되었던 과거라는 인식에도 이견이 있을 수 없다. 그럼에도 일본은 그것에 대한 정당하고도 필요한 조치를 거부하고 있다. 아시아 공동의 역사인식의 확보는 바로 이 점에서 출발할 필요가 있다.

앞에서 살펴보았듯이 아시아에서의 일본의 과거사에 면죄부를 부여하고

---

38) 『시판본 새로운 역사교과서』, 317쪽.

있는 것은 미국 주도의 아시아 질서이며 한·미·일 공조체계이다. 또 하나의 축은 막강한 경제력을 바탕으로 한 일본의 아시아에서의 주도권 장악이다. 아시아에서 역사인식의 공유와 상호인정을 전제로 한 새로운 평화질서를 구축하는 것은 이러한 틀을 벗어날 때에만 가능하다. 바로 이 때문에 일본의 식민지배로 인한 피해를 받은 나라들과 침략전쟁의 희생을 당한 나라들 간의 연대가 필요하다.

 2001년 교과서파동에서 보여준 아시아 국가들 간의 공조는 매우 미약했다. 교과서 문제가 불거지기 시작하던 2001년 2월 27일 중국 장쩌민 주석은 "양국의 우호관계가 잘못되지 않게 각별한 배려를 바란다"는 내용을 중국 방문중인 나카소네 야스히로 전 일본 총리에게 요청했다.[39] 4월 3일 일본정부의 검정결과 발표가 있은 뒤인 5월 8일 한국정부가 일본정부에 35개조 수정요구를 하였고, 중국정부도 5월 16일 8개항의 수정요구를 일본측에 제기했다. 조선의 경우도 3월 이후 거의 매일 『노동신문』과 『민주조선』 등의 언론매체를 통하여 정부와 외무성의 입장 및 각종 사회단체들의 항의성명과 해설기사를 내보냈다. 그러나 이 과정에서 남·북·중 3국 정부 간의 협의는 없었던 것으로 보인다.

 그런데 한국·조선·중국 3국의 대응 중에서 조선의 대응에 주목할 점이 있다. 조선의 대응이 한국의 경우와 비교하여 특별한 점은 일본과의 과거사 문제에서 한국의 경우 교과서 문제에 국한하는 경향을 보여주는 반면, 조선은 전반적이고 총체적인 차원에서 문제제기하고 있다는 점이다. 이 점은 일본의 미·일군사동맹에 대한 견제, 조일수교협상에서의 유리한 고지 선점 등을 고려한 때문일 것이다. 그렇지만, 한국이 일본과의 수교협상에서 제대로 진행시키지 못했던 문제들을 조선이 원칙적인 입장을 견지하며, 교과서 문제와 통일적으로 사고하고 있는 점은 앞으로의 한일관계나 아시아 각국이 일본과의 과거사 문제를 풀어나가는 데 매우 중요한 시사

---

[39] 『한겨레』 2001. 3. 1.

점을 던져주고 있다.40)

특히 한국의 경우는 1965년 체결된 한일기본협정이 조일수교의 중요한 걸림돌이 되고 있다는 점을 상기할 필요가 있다. 이 문제는 비단 조일수교 뿐만 아니라 식민지 피해당사자 개인들에 대한 피해보상 문제해결에도 걸림돌이 되고 있는 문제이다. 이 점을 고려한다면 한국정부는 한일기본협정의 개정을 신속히 추진할 필요가 있다. 이미 이 문제는 1995년 대한민국 국회에서 제기된 바 있다. 당시 여야 국회의원 1백6명은 1965년의 한일조약을 폐기하고 새로운 조약을 체결할 것을 정부에 촉구하는「대한민국과 일본국 간의 조약협정 폐기 및 재체결 촉구결의안」을 10월 25일 국회에 제출했다. 이들은 결의안에서 "한일조약은 일본의 한반도에 대한 강압적 식민지 지배에 대해 면죄부를 준 굴욕적이고 불평등한 조약인 만큼 폐기하고 새로 한일조약을 체결해야 한다"고 주장했다.41)

문제의 발단은 당시 무라야마 일본 총리가 1995년 10월 5일 참의원 답변에서 "한일합병조약은 당시의 국제관계 등 역사적 사정에서 법적으로 유효하게 체결돼 수립된 것으로 인식하고 있다"고 발언한 것이 계기가 되었다. 이는 무라야마 총리 개인의 의사가 아니라 언제나 변하지 않는 일본 정부의 공식입장이다. 당시 남북 정부는 일본측에 공식항의를 제기했지만, 일본측은 태도를 변화시키지 않았다.

전후 일본 국회에서 '한일합방조약'의 법적 유효성 문제가 거론된 것은 대표적인 것만도 1995년이 세 번째였다. 한일국교 정상화 직후 사토 내각과 1986년 나카소네 내각에서도 이미 문제가 되었다. 사토는 "한일합방조약은 대등한 관계에서 자유의사로 체결된 것"이라고 발언했다. 또 나카소네 총리는 '법적 유효성'이 논란이 되자 "실제 강제성이 인정되지만 당시는 유효하게 체결됐다"는 답변으로 무마했다.

---

40) 일본교과서바로잡기운동본부 편, 앞의 책, 142쪽.
41)『동아일보』1995. 10. 26.

1995년의 한일 간 대립에서 한국의 임채정, 김원웅 등의 국회의원들은 "남북한이 일본의 과거사 망언에 대한 해명을 공동으로 요구할 용의는 없느냐"며 '한일합방'과 을사조약, 정미7조약 등의 원천무효를 선언하는 남북공동결의안 채택을 촉구하기도 했다.[42]

    이처럼 이미 오래전부터 한국에서는 정부당국을 제외한다면 한일기본협정의 개정필요성이나 남북공동대응의 분위기가 마련되어 있다고 할 수 있다. 주기적으로 계속되는 일본 당국자들의 망언이나 교과서 역사왜곡사태를 볼 때 한국정부의 보다 전향적인 대응이 필요하다. 만약 한국정부가 한일관계의 전면적 재검토와 조일수교에서 북측이 주장하고 있는 일본의 사과와 배상요구에 대한 지지선언 등의 태도를 보인다면 남북공조의 기틀을 마련할 수 있을 것이다. 물론 북측도 그에 상응하는 협력의 태도를 보여야 한다.『최신 일본사』에 대한 침묵을 깨는 것이 좋은 예가 될 수 있다. 특히 독도 영유권 주장에 대해 적극적으로 대응하고 남측 정부에 대한 지지를 표명할 필요가 있다.[43]

    이와 같이 여러 가능성이 확인되고 있는, 남북연대가 실현된다면 힘의 원칙에 입각한 미국 주도의 한·미·일 공조체제의 틀을 벗어난, 21세기 탈냉전 시대의 아시아 평화질서 구축의 새로운 가능성을 여는 지름길이 될 것이다. 나아가 남·북, 중국 그리고 일본의 침략을 받았던 아시아 여러 국가들의 공조관계의 기틀을 마련하는 길이 되기도 할 것이다. 과거사 청산을 매개로 한 아시아 국가들의 연대는 조일수교에 대한 각국의 태도가 좋은 선례를 만들 수 있을 것이다.

---

42)『한겨레』1995. 10. 21.
43) 2002년 4월 25일 현재 북측은 4월 12일발 조선중앙통신의 논평과 4월 13일『노동신문』에 실린 개인필명의「우리 대에 일본의 과거죄행을 반드시 결산할 것이다」라는 글을 발표하였을 뿐이다. 더욱이 두 번째 글에서 독도문제는 언급조차 되지 않았다.

2) 아시아 시민연대의 강화

아시아 공동의 역사인식을 통한 국가 간 평화질서의 재편은 아직 많은 한계를 안고 있는 것이 사실이다. 일본의 침략전쟁을 경험한 많은 아시아의 국가들은 자신들의 역사인식과는 무관하게 일본의 경제적 협력에 의존하고 있는 부분이 많다. 한국의 경우만 하더라도 한일기본협정체결 이후 정권의 교체시기마다 일본으로부터 경제지원을 받아왔다. 물론 그때마다 일본측은 식민지배에 대한 합법성을 운운하는 망언으로 한일과거사에 대한 자신들의 입장을 확인하곤 했다. 이러한 일본의 전략은 과거사에 대한 배상문제로부터 비껴가면서도 경제지원을 통한 일본 자본의 아시아 제국가로의 유입이라는 효과를 수반하는 것이었다. 1990년대 이전까지는 미국주도의 아시아 전략이 그 현실적 배경이 되었다.

그러나 1980년대 중반 이후 일본 다국적 자본의 해외진출이 급격히 늘어난 반면, 냉전의 해체로 미국의 반공중심 아시아 패권전략이 점점 힘을 잃어가면서 일본은 새로운 모색을 시작했다. 그것이 바로 스스로의 무장에 의한 정치적 군사적 우위를 확보하는 전략이다. 이 전략에 결정적 힘을 실어주는 것은 여전히 미국의 패권주의임이 틀림없다.

아시아의 많은 국가들은 일본의 재무장을 달가워하지는 않는다. 그러나 각국이 미국과 맺고 있는 군사동맹이나, 미・일 관계에 더하여 각 개별국가들 간에 유지되고 있는 공조체제 그 자체가 곧 경제적 협력체화되어 있는 현실을 무시할 수도 없는 처지이다. 아시아 여러 나라들이 일본 자본의 상당한 영향력하에 있는 상황에서 스스로 현재의 질서를 깨고 새로운 질서로 나아가기는 불가능에 가까운 것이다. 바로 이 지점에 각국의 시민단체들의 필요성이 절실히 대두된다.

한일 간의 관계를 예로 들어보면, 김대중 대통령의 1998년 일본 방문과 '한일파트너십공동선언'으로 일본의 진보적인 세력들은 상당한 충격을 받았다. 그러나 그 충격은 2001년 일본의 교과서 왜곡에 대응한 한일시민연대에 의해 상당 부분 복원되었다고 할 수 있다.

2001년의 한일시민연대는 과거의 경우보다 진일보한 측면이 있었다. 과거 한국은 식민지 경험을 보편적 가치인 '반제·반전·평화'라는 이념으로 전환 발전시키기 못하고 '반일과 반공'이라는 특정 집단에 대한 '광적인' 거부로 왜소화했던 경험을 가지고 있다.44) 이것은 식민지 경험에 대한 독재권력의 독점적 해석과 그것의 국가통합이데올로기화에 원인이 있다고 할 수 있다. 한국에서 식민지 경험으로 인한 '상대적 후진성' 극복의 노력은 두 가지 형태로 나타난다. 하나는 극단적인 일본 배척주의이고 다른 하나는 극일론이다. 전자는 일본제국주의의 수탈·침략 등의 규명·폭로에 초점을 맞추고, 후자는 일본의 과거 정책 및 전략의 도입으로 한국경제의 당면과제를 해결하는 실용적인 태도에 모아졌다.45)

1982년 일본의 교과서 역사왜곡에 대응하는 한국의 논리는 대체로 이 두 가지에서 크게 벗어나지 못했다. 시민운동 영역은 거의 볼 수 없었고, 관변단체를 중심으로 한 배일운동이 주를 이루었다. 그러나 2001년 한국 시민사회의 대응은 상당히 다른 양상을 띠고 나타났다. 식민지 경험의 보편적 가치로의 전환을 느낄 수 있는 표상들이 나타났고, 그러한 흐름이 주류를 형성하였다. 물론 배일적 성격을 노골적으로 드러내는 운동경향이 존재했지만, 그들은 미약하거나 시민운동 자체의 노력으로 제어되었다.

나아가 한국의 시민운동은 일본의 양심적 시민운동세력과 '반제·반전·평화·여성' 등의 보편적 가치를 내걸고 연대의 틀을 형성하는 데 성공했다. 그러한 성과들은 공동집회, 상호방문, 공동투쟁 등의 형태로 나타났다. 또한 한일 양국 시민 공동의 역사인식을 확인하고 그것을 부교재로 만들어가는 작업에 이미 착수했다.46) 이러한 성과들은 1980년대 중반 이

---

44) 권혁태, 「교과서 문제를 통해 본 일본사회의 내면 읽기」, 『역사비평』 2001 여름, 31쪽.
45) 권혁태, 위의 글, 30쪽.

후 한국 시민운동의 지속적인 성장이 있었기 때문에 가능했다.

한국 시민운동의 성장은 한국정부의 태도에도 상당한 영향을 미쳤다. 과거와 같은 미온적이고 단기적인 대응을 반대하는 시민운동의 주장을 한국정부가 외면할 수 없었던 것이다. 또한 문제의 근본적인 해결을 위한 대책수립 요구를 쉽게 저버리고 외교적 타협으로 나갈 수 없도록 하고 있다.

한국에서 시민운동의 또다른 필요성은 한일기본협정과 같은 조약이나 외교문제로 인해 정부차원에서 제기할 수 없는 문제에 대하여 원칙적인 대응을 할 수 있다는 점이다. 그 중 가장 중요한 문제는 식민지 피해자들에 대한 명예회복과 배상문제이다. 현재 한일기본협정으로는 이들에 대한 배상을 정부차원에서 추진하기 힘들게 되어 있다. 그렇지만 민간 차원에서 일본정부나 기업을 상대로 한 소송이나 항의운동이 끊임없이 전개되고 있다. 한국의 일본군위안부 할머니들은 매주 1회 진행하는 일본대사관 앞의 시위를 이미 500회가 넘게 진행해오고 있다. 이들의 힘이 한국정부나 일본정부의 역사인식 변화에 많은 공헌을 하고 있음은 물론이다.

또 한 가지 한일협정문제와 관련하여 시민운동 차원에서 제기해야만 하는 문제는 샌프란시스코 강화회의 당시 한국을 배제시키는 로비를 성공시켰던 일본의 행위에 대한 문제제기이다. 이 문제는 한일기본협정을 원인무효화시킬 수도 있는 것으로써 지난 2000년 8월 공개된 미국 국립공문서관 비밀해제 자료에 의해 음모가 밝혀진 바 있다. 문서에는 1949년 12월 미국이 작성한 조약 초안에는 한국을 연합국의 일원에 포함시켰으나, 1951년 4월 당시 요시다 시게루 일본 총리가 미국 초안작성 담당 존 포스터 덜레스 특사를 만나 재일동포 처우 및 배상문제 등을 이유로 한국을 전승국 명단에서 제외해주도록 요구하는 등 한국 제외 공작을 추진했고, 결국 1951년 7월에 일본쪽 요청을 수용한 것으로 되어 있다.[47] 이러한 문서를 근거

---

46) 이상의 성과에 대해서는 일본교과서바로잡기운동본부 편, 앞의 책 참조.
47) 『한겨레』 2000. 8. 23.

로 일본의 파렴치한 행위에 대한 도덕적, 법적 책임을 시민운동에서 먼저 추궁해나간다면 양국을 협상테이블로 끌어낼 수도 있을 것이고, 과거사 청산에 대한 유리한 국면을 만들어낼 수도 있을 것이다.

한편, 한국정부가 한·미·일 공조체제나 한일 경제상황 등의 이유로 공동행동을 요청하거나 쉽게 응할 수 없는 부분이 조선 또는 중국과의 공조인데, 시민운동은 그것을 돌파할 힘을 가지고 있다. 1990년 조선로동당과 일본의 자유민주당 및 사회당 대표단 사이에 발표된 공동선언은 과거 청산문제와 관련하여 상당히 진전된 내용을 담고 있다. 선언문 제1항은 "3당은 과거에 일본이 36년 간 조선인민에게 입혔던 불행과 재난, 전후 45년 간 조선인민들이 당했던 손실에 관해 조선민주주의 인민공화국에 공식적으로 사과하고 배상해야 한다는 것을 인정한다"는 것으로 되어 있다.[48] 남쪽 정부에게도 필요한 내용이지만 한국정부 차원에서 이 문제에 대해 지지를 표명하거나 북측과 공조를 주장하기는 힘들어 보인다. 그렇지만 시민운동 차원에서는 얼마든지 선언문의 실현을 요구하는 운동을 제기할 수 있는 것이다.[49]

이처럼 한국정부와 조선정부 그리고 중국정부 간의 공조에 대한 공백을 한국의 시민운동이 해결할 가능성은 얼마든지 열려 있다. 또한 그 상당 부분을 이미 해결해나가고 있다. 2000년 6·15남북정상회담의 영향으로 2001년에는 많은 남북민간교류가 있었다. 그런데 2001년 한해 동안 자리를 함께 한 민간행사에서 남북 참가자들은 어김없이 일본의 역사왜곡을 규탄하는 성명서를 발표했다. 그리고 공동 전시회 등을 통하여 서로의 공감대를 확인하고 넓혀왔다. 이런 활동은 양정부 간의 협력을 계속적으로 압박하는 효과를 지니고 있다. 마찬가지로 중국과의 공조도 민간차원의 교

---

[48] 선언문 전문은 『동아일보』 1990. 9. 29 참조.
[49] 이러한 주장은 김민철이 제기한 바 있다. 김민철, 「제2차 가해와 그 범죄사실」, 한국정신대문제대책협의회 2000년 일본군성노예전범 여성국제법정 진상규명위원회 엮음, 『일본군'위안부' 문제의 책임을 묻는다』, 2001, 풀빛, 359쪽.

류에서 시작될 수밖에 없을 것이다.

　무엇보다 아시아 시민 간의 연대가 필요한 가장 근본적인 이유 중의 하나는 국가 간 연대가 갖는 한계가 명확하다는 점이다. 국가 간의 연대는 자칫 국가 간의 경쟁으로 전화될 위험성을 내포하고 있다. 예를 들어 아시아의 평화질서와 관련하여 일부에서 우려하는 '중국의 패권론'과 같은 것이다. 물론 '중국의 패권론'과 '미국 패권주의' 사이에 차이는 분명 존재하고 있다. 그렇지만 그것이 가지는 위험성 또한 엄연히 존재하는 것이다. 제국주의화한 자본주의 국가와 사회주의 꿈을 경험한 역사의 차이, 팽창의 역사와 저항의 역사의 차이, 실재하는 패권주의와 '상상된' 중화주의의 차이를 분석하고 대응하는 것이 필요한[50] 다른 이면에는 민족주의에 근거한 국가 간의 경쟁 위험성도 상존하고 있는 것이다.

　미국 주도의 아시아 질서에서 탈피하여 새로운 아시아 평화질서를 추구하는 많은 사람들의 경우에도 중국이 급속한 경제성장과 막강한 군사력을 중심으로 중국중심의 아시아 질서를 재편하고자 하는 욕망을 언제든 드러낼 수 있다고 생각하고 있다. 그러한 국가 간 경쟁을 저지할 수 있는 것이 바로 아시아 시민 간 연대활동이다.

---

50) 김희교, 「한국의 비판적 중국담론, 그 실종의 역사」, 『역사비평』 2001 겨울, 270~271쪽.

맺음말

　냉전체제하에서의 이념적 편가르기를 기본으로 한, 힘의 균형이 아시아 평화를 위태롭게 유지해왔던 시대는 이제 막을 내릴 때가 되었다. 아시아의 평화는 이념적 대립보다는 침략과 전쟁, 그리고 그에 대한 항전으로 얼룩졌던 과거사에 대한 이성적인 반성과 청산을 전제로 한 평화와 공존 이데올로기로 새롭게 만들어나가야 한다. 그것을 가능하게 하는 것은 일본의 사죄를 강제할 수 있는 아시아 피해국가 간 연대와 그 연대의 올바른 방향성을 유지시켜줄 수 있는 아시아 시민연대가 함께 추구될 때에만 가능하다.
　일본의 역사왜곡이 일본의 군사대국화를 노리고 있으며, 그 초점이 평화헌법의 개정에 모아져 있다는 사실을 간파하고 아시아 각국과 시민들이 그것을 저지해나가야 할 때이다. 탈냉전기 아시아의 평화모색은 '반공제일주의'와 같은 이념적 함정에 빠지지 않고, 아시아 공동의 역사인식을 만들어가는 것에서 출발할 때에 그 가능성이 우리 앞에 열릴 것이다.
　아시아 공동의 역사인식 마련을 위한 탈이념적 아시아 시민연대의 모색은 이미 시작되었다. 2002년 3월 남경에서 개최된 한·중·일 3개국 공동 국제학술대회가 좋은 예이다. 이 대회는 앞으로 동경과 서울에서 연속적으로 개최될 예정이다. 남경대회에서는 조선을 비롯한 다른 국가의 참여를 적극 독려하기로 합의되었다. 또한 2002년 5월에는 평양에서 '일본의 과거청산을 요구하는 아시아지역 토론회'가 개최되었고, 아시아 각국과 미국에서 약 150여 명의 인사들이 참여하여 열띤 토론을 벌였다. 그리고 대회에서는 토론회의 계속적인 진행과 국제연대기구의 창설에 합의했다. 이와 같은 지속적인 시민운동의 교류확대는 아시아 피해국가 간 연대의 가능성을 넓히는 중요한 계기가 될 것이다.

서중석 (성균관대학교 사학과 교수)

한국교과서의 문제와 전망
─근현대사를 중심으로

머리말

2001년은 3, 4월경부터 연말까지 일본 역사교과서 문제로 많은 논란이 있었다.[1] 이 논쟁에는 정부나 학계, 언론뿐만 아니라, 한국에서건 일본에서건 많은 시민단체가 자발적으로 참여하였다. 후소샤 발행 역사교과서의 채택이 아주 저조하였던 것에는 일본 시민단체의 반대운동이 중요한 역할을 하였다. 두 나라에서 많은 시민단체가 참여하였다는 점은 과거의 일본 역사교과서 문제와 차이를 보이는 것으로, 앞으로 한일 양국인의 연대가 여러 면에서 커질 것임을 시사한다.

지난해에 일본 역사교과서가 논란이 되었을 때, 한국 교과서도 잘못된 부분을 바로잡아야 한다는 주장이 적지 않게 개진되었다. 한국 중고교 한국사교과서의 경우 논란이 된 역사는 짧지 않다. 유신정변이 일어나기 직전인 1972년 3월 대구에서 열린 '총력안보를 위한 전국교육자대회'에서 대통령 박정희는 올바른 국가관에 입각한 국사교육의 필요성을 강조하였으며, 그리하여 유신 이듬해인 1973년에 한국사교과서의 국정화가 추진되어, 1974년 신학기부터 '국난극복과 주체적 민족사관에 투철한' 국정 국사교과서가 사용되었다.[2] 그렇지만 이 국정교과서는 즉각 강력한 비판에 직면하였다. 『창작과비평』에서 특집으로 「'국사'교과서의 문제점」을 다룬 것이었다.[3]

---

* 이 글은 본래 『한국사연구』 116호(2002년 3월)에 게재한 것으로서, 일본교과서 바로잡기운동본부와 역사문제연구소의 요청에 따라 여기에 재수록하였다.
1) 문제가 된 교과서는 일본의 '새로운 역사교과서를 만드는 모임'에서 만든 후소샤(扶桑社) 발행 중학교 역사교과서를 가리킨다. 이 중학교 역사교과서는 檢定 신청을 한 白表紙本과 일본 문부과학성에서 통과된 교과서 모두가 문제가 되었다.
2) 남지대, 1988, 「고교 국사교과서 근현대편의 서술과 문제점」, 『역사비평』 1988 여름, 289쪽.
3) 『창작과비평』 1974년 여름호에 실린 이 특집에는 강만길(「史觀과 敍述體裁의 검토」), 김정배(「상고사에 대한 검토」), 이우성(「고려시대에 대한 검토」), 이성무(「

중고교 한국사교과서는 특히 '국정'이 문제가 되었다. 국정화(國定化)는 이미 서슬이 시퍼런 유신치하에서 국정 교과서를 만들기 위하여 조직된 '국사교육강화위원회'(1973. 7)에서 반대하였지만, 그 뒤로도 국정에서 검정으로 바뀌어야 한다는 주장이 끊임없이 제기되었다. 예컨대 1993년에 중고교 '국정' 교과서의 준거안을 만들기 위하여 조직된 '국사교육내용전개 준거안 연구위원회'에서는 회의 벽두부터 다수 의견으로 제시되었다.

중고교 '국정' 교과서의 사관 또는 이데올로기나 부적절하고 부정확한 내용에 대한 비판은 중고교 교사단체, 역사관계 학술지 등에서 계속 있었고, 교육대학원 역사 관계 논문 등으로도 다루어졌다. 교육대학원 논문에는 삽화 등의 문제점도 지적되었다.『역사비평』에서는 제2호(1988 봄)에서 교사좌담으로「교육현장, 잘못된 역사인식 많다」를 다루고, 3호(1988 여름)에서 국정교과서 분석(남지대,「고교 국사교과서 근현대편의 서술과 문제점」등)을 시도하는 등 여러 각도에서 국정 국사교과서의 문제점을 고찰하였다.

중고교 국사교과서의 문제점은 2001년에 일본 역사교과서가 논란이 되면서부터 크게 부각되었다. 역사단체, 사회단체 등으로 구성된 일본교과서바로잡기운동본부 주최 제2차 심포지엄에서는 '역사교육 정상화를 위한 새로운 교육과정과 교과서제도 모색'이라는 주제 아래 현행 국사교과서와 역사교육의 문제점을 전반적으로 살펴보았다(2001. 8. 10).『역사비평』2001년 가을호에서는 170쪽에 걸쳐 역사교육과 국사교과서 현대사 서술의 문제점을 짚었다. 한국사연구회에서는 2001년 마지막 학술발표회로 '한·일 역사교과서의 문제점과 전망'을 다루었다.

한국 중고교 국사교과서에 대해서 일본에서 문제제기가 없었던 것은 아니지만, 외국의 학술회의에서는 다루어지지 않았다. 그러나 2001년이 끝나가는 12월 22일 일본 도쿄대에서 '한일합동 역사연구심포지엄 - 교과서문

조선전기에 대한 검토」), 송찬식(「조선후기에 대한 검토」) 등이 필진으로 참여하였다.

제'라는 제하로 열린 학술회의에서는 일본교과서 문제를 더 비중 있게 다루기는 하였지만, 한국의 교과서에 대해서도 발표와 토론이 있었다.[4] 이제는 국제학술회의에서도 한국 국사교과서 문제가 다루어지게 된 것이다. 더욱이 도쿄대 학술회의에서 한국의 역사교과서 문제를 발표한 와세다대학의 이성시(李成市)는 고대사 서술을 놓고볼 때, 한국에서 신랄히 비판해온 후소샤의 역사교과서와 한국의 중고교 국사교과서는 성격이 비슷하다고 결론을 내려 한국측 참석자들을 곤혹케 하였다. 늦었지만, 이제 일본교과서를 떳떳이 비판하기 위해서는 한국 국사교과서도 철저히 분석하지 않을 수 없게 되었다.

이 논문은 한국 근현대사를 중심으로 살펴보았다. 필자가 한국현대사 전공자이기 때문이지만, 국사교과서 내용 중 근현대사, 그 중에서도 현대사가 특히 문제가 심각하고, 일본교과서와 부딪치고 있는 부분 중 근대사가 가장 문제가 되고 있기 때문이다. 이 글은 2001년에 나온 중학교 국사(하)와 역시 2001년에 나온 고등학교 국사(하)를 분석의 대상으로 하였다.

이 논문에서는 우선 지난해 일본교과서에서 제기된 문제점이 국사교과서에는 없는가를 전반적으로 살펴보겠다. 유념할 점은 비록 일본교과서와 국사교과서에 쓰여진 방식이 비슷한 바가 있더라도 그것을 똑같은 위치에 놓고 비판하는 것은 신중을 기해야 한다는 것이다. 예컨대 일본교과서에 쓰여진 고대사 서술과 국사교과서에 쓰여진 고대사 서술이 비슷한 점이 있다고 하더라도, 일본과 한국은 경우가 다르다는 것을 간과해서는 안 된다. 일본의 경우 고대사를 학문적 근거가 박약한데도 과장하여 서술한 것은 인종주의적인 민족우월의식의 발로에 다름 아니다. 그리고 그것은 근대에 들어와 이웃나라에 대한 침략을 '자위(自衛)' 등으로 합리화하는 의식과 맥락을 같이한다. 그런데 국사교과서에 고대사가 과장되어 서술되어 있는

---

[4] 이 학술회의에는 한국측에서 역사학회·한국사연구회 등 5개 역사단체 대표가, 일본측에서 조선사연구회·일본사연구회 등 5개 역사단체 대표가 참여하였다.

것은 일본의 경우와는 대조적으로 일제침략기에 일본 관학자(官學者)들에 의해 고대사가 심각하게 훼손된 점에 대한 비판,5) 망국민들을 결집시키고 자긍심을 갖게 하기 위하여, 또 만주 독립운동기지 건설과 관련하여 고대사를 중시하였던 전통6) 등이 깔려 있다. 그러나 그렇다고 해서 국사교과서는 괜찮다는 것은 있을 수 없다고 생각한다.

이 논문은 2001년 12월 15일 한국사연구회 학술발표회에서 발표한 것을 개고(改稿)한 것이다.

1. 일본 역사교과서 문제가 시사하는 국사교과서의 문제점

후소샤 발행 일본교과서의 문제점과 관련지어 국사교과서 근현대사 서술의 문제점을 논의할 경우 극단적인 반공이데올로기의 소산인 분단(반공) 국가주의가 가장 큰 논란의 대상이 될 수 있다. 이 교과서에서 가장 크게 문제가 되고 있는 부분이 일본내셔널리즘 또는 일본국가주의에 영향을 받아 은폐 또는 왜곡되고 있는 일본의 침략과 만행이다. 이 교과서는 기존의 '자학사관(自虐史觀)'에 의해 일본의 위대한 역사를 잘못보고 일본을 침략국가로 비판하는 것을 '비판'하고, 일본인에게 자긍심 또는 우월감을 갖게

---

5) 김용섭, 1966, 「일본·한국에 있어서의 한국사 서술」, 『역사학보』 31, 138쪽.
6) 서중석, 2001, 『신흥무관학교와 망명자들』, 역사비평사, 59~63쪽.

하기 위하여 쓰여졌다. 그리하여 침략을 '진주' 또는 '점령' 등으로 서술하고, 731부대, 일본군 성노예, 침략지에서의 학살 등에 대해서 쓰지 않았다. 심지어 남경대학살에 대해서도 『백표지본(白表紙本)』에서는 "남경을 '점유'하였다(따옴표는 필자가 했음)"라고만 표현하였다. 일본국가주의는 일본군국주의와 뗄 수 없는 밀접한 관계가 있다. 예컨대 「대동아전쟁」의 장에서 침략행위를 '대전과(大戰果)' '승리' 등으로 묘사하면서, "일본의 전쟁 목적은 자존자위(自存自衛)의 아시아를 구미의 지배로부터 해방시키고 '대동아공영권'을 건설하는 것에 있다고 선언하였다"라고 기술하였다. 또한 『백표지본』에서 주로 공산주의자들을 탄압하는 데 적용된 치안유지법에 대하여 언급조차 하지 않았던 것도 일본극우내셔널리즘의 성격과 무관하지 않다는 점을 유념할 필요가 있다.7)

한국의 분단국가주의는 일제의 군국주의 침략을 찬양하고 황국신민화운동에 앞장섰던 친일파들의 해방후 활동이나 행적과 관련이 있으며, 동아시아 주민의 보편적인 연대 이념이 될 수 있는 민주주의와 대립적인 면이 있다. 극단적인 반공이데올로기인 분단국가주의를 견지하였던 유신정권 신군부정권의 정권이데올로기나 홍보수단으로서 국사교과서가 이용된 측면이 있었던바, 그 부분이 아직도 불식되지 않았다는 점도 유의해야 할 것이다.

후소샤 발행이 아니더라도, 일본교과서 문제가 발생할 때 자주 언급되는 부분이 일제의 한국 침략이 소홀히 취급되었거나 왜곡되어 있다는 점이다. 그런데 이 점과 관련하여 한국 교과서도 여러 가지로 문제점이 지적될 수 있다. 우선 1904년 한일의정서 강요에서부터 1910년 일제 강점에 이르기까지의 과정이 너무나 소략하게 기술되어 있다. 고교 교과서의 경우 - 이하 '고교'로 쓸 것임 - 1쪽 8줄밖에 되지 않는데(132 - 133쪽), 이것은 독립

---

7) 中村政則, 2001, 「일본역사교과서(扶桑社刊)에 보이는 역사서술과 역사관」, 『일본역사교과서의 실태와 문제점』(발표문모음집), 한국독립운동사연구소 참조.

협회에 대한 서술의 2분의 1밖에 안 된다. 을사조약 내용과 그것이 강제된 과정도, 고종퇴위 과정도, 정미7조약과 그 이후의 침탈과정도, 한일합병조약에 대해서도 조금밖에 알 수 없게 되어 있다. 옛 교과서나 통사가 이 부분을 자세히 기술하였던 것과도 좋은 대조를 이룬다.

을사5조약 등의 내용이나 통감부에 대해서도 잘 알 수 없게 되어 있거니와, 1904년에서 1910년에 이르는 침탈과정에서 한국인이 한 역할이 거의 언급이 되어 있지 않다. 중학교 교과서에서도 - 이하 '중학교'로 쓸 것임 - 한국인한테 무척 낯익은 5적이라는 말이 나오지 않고 다만 9줄로 되어 있는 '국권의 침탈' 부분에서 "일제는 이완용을 중심으로 한 친일내각에 대한제국을 일제에 합병하는 조약을 강요"하였다는 문구가 들어 있을 뿐이다(122쪽). 이 글에서도 이완용이 매국한 행위는 언급하지 않았다. 고교 교과서의 경우 '의병 항전의 확대'에서 나철 등이 5적 암살단을 조직하여 5적 등 매국노를 처단하려고 했다는 대목이 나올 뿐(97쪽) 정작 1904～1910년 '국권의 침탈' 과정을 다룬 곳에서는 5적이라는 말도 이완용 등 매국노에 관한 기술도 일체 나오지 않는다. 국권의 침탈과정에서 한국인의 '협력'이 없었다는 것은 납득이 되기가 어려운 일이고 5적이 매국행위를 했다는 것은 다 아는 사실인데, 그것을 숨긴다는 것이 과연 교육적인 태도일까.

일제 강점기 친일파의 반민족행위에 대하여 언급이 거의 없는 것도 정상적인 것으로 보이지 않는다. 특히 일제말에는 일제의 군국주의 침략전쟁을 '聖戰'으로 찬양하면서 내선일체를 고창하여 민족의식의 말살에 앞장선 인사들이 있었는데, 이들에 대해서는 언급을 하지 않고, 일제 '측'의 황국신민화운동에 대해서만 자세히 서술하고 있다. 고교의 경우조차도 '문학활동'에서 이광수, 최남선 등이 일제에 동원되어 협력하였다는 구절이(182쪽) 유일하다. 해방후의 친일파 처단과 탈식민화에 대해서도 소략하다. 1945～1970년대의 정치와 사회를 설명하는데 친일파문제를 제외한다면 제대로 한국현대사가 이해될 수 있을까.

여러 일본 교과서에서 일본군 성노예를 제대로 다루지 않았다고 항의하였는데, 그 점은 국사교과서도 비슷하다. 중학교에 "이때 여성까지도 정신대라는 이름으로 끌려가 일본군의 위안부로 희생되기도 하였다"라고(151쪽), 고교에 "여자들까지 정신대라는 이름으로 끌려가 일본군의 위안부로 희생되기도 하였다"라고(136쪽) 둘다 앞문장에 부수(附隨)하여 쓰여 있을 뿐이다. 두 교과서의 서술이 거의 똑같다는 점도 유의할 필요가 있다.

일제의 침략과 관련하여 '수탈' '약탈' 등의 표현이 많이 나오는 것은 약화시키는 것이 좋을 듯하다. 일제 침략하에서 산업화가 이루어졌다는 점을 기술하고 있지만, 예컨대 고교 「2. 민족의 시련」에서 (2)의 제목이 경제약탈로 되어 있고, 하부 소제목이 '토지의 약탈' '산업의 침탈' '식량의 수탈'로 다 되어 있고 내용도 그렇게 되어 있는 것은 지나치게 단순화시켜 역사를 이해하게 하는 것이 아닌가 하는 지적을 받을 수 있다. 이 부분과 관련하여 역사를 동태적으로 이해할 수 있도록 경제문제건 사회문제건 변화의 측면에 유의하여 서술할 필요도 있다. 사소한 것이지만, 교과서에서 '마음대로'와 같은 표현은 안 쓰는 것이 좋을 것 같다. 고교 '국권의 피탈' 132쪽에는 "또, 한국정부를 위협하여 일본군이 전략상 필요한 지역을 마음대로 사용하고" "그러나 실제로는 협약에도 없는 군부, 내부, 학부, 궁내부 등 각 부에도 일본인 고문을 두어 한국의 내정을 마음대로 간섭하였다"로 쓰여 있다. 134, 135쪽에도 '마음대로'라는 표현이 잇달아 나온다.

'민족'이라는 말이 많이 나오는 것도 생각해볼 필요가 있다. 고교의 경우 상권이건 하권이건 머리말에 한국사 교육의 방향을 세 가지로 제시하였는데, "첫째, 민족사는 주체적으로 이해하여야 한다" "둘째, 민족사는 발전적으로 이해하여야 한다" "셋째, 민족사는 구조적으로 이해하여야 한다"로 되어 있다(각각 1~2쪽). 한국인은 상대적으로 단일성이 강하고 대체로 한국사는 민족사와 일치되기 때문에 민족사 또는 민족이라는 말을 쓰는 것이 부당하다고 볼 수는 없지만, 객관적인 서술과 관련하여 신중히 사용할 필요가 있다. 위의 머리말은 민족사 대신 한국사라는 말로 바꾸는 것이 낫지 않을까. 현대사의 경우 중학교의 것은 「8·15광복」이라는 제목의 소절로 시작되는데, 16행에 민족이라는 말이 7번 나왔다(162쪽). 고교도 똑같은 제목의 「8·15광복」 12행 서술에 무려 10회나 사용되었다(190~191쪽)[8]

한국은 베트남파병을 논외로 한다면 외국을 침략하지는 않았다. 그렇지만 일제강점기에 일어난 만보산사건(萬寶山事件, 1931) 때의 화교 박해와[9] 같이 외국인에게 위해를 가한 일이 있는 것은 어디엔가에 기술되어야 할 것이다. 또 베트남전쟁과 관련하여 중학교에 "일본과의 관계를 개선하여, 한·일협정을 조인하였다(1965). 그리고 공산침략을 받고 있는 베트남을 지원하기 위해 국군을 파병하기도 하였다"고 서술한 것이나(176쪽), 고교에 "일본과의 국교를 정상화함으로써(1965) 한국, 미국, 일본의 3국 관계에 새로운 협력체제를 이룩하였고, 공산주의의 침략을 받고 있던 베트남을 지원

---

[8] 민족이라는 말을 많이 사용하였다고 하여 민족주의자라고 보는 데에는 어려움이 따른다. 열등의식이 개재된 부분도 있다고 생각되며, 사대주의 또는 외세의존성을 은폐하기 위한 것으로 이해될 수 있는 부분도 있다. 한말 일제의 침략이나 일제말 황국신민화운동, 군국주의 침략전쟁과 관련하여 친일파를 비호하는 행위, 분단체제를 옹호하는 듯한 서술 등은 민족주의와 거리가 있다. 민족이 남한의 주민만을 가리키는 뜻으로 사용된 경우도 있다. 서중석, 2000, 「냉전체제와 한국 민족주의의 위상」, 『한국독립운동사연구』 15 참조.

[9] 만보산사건은 일제의 만주침략(9·18만주사변) 전야에 발생한 사건으로 일제의 만주 침략 책략과 연관이 있었다. 한국인이 만주에서 박해를 받고 있다고 하여 반감이 고조되고 있던 터에, 만주 장춘 부근의 만보산 三姓堡에서 한국인의 수전 개간을 위한 用水路 공사 중지를 중국농민이 요구하면서 충돌이 발생하였던 바, 이 사건이 국내에 과대하게 보도되고 유언비어가 난무하면서 한국인이 각지에서 화교를 습격하였다. 인천에서는 7월 2일부터, 서울에서는 3일부터 수차례에 걸쳐 화교를 습격하였다. 평양에서는 수천 명이 방화하고 상점을 파괴하였다. 화교에 대한 폭행은 부산·원산·신의주·의주·안변·사리원·개성·해주·진남포·공주·황주·흥남 등 전국 각지에서 일어났다. 이 폭동으로 인한 중국인 사망자 수는 자료마다 다른데, 리튼보고서에는 사망자 127명, 부상자 393명, 재산피해액 250만 圓 정도로 나와 있다. 한국인은 1명이 사망하였다(方友淸, 1931, 「朝中人충돌사건의 원인과 진상보고」, 『彗星』 1931. 8. 16~18쪽 ; 朴永錫, 1978, 『만보산사건연구』, 아세아문화사, 98~101쪽 ; 昭和史研究會, 1984, 『昭和史事典』, 일본 東京 講談社, 114쪽).

하기 위하여 국군을 파병하였다(1965)"라고 서술한 것은(210쪽) 달라져야 할 것이다.

2. 정부의 무성의

정부는 '국정국사교과서'를 계속 고집했지만, 교과서를 제작하는 데 성의는 기울이지 않았다. 국사교과서가 한번 제작되면 5년 또는 그 이상에 걸쳐 수백만 명의 중고교 학생들이 사용하여야 하는 것인데도 불구하고 얼마나 무성의하게 만들어졌는가는 곳곳에서 볼 수 있다.

국사교과서와 일본 역사교과서를 펴보면 연표, 지도, 사진 등 각종 삽화에서 한국 것이 성의가 부족하다는 느낌을 갖지 않을 수 없게 한다. 삽화에서 한국 것이 얼마나 성의가 부족한가 몇 가지 예를 들어보자.

고교 교과서(상)에서 첫번째로 나오는 연표에는 선사시대와 국가 형성기의 연대가 실려 있는데, '다른 나라' 난에 웬일인지 중국 것만 들어 있다(12쪽). 그렇지만 이 책에서 두 번째로 나오는 고대사회 연표에는 '다른 나라' 난에 서양, 중국, 일본 것이 고루 들어 있다(38쪽).

또다른 예를 보자. 중학교 3쪽에서 58쪽 사이, 고교 11쪽에서 64쪽 사이에는 두 교과서에 '남한산성 수어장대' '탕평비' '조선후기의 상업과 무역 활동'(지도), '정약용'(초상화), '북학의(北學議)'(서적 앞면) 등 똑같은 것이 무려 5개나 들어 있다. 이밖에 내용은 다르지만 '모내기'와 "시장도(市場圖)'도 중복되어 들어간 느낌을 준다. 각각 다르기는 하지만 '대동여지도'와 '청화백자'가 두 교과서에 모두 들어가 있고, 정선과 신윤복의 그림, 민화도 그렇다. 그런가 하면 중학교 62쪽에 '이양선'이라고 하여 들어간 똑같은 사진이 고교 73쪽에는 '미국군함 콜로라도호(신미양요)'라고 쓰여 있어 혼란까지 일으키고 있다.

그렇지 않아도 중학교 교과서와 고교 교과서가 별 차이가 없다는 비판을 지금까지 무수히 들어왔다. 그리고 그러한 잘못된 교육이 한국사 교육을 기피하게 하는 한 요인으로 지적되었다. 그런데 내용뿐만 아니라 지도, 사진 등 삽화까지 똑같거나 비슷한 것이 많다는 것은 국사교과서 저작 당국이 얼마나 무성의한가를 단적으로 말해준다 하겠다. 문제는 한국의 문화가 어떠한 수준이길래 유일 국정 교과서에 중복되는 것이 그렇게 많느냐는 생각을 학생들에게건 외국인에게건 줄 수 있다는 점이다. 한국문화가 그렇게도 빈약할까. 중학교 129쪽에는 '2·8독립선언서'가 들어 있는데, 똑같은 것이 고교 144쪽에 수록되어 있다. '대한독립선언서' '3·1독립선언서' 등 여러 독립선언서가 있는데도 왜 두 교과서에 같은 독립선언서를 넣어 독립운동 이해의 폭을 좁혀놨을까.

한국사를 빈약하고 왜소하게 만든 주범이 정부라는 것은 두 교과서의 서술 편집에서도 나타난다. 근대로의 이행시기를 소제목만 보면, 중학교는 '흥선대원군의 개혁정치' '병인양요' '신미양요와 척화비' '강화도조약' '개화사상의 보급' '개화정책의 추진' '위정척사운동' '임오군란' '갑신정변' 등으로, 고교는 '흥선대원군의 정치' '병인양요와 신미양요' '강화도조약과 개항' '각국과의 조약 체결' '개화정책의 추진' '위정척사운동의 전개' '임오군란의 발발' '개화당의 형성과 활동' '갑신정변과 그 의의' 등으로 되어 있다. 목차만 가지고 볼 때, 중학교에는 '개화사상의 보급'이 짤막하게 들어가 있고, 고교에는 '개화당의 형성과 활동'이 비교적 길게 들어가 있으며, 두 글이 위치가 다르다는 것을 제외하면 대동소이함을 알 수 있다. 아무리 이 시기의 주된 역사흐름이 위와 같기 때문에 두 교과서가 비슷할 수밖에 없다고 하더라도, 관계 부문 연구자들이 머리를 맞대고 논의를 할 수 있게 하였더라면 상당 부분 달라질 수 있지 않았을까.

현대사의 첫 부분인 해방 3년 시기를 보자. 중학교에는 '8·15광복' '국토의 분단' '미군정하의 남한' '북한의 공산화' '신탁통치문제' 등으로, 고교에는 '광복직전의 건국준비 활동' '8·15광복' '국토의 분단' '신탁통치문제' 등으로 되어 있다. 중학교에 들어 있는 '미군정하의 남한' '북한의 공산화'가 오히려 고교에는 빠져 있어 놀라운 감을 주지만, 고교 교과서를 넘겨보면 '건국 초기의 국내정세' '북한정권의 수립'이라는 제목으로 다른 항목에 들어가 있어 양자의 차이는 '편집기술' 정도가 아닌가 하는 생각이 들게 한다. 두 교과서에 차이가 있다면, 고교에 '광복직전의 건국준비 활동'이 들어 있는 정도가 아닐까.

주지하다시피 근대로의 이행기와 해방은 어쨌든 한국사회를 혁명적으로 변화시켰다. 해방의 경우 민족혁명이 일어난 것이었을 뿐만 아니라, 사상 처음으로 제한적이지만 민주주의체제를 갖게 되었고, 인간·여성의 기본권이 상당 부분 보장되었다. 경제적으로도 커다란 변화를 보였다. 그런데 해방 이후의 혁명적인 변화에 대해서 거의 서술이 없고 - 실제는 부정적인 서술이 대부분이다 - 좌우합작운동 등 주체적인 민족통합운동과 개혁운동에 대해서도 언급이 없으며, 친일파·극우반공세력의 퇴행적 활동에 대해서도 역시 언급이 없다. 현대사에 대해서 긍지를 갖기도 어렵고 사실과 진실을 배우기도 쉽지 않은 것이다.

성의와 노력을 다하여 제작하여 학생들이 호감을 가질 수 있는 교과서가 되어야 할 터인데 그렇게 되지 못한 것은 정부의 무책임성, 관료주의, 그와 연결된 예산 관련 정책 때문이다. 교과서를 정성을 기울여 만들기 위해서는 예산의 뒷받침이 있어야 한다. 준거안을 만들거나 교과서집필을 의뢰하였을 때, 다른 부분도 그러하겠지만, 특히 현대사는 제대로 기술하기 위해 많은 전문적 노력이 동원되어야 한다. 현대사는 사회, 문화, 학술 부문의 준거안이나 교과서 집필을 할 때, 해당 부문 전문가들의 도움을 받지 않으면 안 되게끔 되어 있다. 또 사학계에서건 정치학계에서건 현대부문 준거안이나 집필의뢰는 책임대표를 포함하여 3~5인에게 상당한 기간을 주어야만 수준이 있는 것이 나올 수 있게 되어 있다. 그런데 교과서 전체 준거안 작성 전문가에게 지급되는 총비용이 학술진흥원에서 한두 사람이 받을 수 있는 연구비밖에 안 되는 수준이라면, 어떠한 준거안이 생산될지는 짐작하기가 어렵지 않을 것이다. 또 한 시대를 한두 사람에게 집필을 의뢰하면서 일반 언론사 원고료의 절반도 안 되는 비용을 지불하려고 한다면, 그 교과서에서 무엇을 기대할 수 있을까. 지도, 사진, 연표 등 삽화도 마찬가지다. 충분한 비용을 지불해야만 국내외를 돌아다녀 채집하고 힘들여 작성해서 훌륭한 삽화가 들어갈 수 있다.[10]

따지고보면 예산도 관료주의와 연결되어 있지만, 교과서의 서술과 삽화의 배치는 관료주의를 반영하는 면이 많다. 앞에서 중학교와 고교의 것이 소제목 등이 비슷하고 삽화가 똑같거나 비슷한 것이 많다고 지적하였는데, 이것도 무사안일의 관료주의와 무관하지 않다. 또 앞에서 일본군 성노예나 베트남파병에 대한 서술이 두 교과서가 같거나 비슷한 것을 유의하여 보았는데, 현대사의 경우 이처럼 두 교과서가 서술이 비슷한 것을 찾아내는 것은 시간이 걸리는 일이 아니다.

중학교 것과 고교 것이 소제목에서 서술까지 같은 것이 많을 뿐만 아니라, 현행 교과서가 1990년대 전반기에 사용하였던 것과 비슷한 것이 많은 것도 정부와 관료주의에 책임을 물어야 할 것이다.

1974년 교과서는 문교부가 지은이 겸 펴낸이로 되어 있다. 이른바 국정

---

10) 신병철, 2001, 「국정 국사교과서 개발 과정과 국정 교과서 제도의 문제점」, 『역사교육 정상화를 위한 새로운 교육과정과 교과서제도 모색』(발표문모음집), 일본교과서바로잡기운동본부, 5쪽 참조.

교과서인 것이다. 그런데 1979년 교과서는 저작권자는 문교부이지만 편찬자는 국사편찬위원회 1종 도서연구개발위원회로 되어 있고 그 점은 현행 교과서도 마찬가지다. 혹자는 국사편찬위원회 1종 도서연구개발위원회가 편찬자이기 때문에 국정교과서가 아니라고 주장하기도 한다. 그렇지만 중고교 국사교과서는 한 가지 종류밖에 없으며 검정 교과서가 아니라는 점에서, 그리고 저작권자가 문교부 또는 교육부로 되어 있다는 점에서 사실상 국정이라고 볼 수밖에 없다. 또 편찬하는 방식은 바뀌었다고 볼 수도 있겠지만, 문교부가 편찬자일 경우와 실질적으로 차이가 있느냐면 그렇다고 답하기가 어렵게 되어 있다. 단적으로 말해서 교과서의 서술은 1974년의 경우처럼 필자들한테 집필을 의뢰하지만, 집필 의뢰를 받은 필자는 당국이 제시한 틀 안에서 서술을 하지 않으면 안 되게끔 되어 있다. 현대사의 경우 연구가 진행되는 것에 따라 사실이 새롭게 밝혀진 것이 적지 않고 집필 의뢰를 받은 필자가 중시하는 부분이 있는데도 불구하고, 그리고 현대사의 중간 틀 - 예컨대 '1. 현대사회의 성립'이나 '2. 대한민국의 수립' 등 - 안에서 그것을 기술하는 것은 무방할 것 같은데도 불구하고, 당국이 제시한 틀에 그것이 나와 있지 않으면 서술하기가 어렵게 되어 있다. 이것은 한국적 상황과 밀접한 관계가 있는 관료주의와 깊숙이 연관되어 있다.

필자가 다른데도 불구하고, 중학교와 고교 것뿐만 아니라, 1990년대 전반기에 나온 교과서와 2001년에 나온 현행 교과서도 같거나 비슷한 것이 적지 않다. 근대사뿐만 아니라, 바뀌어야 할 부분이 많을 수밖에 없는 현대사도 그러하다.

1990년에 초판이 나온 고교 현대사의 첫머리 '(1) 대한민국의 수립'은 '건국준비 활동' '민족의 광복' '국토의 분단' '신탁통치문제' '대한민국정부의 수립' 등 5개의 소제목으로 나뉘어 있다. 그런데 1996년에 초판이 나오고 2001년에 발행된 고교 현대사의 '(2) 한국의 현대사회' - 다른 단원과 마찬가지로 (1)은 동시대의 세계사를 다루고 있다 - 는 '광복 직전의 건국준비 활동' '8·15광복' '국토의 분단' '신탁통치문제' 등 4개의 소제목으로 나뉘어 있고, '대한민국 정부 수립'은 다음 절로 넘어가 있다. 두 교과서가 '대한민국 정부 수립'의 위치를 다르게 배치한 것을 제외하고는 실제로 같은 것을 알 수 있다. 이 틀 안에서는 해방의 역사적 의미나 좌우합작운동 - 남북협상 등은 자신의 영역을 차지할 수 없게 되어 있다.

　1990년대 전반기의 교과서와 후반기의 교과서가 틀만 같은 것이 아니라, 서술도 비슷한 것이 많다. 전자에 나오는 '건국준비 활동'의 맨 앞부분 두 문단은 후자의 '광복직전의 건국준비 활동'에서는 세 문단으로 구성되었는데, 글자 한 자도 틀리지 않게 똑같다. 당국이나 필자의 판단이 작용하였겠지만 어떻게 필자가 다른데도 글자가 한 자도 틀리지 않게 똑같을 수 있을까. 더욱이 이 부분은 임시정부에 대한 과대 평가로 비판받을 수 있는데.

　두 교과서는 그 다음 항목인 '민족의 광복'과 '8·15광복'의 서술에서도 비슷하게 서술되어 있다. 전자는 현대사 전공이 아닌 역사학자가 서술하였고, 후자는 현대사를 전공한 정치학자가 서술하였는데, 그리고 1990년대 이전과 이후의 해방 3년사 연구는 양적으로나 질적으로 큰 차이가 있는데,[11] 내용이 별 차이가 없다.

　상황이 크게 바뀌었는데도 교과서가 그 이전의 것과 비슷한 것은 그러한 상황 변화에 가장 민감하다고 볼 수 있는 통일문제에서도 확인된다. 전자는 '(4) 통일을 위한 노력'에서 '적극 외교의 추진' '북한의 변천' '통일정책의 추진' 등으로 나뉘어 있는데, 후자도 거의 똑같이 '(4) 통일을 위한 노력'에서 '적극 외교의 추진' '북한의 변화' '통일정책의 추진' 등으로 나뉘어 있다. 두 교과서의 서술도 비슷한 것이 많다. 어느 것이나 박정희 유신정권, 전두환 신군부정권 등 1970년대 이후 역대 정권의 통일정책을 자세하게 서술하고 있지만, 이들 정권의 통일정책에 대한 비판은 찾아볼 수 없고, 야당이나 종교인 등 민간인의 통일운동이나 통일을 위한 활동도 찾아

---

11) 한국역사연구회엮음, 1996, 『한국역사입문』 3, 풀빛, '제7편 현대사회' 참조.

볼 수 없다. 그 반면 '북한의 변천' '북한의 변화'에서 북의 체제를 신랄히 비판하면서 북의 통일정책은 소개하고 있지 않다는 점도 특징이다.

  1980년대 말 1990년대 초는 동유럽에서 사회주의체제가 몰락하고, 소련도 해체하여 냉전시대가 끝난 시기로 말해진다. 한국에서도 1987년의 6월 민주대항쟁 이래 민주화가 급속히 진행되었으며, 통일운동과 통일논의가 활발히 전개되었고, 남북기본합의서가 채택되었으며, 남과 북이 유엔에 가입하였다. 이렇게 중요한 변화가 있었는데도 냉전시대의 반공이데올로기나 정권 홍보 차원의 서술이 담긴 교과서를, 1996년도 그렇지만, 6·15남북정상회담이 있은 뒤인 2001년의 교과서도 답습하였다면 교사들이나 학생들이 답답하다고 생각하지 않을까.

  냉전이데올로기 또는 극우반공이데올로기의 산물인 분단국가주의는 1990년대 이전의 교과서건 1990년대 전반기의 교과서건 근현대사 서술에, 특히 현대사 서술에 짙게 배어 있다. 이러한 교과서가 세계적 차원에서 냉전이 사라지고, 민주화가 크게 진전되고 남북관계가 의미 있게 변화한 시점인 1996년 이후에도 통용되고 있는 데는 관료주의가 큰 몫을 한 것으로 판단된다. 중·고 두 교과서가 무성의한 편집이 적지 않고 비슷한 체제나 서술이 많은 것, 또 1990년대 이전의 것과 1990년대 전반기의 것, 1996년 이후의 것이 체제가 비슷하고 서술 또한 같거나 비슷한 부분이 많은 것은 저작권자가 기획이나 비용의 뒷받침 등에서 무성의하였기 때문이기도 하지만, 더 큰 이유는 앞의 교과서를 따라서 하기만 하면 적어도 '사건'이 일어나지는 않을 것이 아니겠느냐는 무사안일주의와 무관하지 않은 듯하다. 예컨대 극우적 언론한테 지적을 받거나 표적이 되어 당하면 자신만 손해가 아니겠느냐는 기회주의적인 태도를 포함하여, 적당주의 또는 무사안일주의로 막중한 책임을 떠넘기려는 자세가 수준이 낮고 시대에 뒤떨어진, 그래서 교사와 학생이 싫증을 내기 쉬운 교과서를 제작하게 한 주요 요인의 하나인 것이다.

3. 정통론, 반공국가주의와 관련하여

반공이데올로기 또는 분단국가주의는 현대사뿐만 아니라 근대사에도 적지 않게 드러나 있다.

현행 교과서는 독립운동사 기술에서 그 이전의 것보다 진일보한 부분이 있다. 고교의 경우, 3·1운동 서술에서 그 이전 교과서와는 달리 운동의 확산을 3단계로 나누고, "두번째는 학생, 상인, 노동자층이 참가함으로써 시위운동이 도시로 확산된 단계이다. 학생들이 주도적 역할을 하였고, 상인, 노동자들이 만세 시위, 파업, 운동 자금 제공 등의 방법으로 적극 호응한 시기였다"라고 서술한 것은(145~146쪽) 3·1운동을 이해하는 데 도움을 줄 뿐만 아니라, 3·1운동, 나아가 독립운동의 폭을 넓혀 독립운동사 전체를 풍부하게 하였다.

그렇지만 낯설게 느껴지는 대목도 있다. 1994년 발행 고교 교과서에는 '3·1운동의 의의'에서 "3·1운동을 계기로 상하이에 대한민국임시정부가 수립되었는데"라고 쓰여 있는데(138쪽), 2001년 고교 교과서에는 역시 '3·1운동의 의의'에서 "3·1운동을 계기로 상하이에 정통정부인 대한민국임시정부가 수립되었는데"라고 하여 '정통정부'라는 말을 넣었다. 교사나 학생들은 갑자기 나온 이 말을 의아스럽게 생각하지 않을까. 정통정부가 대한민국임시정부라면 도대체 비정통정부는 무엇을 가리킬까. 분단국가주의와 밀접히 연관되어 있는 정통론에 너무 과잉 반응을 보이다보니까 이같이 어색한 표현이 삽입된 것이다.

대한민국임시정부는 독립운동사에서 중요한 위치에 있지만, 과대한 서술은 오히려 임시정부 이해에 방해가 될 수 있고, 독립운동사의 폭을 좁혀 근대사를 빈약하게 만들 우려가 있다. 우선 체계가 문제다. 고교의 경우 '(2) 대한민국 임시정부의 수립과 활동' 부분에 1990년대 전반기의 교과서에는 나오지 않는 1930년대 초의 '한인 애국단의 활약'을 포함시켜놓았다. 그리고는 '(3) 학생항일운동'이 나오고, 이어 '(4) 항일독립전쟁'을 기술하였는데, 이 (4)절 첫머리에 한인애국단의 활동시기와는 동떨어진 1910년대의 '독립운동기지의 건설'이 들어 있다. 또한 이 (4)절에는 '애국지사들의 항일의거'가 소절로 들어 있는데, 의열단과 한인애국단 등 주로 테러 등의 방법으로 의열투쟁을 전개한 독립투쟁을 서술하였다. 그리하여 또다시 '한인애국단의 활약'이 설명되고 있다. 1990년대 전반기 교과서처럼 한인애국단의 활동을 '애국지사들의 활동' 또는 '애국지사들의 항일의거' 난에 비중을 두어 서술하면 될 일을 임시정부를 과도하게 중시하다보니까 이와 같이 체계가 어수선해진 것이다.

한인애국단과 임시정부를 중시하고 진보적 민족주의자를 경원하다보니까 '오해'를 받을 수 있는 서술도 하였다. '애국지사들의 항일의거'에서 김원봉이 이끈 의열단과 김구의 한인애국단이 활동이 두드러졌다고 기술하였면서도, 그 뒤에서는 "국내에서의 의거로는 총독을 저격한 강우규, 종로경찰서에 투탄한 김상옥, 그리고 총독부에 투탄한 김익상과 동양척식회사에 투탄한 나석주 등의 활동이 유명해졌다"라고 기술하여 투탄자들이 어느 단체에 속해 있었는지 알 수 없게 하였다. '한인애국단의 활약'에서 윤봉길 등의 소속단체를 밝혔으면 마땅히 김상옥, 김익상, 나석주 등이 의열단에 속해 있었다는 것도 밝혀야 하지 않았을까. 의열단의 투탄 활동은 이밖에도 많이 있었고, 1920년대 후반에는 장개석이 교장이었던 황포군관학교에 100명 가까운 의열단원들이 입학하여 1930년대 후반 이후 중국관내에서 무장력을 형성하는 데 중요한 역할을 한 것을[12] 쓰지 않은 것도 독립운동의 역사를 크게 축소한 것이다. 무엇보다도 임시정부가 무력해져 침체상태에 처해 있을 즈음인 1932년에 한국독립당 조선혁명당 의열단 등이

---

12) 朴泰遠, 1947, 『若山과 義烈團』, 白楊堂 ; 염인호, 1993, 『김원봉연구』, 창작과비평사.

대일전선통일동맹을 조직하고, 1935년 의열단·한국독립당·조선혁명당·신한독립당·대한독립당 등이 해체하여 독립운동자들의 숙원이었던 민족 대당(大黨)인 민족혁명당을 조직하여 독립운동을 크게 진작시켰던 사실이13) 전혀 기술되지 않았고, 1942년에 의열단 중심으로 축소된 민족혁명당이 임시정부에 참여하여 좌우합작정부로서 임시정부 위상을 크게 높인 것도 일체 언급하지 않은 것은 독립운동을 '국정교과서'가 그만큼 훼손한 것이다.

일제 강점기 독립운동은 민족주의자, 사회주의자, 무정부주의자 등에 의하여 이루어졌다. 사회주의자들은 무엇보다도 우선하여 민족해방운동을 전개하였고, 사회주의의 실현은 그 뒤에 이루어져야 하는 것으로 판단하였다. 많은 독립운동자들이 민족해방운동을 전개하는 유력한 수단으로 사회주의를 신봉하였고 소련의 지원을 기대하였다. 또한 사회주의, 무정부주의 등은 민족주의와 함께 이 시기 독립운동 이념에서 빼놓을 수 없는 위치에 있다. 1920년대와 그 이후에 청년운동과 농민·노동·형평·여성운동 등 사회운동이 활발히 전개되는 데 사회주의가 미친 영향은 지대하였다. 그럼에도 불구하고 교과서에서는 사회주의자나 무정부주의자들의 활동, 사회주의 등이 독립운동, 사회운동 등에 미친 영향에 대하여 빈약한 서술밖에 하지 않았다. 신채호도 말년에는 무정부주의자였지만, 무정부주의자들의 의열투쟁에 대해서는 언급이 없고, 사회주의는 여기저기 끼워넣기 식으로 들어가 있으며 부정적 인상을 주려는 의도가 엿보인다. 분단국가주의에 얽매여 있기 때문이다.

먼저 사회주의운동은 분열을 일삼는다는 부정적 서술이 주목된다. 신간회 해체에 대해서도 그러한데, 사회주의운동의 전반적 평가와 관련되어 있는 고고 교과서 서술을 보자.

---

13) 강만길, 1991, 『조선민족혁명당과 통일전선』, 和平社 ; 김영범, 1997, 『한국근대민족운동과 의열단』, 창작과비평사.

"사회주의운동은 그 노선에 따라 이해를 달리하는 계열이 있어 마찰과 갈등이 심화되어갔고, 더욱이 민족주의운동과는 사상적인 이념과 노선의 차이로 인해 대립이 격화되어 민족운동 자체에 커다란 차질을 초래하였다."(162쪽)

사회운동의 경우 사회주의의 역할이 거의 언급되어 있지 않거나 이해하기가 쉽지 않게 쓰여 있으며, 부정확한 기록도 있다. 고교 163쪽에서 "1920년대 초에 사회주의사상이 유입된 이후 청년단체들은 민족주의계열과 사회주의계열로 나뉘었다. 이와 같은 청년운동의 분열을 수습하기 위하여 조직된 것이 조선청년총동맹이었다"라고 서술한 것은 사실과 다르다. 1922년에 민족주의계열의 청년조직은 크게 약화되었고, 사회주의계열의 서울청년회계가 주도권을 잡았던바, 사회단체의 대통합기였던 1924년에 서울청년회계와 조선공산당의 주류가 되는 화요회계의 청년단체 등이 만든 단체가 조선청년총동맹이었다. 한편 '농민운동'란에서는 "전국적인 농민조직은 조선농민총동맹의 결성이 효시였다(1927)"라고 쓰여 있다(167쪽). 이 단체가 사회주의계 단체라는 언급이 없는 것도 문제지만, 이 서술도 '오해' 받을 수 있다. 1922년경부터 농민·노동단체 주도권은 사회주의계열로 넘어갔거니와, 1924년에 한국 역사상 초유의 전국적 농민·노동단체로 조선노농총동맹이 탄생하였다. 사회운동에서 중요한 위치에 있는 이 단체는 사회주의운동의 진전에 따라 1927년에 농민총동맹과 노동총동맹으로 분립되었다. 그런데 노농총동맹, 노동총동맹은 언급이 되지 않고 농민총동맹만 언급한 것이다.

고교에서 신간회가 '민족유일당운동'이란 소제목으로 여성운동, 소년운동 뒤에 배열되어 있는 것도 납득하기 어렵지만, 근우회 관계 인물로 김활란(金活蘭)만 나와 있는 것도(165쪽) 공정하지 못하다. 김활란은 곧 근우회에서 물러났고, 사회주의자들이 근우회의 주도권을 잡았으며, 허정숙(許貞淑)은 근우회 간부로 광주학생운동에서 맹활약을 하였다. 조선어학회 활동에서 잊을 수 없는 인물인 이극로(李克魯)도 빠져 있다. 6·10만세운동에서 중요한 위치에 있는 조선공산당이 언급되지 않는 등 사회주의세력의 관련이 부정확하게 처리되었지만, '광주학생항일운동'에서 사회주의계 활동을 전혀 서술하지 않은 것도 생각해봐야 한다. 1929년 11월 광주에서 일어난 학생운동에도 사회주의계 조직이 중요한 역할을 했지만, 그해 12월에서 다음해 3월까지 서울을 비롯해서 전국적으로 규모가 큰 학생운동이 조직적으로 일어난 것은 일제자료와 여러 연구가 명백히 말해주듯 '조직'이 있었기 때문이었다.[14] 일제 강점기에 어쨌든 중요한 역할을 하였던 조선공산당에 대하여 언급이 없는 것은 편파적이라는 비판을 받을 것이다. 조선독립동맹과 조선의용군에 대해서는 두세 줄이라도 언급했는데, 1930년대 만주 항일빨치산 활동에 관하여 기술이 없는 것은 역시 옹졸한 처사로, 독립운동사를 축소시켰다.

중학교건 고교건 현대사 서술은 분단국가주의의 영향을 받은 서술이 너무 많다. 필자는 이 부분에 대해서 이미 비교적 상세히 분석한 바 있으므로,[15] 이 글에서는 몇 가지만 기술하기로 한다.

분단국가주의의 영향을 가장 많이 받은 부분이 해방 3년 시기의 서술이다. 해방 직후 "공산주의자들의 사회 교란으로 각지에서 유혈충돌이 빚어지기도 하였다"라는(고교, 192쪽) 유의 표현이나, 신탁통치에 관한 비교적 긴 서술(중학교 165~167쪽, 고교 192~193쪽)도 그러하지만, 남한까지 공산화하려고 했다는 표현의 중복 사용도 눈에 거슬린다. 고교 교과서 195쪽에는 "이미 소련은 북한에서 공산주의자들에 의한 사실상의 정부를 세워 통치체제를 확립하였으며, 이를 남한으로 확대하려고 노력하였다" "소련은 남한까지도 공산화하려 하였기 때문에", 198쪽에는 "북한에 진주한 소련

---

14) 조선총독부 경무국 편, 1979, 『광주항일학생사건자료』, 일본 名古屋 風媒社 ; 金貞和, 1999, 「1920년대 중반 이후 학생운동 연구 - 광주학생운동을 중심으로」, 『한국독립운동사연구』 13.
15) 서중석, 2001, 「국사교과서 현대사 서술, 문제 많다」, 『역사비평』, 2001 가을.

군 당국자들은 북한에 공산주의정권을 수립하고, 나아가 남한까지도 공산화하려고 하였다" "북한공산주의자들은 남한을 공산화하려고 남침 준비 작업에 들어갔다"라고 쓰여 있다. 위와 같은 기술은 유신독재정권으로부터 귀가 아프게 들었던 말인데, 2001년에도, 그것도 제한된 지면에 여러 페이지에 걸쳐 중복하여 사용할 필요가 있을까. 북한에 관한 서술은 대개가 위와 같은 논조에서 벗어나 있지 못하다.

도대체 남북기본합의서를 주고받았고 유엔에 남과 북이 가입한 지 10년이 되었는데도, 북의 정식 국호까지 알 수 없게 교육시키는 것이 얼마나 설득력이 있을까. 중학교 171쪽에는 "1948년 9월에는 북한공산정권이 수립되었다"라고 쓰여 있고, 고교 198쪽에는 "북한의 공산주의자들은 소련의 지시로 북조선인민위원회를 인민공화국으로 고치고 정부의 수립을 선포하였다(1948. 9.)"라고 아예 틀리게 쓰여 있다. 그렇지만 1974년 유신시기에 나온 최초의 고교 국정 교과서에도, 역시 유신시기인 1979년 고교 교과서에도 '소위 조선민주주의인민공화국'이라고 쓰여 있다(각각 226, 293쪽). 역사의 후퇴도 이만저만이 아니다.

1987년 6월민주대항쟁 이래 제주도에서의 대학살, 전쟁 발발 직후 자행된 보도연맹원 대학살, 1950년 말, 51년 초 11사단에 의하여 저질러진 고창・함평・거창・산청・함양 등지에서의 민간인 학살 등 주민집단학살(genocide)에 대한 진상조사가 이루어지고 있고, 일부는 명예회복을 위한 입법화도 이루어졌지만, 최대 비극의 하나인 이러한 주민집단학살에 관하여 교과서가 어떻게 서술하였을까는 짐작할 수 있을 것이다. 그런데 고교 교과서 197쪽에는 '반공의거와 공산폭동'이라는 제목으로 지도가 들어 있다. 이 지도에는 '영등포 좌・우 노동자 충돌. 1947. 1. 25.' '단천백호단 반공의거 계획. 1948. 3. 30' 등과 같이 전문가들한테도 낯선 것들이 있지만, 그 중에 '신천반공의거. 1950. 10. 13'가 눈에 띈다. 신천은 북한지역에서 제일 큰 규모의 학살이 있었던 곳이다. 북한은 신천군에서 중국군 공격에 의해 미군 등이 철수할 때까지 10월 18일부터 전 주민의 4분의 1에 해당하는 3만 5천여 명이 학살되었다고 주장하고 있으며,16) 규모가 큰 전시관을 만들어놓았다. 최근에 나온 황석영의 소설 『손님』은 바로 기독교계 반공청년들에 의하여 저질러진 신천대학살을 증언에 토대를 두어 쓴 것인데, 여러 가지 정황으로 보아 이곳에서 반공청년에 의한 대규모 학살이 있었던 것으로 판단된다. 그런데 교과서 지도에 반공교육용으로 '신천반공의거, 10. 13'만 들어갔다는 것은 어떻게 보아야 할까. 또한 이 지도는 부정확한 것까지 포함하여 1990년대 전반기 고교 교과서에 실린 지도(177쪽)와 똑같다는 점에서 앞에서 지적한 관료주의를 엿보게 한다.

분단국가주의는 정치 경제 통일 부문에 관한 서술뿐만 아니라, 교육과 학술활동의 서술에서도 어렵지 않게 발견된다. '문예활동'을 보면 1945～1960년까지의 경우 좌익 문화 예술계에 대한 비난이 대부분이고, 한국인들한테 낯익은 전쟁문학이나 휴전 이후의 문학과 예술 활동에 대해서는 언급이 없는 실정이다.

몇백만 명의 학생이 사용하는 교과서의 경우 오식이나 맞춤법이 틀린 것이 나와서는 안 된다. 더구나 부정확한 주장이나 오류가 실린다는 것은 용납되기 어렵다. 그렇지만 중학교나 고교나 현대사는, 해방 직후에서부터 한국전쟁에 이르는 시기의 서술이 더욱 심하지만, 틀린 것이라고 인정되는 부정확한 기술이 많고 명백히 틀린 것도 적지 않다. 특히 좌익이나 북한에 대한 기술은 부정확한 기술, 틀린 기술 외에도, 반공이데올로기에 의해서 왜곡되어 있거나 공정치 못하다고 볼 수 있는 기술이 아주 많다. 이 시기는 반드시 기술하여야 할 사항을 기술하지 않음으로써 사실을 왜곡하여 전달한 경우가 많다는 점도 각별히 주목할 필요가 있다. 필자는 중학교의 경우 신탁통치 문제 기술에서 부정확하게 기술되었거나 문제를 삼을 수 있는 부분이 17개 항목이나 된다고 주장한 바 있다.17) 이상하게도 중학교보다

---

16) 과학・백과사전출판사, 1981, 『조선전사』 26, 129～132쪽.

오히려 서술 분량이 적은 고교의 신탁통치 경우 부정확하거나 왜곡된 기술은 지면 관계로 논외로 하더라도 틀린 부분이 적지 않음을 알 수 있다.

1) 모스크바 삼상회의에서 결정한 신탁통치는 "실제로 우리 민족에게는 식민지 지배와 크게 차이가 없는 것"이라고 서술하였다(192쪽). 신탁통치는 그 내용이 어떻든 수천 년간 독립국가를 영위해온 한국인으로서는 받아들이기 어려운 것이므로 반대해야 했지만, 일제의 식민지 지배와는 크게 달랐다. 모스크바삼상회의 결정은 먼저 한국인의 민주주의임시정부를 수립한 뒤(1항), 미소공동위원회의 신탁통치 방안 제안은 미·영·중·소 정부의 공동심의를 받기 전에 임시정부와 협의하도록 되어 있다(3항). 후견으로도 알려진 모스크바결정의 신탁통치조항은 그 내용이 아직 결정되지 않은 것으로 애매모호하였다. 이 때문에 임시정부의 활동이나 능력에 따라 융통성이 많을 수 있었고, 그 점에서 유엔헌장에 규정된 신탁통치와도 달랐으며, 원래 구상하고 모스크바회의에 제안하였던 미국안과도 다른 것으로, 임시정부 역할이 크게 부각된 것이었다.[18] 이 때문에 커밍스는 모스크바삼상회의 결정은 신탁통치에 관한 협정이 거의 아니라고 단정하였고,[19] 이승만과 한민당이 미소공위에 협조할 의향을 보였을 때, 동아일보는 신탁통치는 4개국 심의를 거치게 되어 있을 뿐만 아니라, 장차 수립될 조선임시정부와 협의하도록 했기 때문에 삼상회의 결정과 반탁은 별개라고 주장하였다.[20]

2) "이 소식이 전해지자 전국적으로 신탁통치반대운동이 치열하게 전개" 되었다(193쪽)라고 서술하였다. 해방 직후 전국은 한반도 전체를 가리켰는데, 북한에서는 일부 지역에서 반대운동이 약하게 있었다. 남한의 반탁운

---

17) 서중석, 앞의 글, 169~172쪽.
18) 崔相龍, 1988, 『미군정과 한국민족주의』, 나남, 203쪽 ; 이완범, 1987, 「한반도신탁통치문제 1943~1946」, 『해방전후사의 인식』 3, 한길사, 228~229쪽.
19) 커밍스, 1981, 『한국전쟁의 기원』, 프린스턴대출판부, 217쪽.
20) 薛義植(동아일보 주간), 1946, 「'삼상'과 '반탁'은 별개 - 5호성명과 우리의 각오」, 동아일보 1946. 5. 4.

동도 지역마다 다르게 전개되었다.

3) 미소공위에서 한 소련의 주장은 "신탁통치를 지지하는 공산당만을 임시정부 수립에 참여시키려는 의도였다"라고 서술하였는데(193쪽), 이것은 명백히 오류다. 소련은 여운형 등 중도좌파뿐만 아니라, 모스크바삼상결정을 중요시한 김규식 등 중도우파도 임시정부에 참여하는 데 동의하였다.[21] 이와 유사한 연립정부의 구성은 비슷한 시기 동유럽에서도 있었다. 공산당만으로 임시정부를 구성한다는 것은 있을 수 없는 어리석은 주장이었다.

위의 세 가지 사항은 반공 국가주의와 연결되어 있다. 이하에서는 북한 국호 등 지금까지 제시한 것을 제외하고, 그밖에 고교 교과서에서 오류로 인정되는 것을 제시하겠다.

1. 189쪽. "닉슨은 베트남에서 미군을 철수하고 공산중국의 유엔가입을 승인하였다" - 중국의 유엔 가입은 1971년 10월에 이루어졌는데, 미국이 베트남전 전면 정지를 발표한 것은 1973년 1월이었고, 이해 3월 29일 미군이 베트남에서 최종 철수하였다.

2. 190쪽. "건국강령은 보통선거를 통한 민주공화국의 수립과 정치, 경제, 교육의 균등 등을 규정하였다" - 건국강령은 "보통선거를 실시하여 政權을 均히 하고, 국유제도를 채용하여 利權을 公히 하고, 公費교육으로써 學權을 均히 한다"라고 되어 있다. 곧 보통선거제가 정치의 균등을 의미하는 것으로, 보통선거와 정치의 균등이 따로 설정된 것이 아니었다.

3. 197쪽. 지도 '반공의거와 공산폭동'에 '서울철도소요사건. 1946. 9. 23.'이라고 쓰여 있다 - 서울철도파업은 9월 24일부터 있었고, 부산철도파업은 9월 23일부터 있었다. 많은 논문과 저서에서 9월총파업이라고 부르는 것을 서울철도소요사건이라고 쓴 것도 이상하다.

---

21) 제1차 미소공위 개막을 앞두고 소련 수석대표 슈티코프가 소련공산당 중앙위원회에 제출한 임시정부 각료 후보는 여운형이 수상, 김규식 박헌영이 부수상, 김일성이 국방상으로 되어 있다(김성보, 1995, 「소련의 대한정책과 북한에서의 분단질서 형성, 1945~1946」, 『분단 50년과 통일시대의 과제』, 역사비평사, 88~90쪽).

4. 198쪽. "(북이) 토지개혁법을 제정하여 무상몰수 무상분배를 단행하였는데, 이는 실제로는 모든 토지를 국유화한 것이었다." - 북의 토지개혁법령과 여러 연구 논문에 쓰여진 대로 사유제가 원칙이어서 토지개혁 이후에도 부농이 적지 않았고 大農도 있었다.

5. 205쪽. "정치활동정화법을 제정하여 구정치인들의 정치활동을 전면적으로 금지시켰다." - 1962년 5월 30일에 발표된 정치활동정화법 해당자 중 적격판정 신청자 2,958명 가운데 1,336명이 '구제'되었고, 그 이후에도 계속 추가 解禁이 있어 다수가 1963년의 대선과 총선에 참여하였다.

6. 210쪽. 1972년에 김일성이 "강력한 국가권력기관인 중앙인민위원회의 위원장이 되었다" - 북의 1972년 헌법 제7장 중앙인민위원회 제101조에는 "중앙인민위원회 首位는 조선민주주의인민공화국 주석이다"라고 되어 있다. 중앙인민위원회 위원장이란 직제는 없다.

7. 214쪽. 광복 직후 "북으로부터 전기공급마저 중단되었기 때문에" - 전기 공급 중단은 이 교과서에서 의미한 광복 직후가 아니라, 1948년 5·10 선거가 치러진 직후인 5월 14일에 발생하였다.[22]

필자는 두 가지 이유 때문에 위의 7개 항목을 제시하였다. 하나는 위의 7가지 사항 중 1과 5를 제외하면 직접적 간접적으로 분단국가주의나 정통론 또는 반공이데올로기와 관계가 있다는 점이다. 다른 하나는 놀라운 일이지만 위의 7군데 중 3군데가 1990년대 전반기 교과서의 오류를 그대로 글자조차도 거의 틀리지 않게 답습한 것이라는 점이다. 곧 2는 1990년대 전반기 교과서의 172쪽에 글자 한 자 틀리지 않게 나와 있으며, 3의 지도는 이 교과서 177쪽의 것과 똑같다. 6은 이 교과서의 186쪽에 거의 비슷하게 기술되어 있다.

분단국가주의의 영향을 받다보면 부정확하거나 틀리게, 그리고 왜곡해

---

[22] 1항에서 7항에 이르는 사항의 근거는 서중석, 앞의 글, 173~179쪽 및 184쪽에 나와 있기 때문에 생략하였음.

서 기술하기가 쉬운데, 또한 분단국가주의는 관료주의와 뗄 수 없는 관계를 맺고 있다. 바로 이 점이 중·고교 교과서 근현대사 편집과 서술 문제점의 핵심이 어디에 있는가를 말해준다고 하겠다.

4. 전망

중고교 역사 교육은 전망이 밝지만은 않다.
제7차 교육과정에 따르면 2003년부터 고교 2학년 학생들은 한국지리, 세계지리, 경제지리, 한국근현대사, 세계사, 법과사회, 정치, 경제, 사회·문화 등 9개 과목 가운데 둘 내지 세 과목을 이수하도록 되어 있다. 2003년부터 고교에서 한국근현대사가 선택으로 바뀐 것이다. 일선교사들한테 물어보면 일본과는 달리 한국에서는 한국근현대사를 선택할 학생들이 많지 않을 것이라고 말한다. 그리고 약화된 세계사 교육은 한층 더 약화되어 전반적으로 역사 교육이 부실함을 면치 못할 것으로 내다보고 있다.
현행 고교 교과서는 머리말에서 "역사는 실제로 가까운 때의 모습일수록 보다 생생하게 우리의 가슴에 전달된다"고 지적하고(1쪽), 맺음말에 해당하는 '(4) 세계속의 한국'에서 "역사를 공부하는 이유는……지난날을 되돌아봄으로써 오늘의 우리 현실을 올바로 자리매김하려는 것이며, 그것을 바탕으로 세계를 향하여 보다 적극적인 삶을 전개하는 데에 있다"라고 피력하였다(229쪽). 이 말을 따른다면 근현대사와 세계사는 중요한 과목임에 틀림없다. 또 근현대사는 앞으로도 계속하여 야기될 일본교과서 문제와 가장 많이 부닥치고 있다. 이 때문에도 일본 교과서 문제에 대하여 적극적이고 주체적으로 대응하기 위해서는 근현대사를 선택에서 필수로 바꾸고 한국사 교육을 강화하여야 한다는 여론이 각계에서 제기되었으나, 정부는 아무런 반응을 보이지 않고 있다.[23]

더 중요한 것은 우리 역사에서 일제강점기, 해방 후의 어려움 등으로 가장 많이 훼손되고 왜곡되었으며, 기성세대건 피교육층이건 교육이 가장 안 된 부분이 근현대사, 그 중에서도 현대사 부분이라는 점이다. 이 점은 각별히 유의하여야 한다. 또한 한국은 산업화 과정 등의 특징으로 어느 나라보다도 미국, 일본, 중국 등 세계 각국에 많이 나가 있고, 그러한 나라들과 밀접한 관련을 갖고 있는데도, 그러한 관련의 기본 바탕인 자신의 문화나 근현대사에 관한 이해가 매우 천박하여, 대외 관계나 외국 생활에서 창조적인 활동을 하는 데 기본적 제약이 되고 있다. 일본이 왜 세계사를 필수로 가르치고 일본사를 필수나 다름없이 가르치도록 유도하고 있는가를 한국 정부에서는 곰곰이 생각해봐야 할 것이다. 근현대사는 유럽이나 북미처럼 동아시아에서 경제공동체를 형성하고 동아시아 민중들과 각종 연대 활동을 벌이는 데도 기본적인 지적 바탕이 될 수 있다.

근현대사와 관련하여 검정제도도 우려할 점이 있다. 우선 지금까지의 교과서 제작 관행을 볼 때 과연 공정하게 검정할 수 있을까가 우려된다. 또 필자들이 한쪽으로 치우쳐 서술할 가능성도 있다. 근현대사 검정에서 크게 우려되는 것은 관료주의 등이 작용하여 이름만 검정이지 현행 교과서와 차이가 없고, 그래서 획일성을 벗어나기 어려운 교과서를 만들어내도록 요구하지 않을까 하는 점이다. 제7차 교육과정의 '근현대사 준거안'은 제6차 교육과정의 그것과 별 차이가 없다. 장·절 단위의 제목도 그렇고 서술항목조차도 비슷하다.[24] 그 점은 준거안보다 구속력이 더 강할 것으로 보이

---

[23] 그 반면 유신체제 및 국민교육헌장과 뗄래야 뗄 수 없는 관계에 있는 국민윤리가 김대중정부에 의해 필수로 지정되었다는 것은 도저히 이해하기 어려운 일이다.

한국교과서의 문제와 전망 235

는 제7차 교육과정에서도 확인된다. 예컨대 제7차 교육과정의 내용 체계 중 '민족독립운동의 전개'를 보면, '민족의 수난' '독립운동 결사의 조직' '독립운동 기지의 건설' '3・1운동' '대한민국임시정부' '6・10만세운동' '광주학생항일운동' '의열단과 애국단' '한국광복군' 등으로 되어 있다. 현행 교과서와 거의 차이가 없다. 그리고 현대사는 '8・15광복과 국토의 분단' '신탁통치반대운동' '미・소 공동위원회' '대한민국정부의 수립' 등으로 되어 있다.25) 좌우합작운동・남북협상 등 중요한 것이 빠져 있는 것도 문제지만, 이렇게 구체적인 소절 제목을 제시하며 서술을 하도록 요구하는 것은 관료주의가 아니라면 이해가 되지 않는다. 이렇게 규제를 하면 학계의 중요한 연구 성과를 반영하기가 어렵고, 당국이 기피하는 부분이나 극우언론에 의해 논란이 될 수 있는 것은 서술할 수가 없다. 또한 지금까지의 준거안 작성이나 집필과정이 보여주었듯이 검정위원회의 구성이나 운영에서도 소극적인 방식으로 대응하려고 할 가능성이 많으며, 회의비 등 각종 비용을 낮게 책정하여 제대로 심사하지 못하게 되는 결과를 가져올 가능성이 있다. 준거안이나 교육과정은 기본적인 틀만 제시하여, 다양한 시각과 생동감 있는 역사 서술이 되도록 배려하고, 검정주체도 개인이 아닌, 관련 학술단체 등에 배분하는 방식 등을 고려하여야 한다는 일선교사의 목소리를26) 정부는 경청해야 할 것이다.

정부는 집필자나 발행주체한테 과감히 연구비를 지급하는 방식을 고려할 필요가 있다. 근대사도 그러하지만, 현대사의 경우 정치사 경제사도 연구가 되지 않았지만, 정부가 제시한 사회 문화의 여러 테마는 학술적인 연구가 아주 빈약하다. 집필자나 발행주체가 예컨대 학술・교육・언론・문학과 예술・종교・체육 등(교육부, 앞의 책자에 따랐음)의 반세기 역사를 잘

---

24) 지수걸, 2001,「제7차 교육과정 '한국 근현대사' 준거안의 문제점」,『역사교육 정상화를 위한 새로운 교육과정과 교과서제도 모색』, 14쪽.
25) 교육부, 2001,『고등학교 교육과정 해설 - 사회, 교육부 고시 1997 - 15호』, 173~174쪽.
26) 신병철, 앞의 글, 5~7쪽.

모르는데도 서술하는 만용을 부리지 않도록, 그래서 각 방면의 전문가들로부터 충분한 도움을 받을 수 있도록 하자는 것이다. 이와 같이 교과서를 만들 때에 비로소 교사나 학생들은 관심이나 흥미를 가지게 될 것이다.

제7차 교육과정의 준거안이나 교육과정을 볼 때 북한에 대한 서술은 분량도 현행교과서와 비슷하고 서술 내용도 분단국가주의에 의하여 왜곡된 현행 교과서와 다름이 없을 듯하다. 현행 고교 교과서는 머리말 앞부분에서 "역사는 사실을 바탕으로 하는 학문이다. 따라서 과거에 있었던 사실은 부끄럽다고 하여 은폐할 수 있는 것이 아니며, 자랑스럽다고 하여 과장할 수 있는 것도 아니다. 그것은 거짓으로 역사를 꾸밀 수 없기 때문이다"라고 지적하였다. 앞으로의 교과서는 이 원칙이 지켜져야 한다. 한국의 수준이 그 정도는 되었다고 보기 때문이기도 하지만, 실제로 남한 학자에 의한 북한사 연구는 남한사 연구보다 더 잘되었다고 필자는 생각하고 있다. 이들 북한사 전공자들은 공정하고 적절하게 북한 역사를 서술하고 검정할 것이다.

근현대사는 특히 세계사와 관련지어 설명하여야 한다. 역사교육의 기본 방향이 폭넓은 교양인이 되도록 하여 현재와 같은 수준을 넘어서서 한국과 세계를 이해하도록 함으로써 창조적이고도 적절하게 한국과 외국에서 활동할 수 있도록 하는 것이라면, 한국과 세계와의 관계에 대한 교육 비중이 커져야 한다. 이 점에서 현행 교과서의 틀을 과감히 벗어나는 방안을 검토할 필요가 있다.

한국사 교육은 정부나 학계에서 많은 노력을 기울여도 어렵게 되어 있다. 박토(薄土)의 문화 풍토를 반영하여, 근현대사 이해가 결핍된 상태에서 과도한 탈근대론 탈민족론이 '인기'를 얻고 있다. 인터넷에 대한 열중은 역사적으로 사물을 성찰하는 것을 방해하는 면이 있다. 세계화에의 몰주체적 추수도 그러하다. 북한의 느린 변화나 개혁, 짜증이 나지 않을 수 없는 북한 지도층의 행태도 역사에 대한 무관심을 증폭시키고 있다. 한국 사회는 장래성이 없으며, 바람직한 사회가 아니라는 생각을 많이 하고 있는 점도 걱정된다. 한 여론조사에 의하면 우리 사회가 살기 좋은 사회인가라는 질문에 대해 그렇지 않다고 답변한 사람이 무려 77.8%, 기회가 된다면 이민 갈 생각이 있는가라는 질문에 대해 '그럴 생각이 있다'는 답변이 50.8%(20대는 67.1%)였다.27) 이런 상태에서 한국사와 문화에 관심 갖기는 어려울 것이다.

단절적이고 분절적인 근현대사 인식도 문제다. 일반인들만 그러한 것이 아니고 학계, 아니 역사학계에서도 그러하다. 고중세사 연구자뿐만 아니라 근대사 연구자도 현대사를 잘 모르고 관심을 갖지 않은 경우가 많다. 그런가 하면 현대사와 관련이 깊은 정치학자나 사회학자 등 사회과학도나 인문학이 병들어가고 있다고 고통스러운 목청을 내는 인문학자들도 근대사를 잘 모르고 있고, 또 접근하려고 하지도 않는 듯하다. 그렇다고 이들이 자신이 살고 있고, 학술활동의 직접적인 대상일 수 있는 현대사는 잘 아느냐면 그렇지도 않다. 역사교육의 위기는 학계에서부터 비롯된 것은 아닐까.

---

27) 『동아일보』, 2001. 4. 12.

화해와 반성을 위한 동아시아 역사인식

펴낸날(1쇄) 2002년 8월 30일
펴낸날(2쇄) 2004년 6월 1일

지은이 일본교과서바로잡기 운동본부 · 역사문제연구소
펴낸이 장두환
펴낸곳 역사비평사

등록번호 제1-669호(1988. 2. 22)
주소 서울시 종로구 계동 140-44
전화 02)741-6123, 4(영업), 741-6125, 7(편집)
팩시밀리 02)741-6126
Email yukbi@chol.com
Home page http://www.yukbi.com

* 책값은 표지 뒷면에 표시되어 있습니다.
* 잘못된 책은 구입하신 서점에서 바꾸어 드립니다.

ISBN 89 - 7696 - 703 - 8 03900